Deutsche Lebens-Rettungs-Gesellschaft e. V.

100 Jahre
ehrenamtliches Engagement
für die Gesellschaft

100 Jahre Deutsche Lebens-Rettungs-Gesellschaft (DLRG)

Die Deutsche Bibliothek – CIP-Einheitsaufnahme

100 Jahre ehrenamtliches Engagement für die Gesellschaft

1. Auflage, Bad Nenndorf: DLRG-Verlag und Vertriebsgesellschaft mbH (DVV), 2013

ISBN 978-3-9809013-1-4

Die in diesem Buch veröffentlichten Texte und Abbildungen sind urheberrechtlich geschützt. Alle Rechte sind vorbehalten. Kein Teil dieses Buches darf ohne schriftliche Genehmigung des Verlages in irgendeiner Form – durch Fotokopie, Mikrofilm oder andere Verfahren reproduziert oder in eine von Maschinen, insbesondere von Datenverarbeitungsmaschinen verwendete Sprache übertragen werden. Auch die Rechte durch Vortrag, Funk- und Fernsehübertragung, im Magnettonverfahren oder auf ähnlichen Wegen bleiben vorbehalten.

Jede in einem gewerblichen Unternehmen hergestellte und benutzte Kopie dient gewerblichen Zwecken und verpflichtet zum Schadensersatz, der gerichtlich festzustellen ist. Nachdruck – auch auszugsweise – nur mit Genehmigung der DLRG e.V., Bad Nenndorf, gestattet.

© Deutsche Lebens-Rettungs-Gesellschaft e.V., Bad Nenndorf, 2013

Herausgeber: DLRG e.V., Im Niedernfeld 1 – 3, 31542 Bad Nenndorf

Verlag: DLRG-Verlag und Vertriebsgesellschaft mbH (DVV), 2013

Auflage 3.000 Exemplare

Redaktion: Martin Janssen

Fotografien: Susanne Mey, Stadtgeschichtliches Museum Leipzig, DLRG-Archiv, Archiv DLRG-Jugend, Beiersdorf AG, DVV, Peter Sieman, Dr. Ulrich Jost, Thorsten Melnicky, Holger Schrank, Prof. Dr. Harald Jatzke, Sammlung Werner Stoltze, Sammlung Martin Rode, DLRG Wiesbaden-Schierstein, DLRG Köln-Rodenkirchen, DLRG Ludwigshafen, DLRG Winsen-Luhe, Lebensretter-Archiv, Michael Siepmann, Sascha Barwick, Sascha Walther

Gestaltung: Sebastian Löw

Druck: BWH GmbH, Hannover

Verlagsort: Bad Nenndorf, Printed in Germany

Webseite: www.dlrg.de

DLRG-Gliederungen können das Buch bei der Materialstelle der DLRG in Bad Nenndorf unter der Artikelnummer 5830 6740 bestellen.

Titelfoto: Hotel de Prusse in Leipzig, der Gründungsort der DLRG.

Quelle: Stadtgeschichtliches Museum Leipzig

Vorwort

In diesem Jahr feiert die Deutsche Lebens-Rettungs-Gesellschaft (DLRG) ihr 100-jähriges Bestehen. Es ist heute eine Selbstverständlichkeit, dass Unternehmen, Behörden, Organisationen und Verbände zu runden Geburtstagen auf ihre Geschichte zurückblicken, Bilanz ziehen und diese historisch, ideell, wirtschaftlich und soziologisch einordnen.

Auch die DLRG hat in ihren geschichtlichen Abschnitten diese Rückbetrachtungen geleistet. In der Vergangenheit waren es aber stets gesamtheitliche Analysen und Bewertungen, die sich an den grundlegenden Werten des Verbandes orientierten, die sich die »Gesellschaft«, so nannte sie sich abgekürzt in der Gründerzeit, gegeben hatte: freiwillige ehrenamtliche Arbeit, Aufklärung über Gefahren im und am Wasser, Rettungsschwimmausbildung sowie Schwimmrettungsdienst, später Wasserrettungsdienst genannt. Nach 1945 vervollständigte die Schwimmausbildung das Spektrum der Kernaufgaben der DLRG.

Die freiwillige humanitäre Arbeit zum Wohl der Menschen für eine sichere Freizeit im und am Wasser sowie die Rettung vor dem Tod durch Ertrinken waren stets, und sind es auch heute noch, die konstituierenden Elemente der Mitgliedschaft in der DLRG. Die Sammlung und Bewertung spezifischer historischer Dokumente und Fakten aus einzelnen Aufgabengebieten des Verbandes waren primär nicht Gegenstand geschichtlicher Abhandlungen.

Es waren stets wenige Persönlichkeiten, die sich dieser anspruchsvollen, zeitintensiven Aufgabe annahmen, historische Fakten zu sammeln, aufzubereiten, in den historischen Kontext zu bringen und zu bewerten. An dieser Stelle möchte ich Klaus Bartnitzke, Werner Stoltze und Prof. Dr. Harald Jatzke nennen, die mit ihren Arbeiten ein Bild unseres Verbandes gezeichnet haben. Ich möchte aber auch die Chronisten aus unseren Landesverbänden nicht vergessen, die in mühevoller Kleinarbeit detailliert über die 100-jährige Arbeit der DLRG in Ortsgruppen, Bezirken und Landesverbänden berichten. Zusammengenommen entstand ein geschichtliches Gesamtbildnis, das die Entwicklung des großen humanitären Verbandes durch zehn Jahrzehnte nachzeichnet, die Veränderungen – Höhen und Tiefen – benennt.

Vorwort

Dieses Jubiläumsbuch zum 100-jährigen Bestehen der größten Wasserrettungsorganisation der Welt geht einen etwas anderen Weg. Zwar gründet auch die moderne DLRG des 21. Jahrhunderts nach wie vor auf den selbst gestellten Kernaufgaben, sie erfüllt heute aber weitaus komplexere, gesellschaftlich relevante Aufgaben. Zwölf Fachautoren geben umfängliche Einblicke in die Geschichte eines entwickelten, diversifizierten Verbandswesens, das weitaus mehr Aufgaben erfüllt, als die Gründungsväter vor 100 Jahren unter völlig anderen Rahmenbedingungen beabsichtigten. In elf Beiträgen zeichnet das Buch die Entwicklung der klassischen und der modernen Aufgabenfelder der Deutschen Lebens-Rettungs-Gesellschaft nach. Jedes Arbeitsfeld hat seine eigene Geschichte, die die Autoren detailliert beschreiben. In der Zusammenschau gibt das Buch eindrucksvoll die Vielfalt des Verbandes, seine Erfolge, die Erfolge ehrenamtlicher humanitärer Arbeit wieder, lässt dabei auch die Jahre zweier Weltkriege, der Inflation und der Teilung in zwei deutsche Staaten nicht aus.

Umfangreiche historische Recherchen im Rahmen des Buchprojektes haben Einblicke in bis dahin unbekannte Dokumente ermöglicht, die in Teilen zu einer neuen Beurteilung der DLRG in früheren Epochen führen. Und sie haben Bilder ans Tageslicht gebracht, die die Gründungszeit erlebbar machen. Auch das Titelbild dieses Buches, die Fotografie des Hotels de Prusse in Leipzig, der Gründungsstätte der DLRG, ist ein Ergebnis der jüngsten Recherchen.

Ich danke den Autorinnen und Autoren für ihre fachlich fundierten Darstellungen und Bewertungen der Aufgabengebiete, die die DLRG heute ausmachen und die sie zu einer national wie international bedeutenden Organisation gemacht haben.

Es ist müßig zu sagen, dass auch diese Beiträge in ehrenamtlicher Arbeit entstanden sind.

Dr. Klaus Wilkens
Präsident der DLRG

Inhaltsverzeichnis

Impressum 4

Vorwort 5

Dr. Klaus Wilkens
100 Jahre ehrenamtliches Engagement für die Gesellschaft 9

Erika Fastrich/Martin Janssen
100 Jahre Ausbildung im Schwimmen und Rettungsschwimmen 35

Ortwin Kreft
Aufgaben im Einsatzbereich der DLRG 55

Dr. Ulrich Jost
Medizin in der DLRG 71

Ludger Schulte-Hülsmann
Von der ideellen Bewegung zum humanitären Dienstleister 85

Martin Janssen
100 Jahre Öffentlichkeitsarbeit 115

Klaus Daniel
Der Rettungssport in der DLRG – Chancen und Widerspruch 139

Dr. Tim Brinkmann/Klaus Groß-Weege
»Lasst doch der Jugend ihren Lauf!« 159

Ute Vogt
»… und eines Tages werden wir stolz auf unsere Frauen sein!« 185

Dr. Klaus Wilkens
Fundraising – unverzichtbar für die DLRG 193

Prof. Manuela Rousseau-Schriever
Die DLRG-NIVEA-Kooperation – Erfolgskriterien für das gemischte Doppel 203

Dr. Klaus Wilkens

100 Jahre ehrenamtliches Engagement für die Gesellschaft

Adler 1914 Adler 2013

I. Selbstverständnis der DLRG

Zwei Funktionsträger früherer Jahre, die beiden viel zu früh verstorbenen Klaus Bartnitzke und Prof. Josef Schmitz, haben gemeinsam eines der Standardwerke zur Geschichte der DLRG veröffentlicht: DLRG – Humanität und Sport im Dienst am Mitmenschen.

Damit haben sie zweifellos ein Schlaglicht auf den Verband geworfen, das einerseits mit dem geschichtlichen Abriss einen wichtigen Aspekt zur Entwicklung des Verbandes aufzeigt, andererseits allerdings das Selbstverständnis und seine Funktion nur unvollkommen ausleuchtet.

Das Motto »Humanität und Sport« und die damit verknüpfte handlungsorientierte Positionierung unseres Verbandes

- zum einen bei den Hilfsorganisationen und Wohlfahrtsverbänden und
- zum anderen in den Organisationen des deutschen Sports

kennzeichnen nur Teile der eigentlichen Identität. Diese sind eher Spiegel wichtiger Bezüge in der Gesellschaft, als dass sie das Kernprofil der DLRG als spezifische Bürgerbewegung widerspiegeln.

Die DLRG ist ein Gebilde sui generis und damit unverwechselbar, wenn man ihre Wurzeln betrachtet. Sie war und ist eine Bürgerbewegung zur Bekämpfung des Ertrinkungstodes mit inzwischen mehr als 1.200.000 Mitgliedern und Förderern. Sie hat eine wechselvolle Geschichte hinter sich, die an anderer Stelle als Chronik dargestellt wird.

Seit 100 Jahren steht die Deutsche Lebens-Rettungs-Gesellschaft e. V. für die Übernahme der Verantwortung für die Sicherheit im, am, auf und unter Wasser durch

1. Information und Aufklärung,
2. Ausbildung im Schwimmen, Retten, Tauchen und der Ersten Hilfe sowie
3. Einsatz im Wasserrettungsdienst und Katastrophenschutz.

Dies waren und sind die Kernkompetenzen der DLRG, die der innerverbandliche Strukturprozess in den Jahren 1995–2001 zuletzt eindrucksvoll bestätigt hat.

Die Identität, das Selbstverständnis beruht auf diesen primären Aufgabenstellungen, aus ihnen leitet sich auch die Existenzberechtigung der DLRG ab.

Das Ziel, den Ertrinkungstod mit allen Mitteln zu bekämpfen, mobilisiert auch heute noch so viele Menschen, dass die DLRG nicht nur deutschlandweit die größte Spezialorganisation für Unfallprävention am Wasser und Wasserrettung ist, sondern sogar weltweit. Ein solcher Status und die Tradition verpflichten und spornen an.

Mit der Senkung der Ertrinkungszahlen in Deutschland von ca. 5.000 pro Jahr zu Anfang des vergangenen Jahrhunderts auf ca. 500 in den letzten Jahren kann die Aktivität der vergangenen Jahrzehnte als erfolgreich bezeichnet werden. Dennoch schraubt die DLRG den selbst gestellten Anspruch weiter hoch. Im Rahmen einer Leitidee hat sie sich 2001 (520 Ertrinkungsfälle) festgelegt:

> »Die jährliche Zahl der Ertrinkungstoten in Deutschland wird bis zum Jahre 2020 halbiert.«

Um dahin zu kommen, bedarf es einer Konzentration aller Kräfte der verbandlichen Arbeit auf die traditionellen Kernaufgaben der DLRG, verbunden mit bundesweit abgestimmten Umsetzungsstrategien auch über den Verband hinaus.

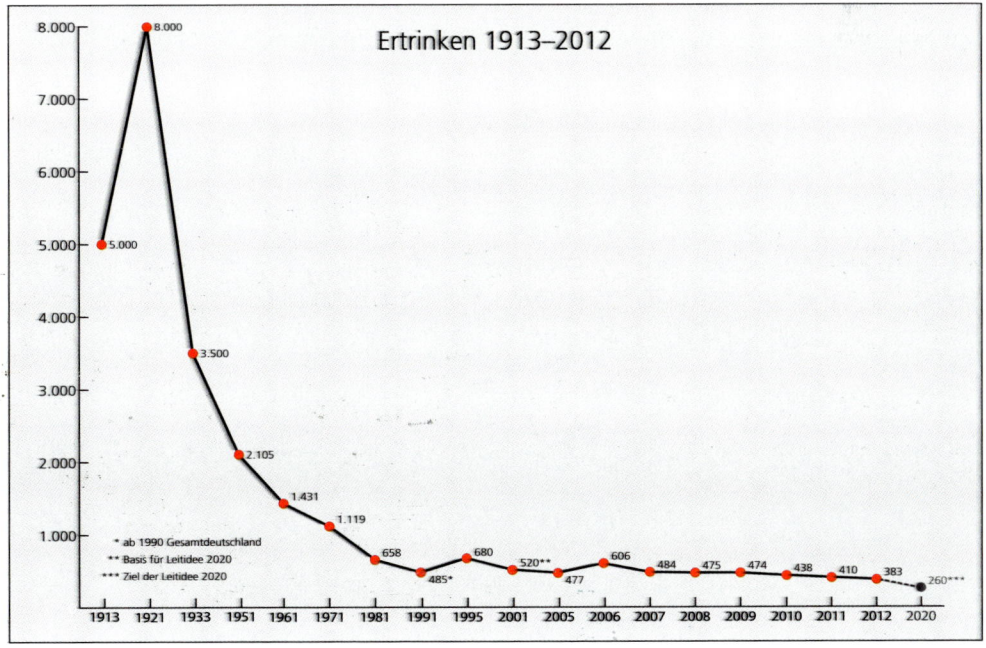

II. Leistungsentwicklung

Die Verwirklichung der Leitidee, der Vision wird uns gerade in jüngerer Zeit besonders erschwert, denn Bäderschließungen und Bäderumwidmungen erweisen sich als eindeutig kontraproduktiv.

Der Kampf gegen den Ertrinkungstod ist eine gesamtgesellschaftliche Aufgabe. Nur wenn sich alle Lebensbereiche, die beispielsweise bei Betreuung und Ausbildung Verantwortung tragen, in Maßnahmen der Prävention einbinden lassen, wenn sich Gesundheitserziehung und Unfallprophylaxe des Themas Wassersicherheit annehmen und zu dem jede staatliche Ebene in ihre jeweilige Aufgabenstellung im Bereich der inneren Sicherheit auch die Wasserrettung bewusst einschließt, kann eine Reduktion der Ertrinkungszahlen in Deutschland dauerhaft erreicht werden. Deshalb nimmt sich die DLRG selbst in die Pflicht und verstärkt ihre eigenen Bemühungen. Sie wirbt dabei auch für einen gesellschaftlichen Konsens im Kampf gegen den Ertrinkungstod, nicht zuletzt durch Wassersicherheitssymposien, Bäderforen sowie die Einbindung in die Aktion »Pro Bad«.

Ein erfolgreiches Beispiel für die Einbindung von Erziehungseinrichtungen in diese Präventionsaufgabe bilden die gemeinsam mit Beiersdorf-NIVEA initiierten Aktionen in den Kindergärten mit dem DLRG/NIVEA »Kindergartentag« sowie »Schwimmen lernen mit Nivea«. Bundesweit wurden bereits Hunderte von DLRG-Kindergartenanimateuren geschult, die das Präventionsprogramm zur Wassersicherheit kindgerecht in die staatlichen und privaten Einrichtungen bringen. Das Projekt, das neben einer spielerischen Information und Aufklärung der Kinder auch eine Ansprache der Eltern beinhaltet, hat gleichzeitig das Interesse einiger gesetzlicher Unfallversicherungsträger gefunden, die erfreulicherweise die direkte Ausbildung ihrer Erzieherinnen und Erzieher durch die DLRG unterstützen.

Kindergartentag DLRG/NIVEA

Beim Blick zurück wird sich auf die Zeit ab 1950 beschränkt, da seit dieser Zeit durchgängig statistische Unterlagen vorliegen:

In diesem Zeitraum sind mehr als 65.000 Menschen durch die Helferinnen und Helfer im Wasserrettungsdienst vor dem Tod durch Ertrinken gerettet worden, zusätzlich ein Mehrfaches durch Mitmenschen, die im Retten ausgebildet worden sind.

Diese Rettungen haben viel persönliches und familiäres Leid vermieden, aber auch volkswirtschaftlich-gesellschaftliche Substanz erhalten.

Unsere Aufklärungsarbeit wächst von Jahr zu Jahr. Zurzeit werden

> rund 1 Milliarde Medienkontakte p. a. allein durch die gezielte Kommunikationsarbeit des Bundesverbandes erzielt.

Hinzu treten die Kontakte durch Landesverbände und örtliche Gliederungen sowie die zentrale Distribution von

> rund 150.000 Faltblättern und
> rund 60.000 Lehrbüchern bzw.
> Lernbroschüren.

Jahr für Jahr werden

> rund 200.000 Mitmenschen
> im Schwimmen sowie
> 50.000 im Rettungsschwimmen
> aus- und fortgebildet.

Seit 1950 sind

> über 21 Millionen Schwimmprüfungen und weit über
> 4 Millionen Rettungsschwimmprüfungen abgenommen
> worden.

Kinderschwimmausbildung

Schon diese wenigen Zahlen verdeutlichen die beindruckende Leistungsbilanz der DLRG, zumal sie mit ausschließlich freiwilligem, ehrenamtlichem Engagement der Mitglieder erbracht wurde.

Mit ihren Einsatzdiensten übernimmt die DLRG Teile der staatlichen Aufgabenstellung und Verpflichtung für die öffentliche Sicherheit. Im Wasserrettungsdienst werden Jahr für Jahr

> rund 50.000 ehrenamtliche Helferinnen und Helfer

eingesetzt und wachen in

> weit über 2 Millionen Stunden über

das Leben der die Wasserfreizeit genießenden Bevölkerung.

Mit der deutschen Wiedervereinigung sind in Ostdeutschland ca. 300 km Küste, über 8.000 Binnenseen und unzählige Kilometer an Flüssen und Kanälen wieder zum Aufgabengebiet der DLRG hinzugekommen.

Die bereits 1990 begonnene Absicherung der Ostseeküste in Mecklenburg-Vorpommern durch die Rettungsschwimmerinnen und Rettungsschwimmer der DLRG, die Hochwassereinsätze an der Oder (1997), Elbe und Mulde (2002 und 2006) sowie natürlich die engagierte Arbeit der wieder entstandenen DLRG-Gliederungen vor Ort haben in diesem Zeitraum für eine hohe Akzeptanz und einen wachsenden Bekanntheitsgrad gesorgt. Die fünf Landesverbände sind in die entsprechenden Arbeitsforen der jeweiligen Bundesländer für den Rettungsdienst und Katastrophenschutz integriert und bringen sich engagiert ein.

DLRG-Wachstation

Der weitere Auf- und Ausbau in Ostdeutschland war und ist eine Aufgabe von höchster Priorität und wird innerverbandlich solidarisch unterstützt. So muss es auch in Zukunft bleiben – Klaus von Dohnanyi spricht mit Recht von einer Generationsaufgabe –, will die DLRG auch für diesen Teil unseres Vaterlandes ein gleiches Maß an Wassersicherheit bieten und ihre Stellung als führende Wasserrettungsorganisation in Deutschland bewahren.

Dabei wird die Erreichung dieses Ziels schon dadurch erschwert, dass das relevante Helferpotenzial in Ostdeutschland enorm geschrumpft ist:

Nahezu eine Million junger Menschen ist seit der Wiedervereinigung von Ost nach West »gewandert«, ein fast dramatischer Aderlass in der Region – auch für die DLRG.

Es ist ein Gebot der innerverbandlichen Solidarität und Kooperation, den eingeschlagenen Weg in den neuen Bundesländern fortzuführen, insbesondere auch, weil unsere ostdeutschen Kameradinnen und Kameraden ein weit überdurchschnittliches Engagement und Leistungsvolumen unter Beweis gestellt haben.

Wasserrettungsstationen an der deutschen Nord- und Ostseeküste

Für die größte Wasserrettungsorganisation in der Welt ergibt sich allerdings auch die Verpflichtung, jenseits der Grenzen zu helfen, insbesondere um ausländische Ferien- und Wassersportgebiete – auch für die deutschen Touristen – sicherer zu machen, denn in der Welt ertrinken pro Jahr mehr als 500.000 Menschen. Eine unglaublich hohe Zahl.

Die DLRG arbeitet sehr erfolgreich an der Weiterentwicklung der Wasserrettungsdienste weltweit, jedoch mit Schwerpunkten in Europa. Seit 1983, seit der Übernahme von Präsidentschaft und Generalsekretariat der Fédération Internationale de Sauvetage Aquatique (FIS) bzw. ab 1994 der International Life Saving Federation of Europe (ILSE), hat sich die Zahl der Mitgliedsverbände in Europa von 12 auf 44 erhöht, auch ein Ergebnis der engagierten Entwicklungsarbeit und der Kooperation mit anderen Wasserrettungsorganisationen in Europa, insbesondere mit der Royal Life Saving Society (RLSS), der Federazione Italiana Nuoto (Sezione Salvamento) (FIN-S), der polnischen Wasserrettung

Wodne Ochotnicze Pogotowie Ratunkowe (WOPR), dem Kroatischen Roten Kreuz und der Österreichischen Wasser-Rettung (ÖWR).

FIS   ILS   ILSE

Diese Leistungsbilanz ist eine gute Basis für die Zukunft, aber auch für die DLRG gilt:

> »Good is never good enough.« (Kevin Weldon, Gründungspräsident der ILS)

Oder, um es in Anlehnung an Friedrich Schiller auszudrücken:

> »Fortschritt und Veränderung (sind) das Salz des Vergnügens.«
> »Freude heißt die starke Feder, …. Freude, Freude treibt die Räder.«

Dabei hat sich die DLRG auch mit manchen Problemen auseinanderzusetzen, sie sollten jedoch eher Ansporn für gesteigerte Anstrengungen sein.

III. Rahmenbedingungen, Konsequenzen und Perspektiven

Ein Problem ist die demografische Entwicklung: Die DLRG ist mit einem Anteil von rd. 62 Prozent Kindern, Jugendlichen und jungen Erwachsenen immer noch ein sehr junger Verband, doch sind die sinkenden Ausbildungszahlen vor allem in der Anfängerschwimmausbildung erste Vorboten einer sich weiter verschärfenden Entwicklung, obwohl die DLRG bisher überdurchschnittlich stark das kleiner werdende Potenzial an Kindern und Jugendlichen an sich binden konnte. Der Wettbewerb um den Nachwuchs, um die Mitglieder der Zukunft, wird härter werden. Viele Verbände und Organisationen werben um die Gunst der jungen Generation. Auch andere Freizeitangebote stellen eine starke Konkurrenz dar.

In der DLRG sind es gerade die 16- bis 25-Jährigen, die das Gerüst der aktiven ehrenamtlichen Arbeit bilden, sowohl in der Schwimmausbildung am Beckenrand als auch auf den Wachstationen an den Küsten und im Binnenland.

Die DLRG lebt von ihren aktiven jungen Mitgliedern, insofern würde sie besonders unter ausbleibendem Nachwuchs zu leiden haben.

Die Funktionsträger in den Ortsgruppen, Bezirken, Landesverbänden und dem Bundesverband sind gefordert, Konzepte zu entwickeln, um zukünftigen Engpässen durch alternative Maßnahmen vorzubeugen.

Was also kann die DLRG tun?

- Erstens gilt es, die ganz Jungen durch attraktive, altersspezifisch hochwertige Angebote möglichst frühzeitig zur DLRG zu bringen.

- Zweitens: Mitglieder zu gewinnen ist die eine Sache, Mitglieder zu binden eine ganz andere:
  An diesem Punkt kommt der ehrenamtlichen Bildungs- und Qualifizierungsarbeit (einschließlich einer breiten, aktiven Jugendarbeit) besondere Bedeutung zu. Es gilt, das vorhandene Angebot zu optimieren und zu einem Anreizsystem zu entwickeln, an dem junge Menschen nicht vorbeikommen und das ihre Freizeit bereichert.

Bildungsarbeit mit Jugendlichen

- Drittens wird die DLRG sich intensiv um die älteren Mitmenschen bemühen müssen. Viele ältere Männer und Frauen, die als passive Mitglieder geführt werden, sind mit ihrer Kompetenz und Lebenserfahrung gerne bereit, wieder aktiv mitzuarbeiten. Soziale Angebote, Auffrischungs- und Fortbildungsmaßnahmen, Breiten- und Gesundheitssport, speziell für ältere Mitglieder, aber auch das Werben in der Altersklasse der nicht mehr ganz so jungen Nichtmitglieder werden wir zu leisten haben. Diese Altersgruppe repräsentiert ein vergleichsweise großes, unerschlossenes Potenzial.
  Die älter werdenden Aktiven, insbesondere die Ausbilder, müssen auch bei nachlassenden körperlichen Fähigkeiten mit ihrer Erfahrung und pädagogischen Kompetenz weiter gebunden werden, ihnen Freude bereitende Tätigkeitsfelder erhalten und neue, etwa in der Nachwuchsförderung, eröffnen.

- Viertens: In der Erkenntnis, dass die Mitglieder das Wertvollste sind, das die DLRG besitzt, kommt der Qualifikation des »Humankapitals« – gerade für den Bundesverband und seine Schule – zentrale Bedeutung zu. Die Vermittlung von fachlicher, methodischer, sozialer und persönlicher Kompetenz, von Team- und Führungsfähigkeit ist eine zukunftsrelevante Aufgabe, die in dem »DLRG-Bildungswerk« als bundesweitem Netzwerk dauerhaft und intensiv realisiert werden muss. Nur mit qualifizierender Aus- und Fortbildung werden die ehrenamtlichen Aktiven immer »professioneller« agieren können.

Rettungssport

Die Ausübung eines Ehrenamtes in der DLRG ist eine anspruchsvolle Selbstverpflichtung, wie die Präambel unserer Satzung ausweist:

»Die DLRG bildet durch ihre Mitglieder und Gliederungen die größte, freiwillige und führende Wasserrettungsorganisation Deutschlands und der Welt.«

Diese Mitglieder nehmen soziale Verantwortung freiwillig und ehrenamtlich wahr.

»Gegenseitiges Vertrauen, Glaubwürdigkeit, gemeinschaftliches Handeln sowie die Übereinstimmung von Wort und Tat bilden die Grundlage des verbandlichen Umgangs. Sie begründen die menschliche Qualität der Mitglieder und die Stärke der DLRG.«

IV. Die DLRG als Gemeinschaft von Gemeinschaften

Die DLRG-Mitglieder gehören einer Gemeinschaft an, die freiwillig, bürgerschaftlich, ehrenamtlich (im echten Sinne) und bewusst soziale Verantwortung für die Mitmenschen und die Gesellschaft insgesamt übernommen hat und auch in der Zukunft übernehmen wird. Grundhaltung und Kultur dieser Gemeinschaft von rd. 2.000 Gemeinschaften (in Form von örtlichen und regionalen Gliederungen als Basis bis hin zu Landesverbänden und dem Bundesverband) entsprechen in hohem Maße dem philosophisch-soziologischen Modell Etzionis für eine aktive, verantwortungsgeprägte Bürgergesellschaft (Kommunitarismus). In unserer DLRG-Gemeinschaft gilt es, Aktivität, Toleranz und Fairness zu erhalten, auch individuelle Ansprüche in dieser Gemeinschaft angemessen zu berücksichtigen, Eigen- und Mitverantwortung, Individualität und Sozialität miteinander zu verbinden.

Die DLRG muss auf allen Ebenen eine Gemeinschaft repräsentieren, zu der alle sich hingezogen fühlen, in der man sich wohlfühlt.

Die DLRG als engagierte Bürgerbewegung ist mehr als ein Zusammenschluss gleichgesinnter, miteinander verbundener Gemeinschaften. Die Basis bilden unsere örtlichen Gliederungen, sie fühlen sich der gemeinsamen Leitidee verpflichtet und sind dennoch in hohem Maße eigenständig. Insofern lassen sich neue Ideen und Initiativen unmittelbar einbringen bzw. entwickeln und realisieren. Engagierte Mitglieder können innovativ und kreativ mitwirken und somit Freude am selbstverantwortlichen sozialen Handeln gewinnen. Dabei reicht die Palette des Agierens vom handwerklichen Einsatz beim Bau von Ausbildungsstätten und Wachstationen über die Anwendung technischer Geräte im Wasserrettungsdienst und Katastrophenschutz bis hin zur pädagogischen Aktivität beim Unterrichten im Baby- und Kleinkinderschwimmen oder in der Jugendarbeit, um nur wenige Stichworte zu nennen.

Möglichkeiten der Partizipation, Gestaltungsspielraum und Angebote zur Weiterbildung sind nach dem Freiwilligen-Survey wichtige Faktoren ehrenamtlichen Engagements, Kriterien, die die DLRG in hervorragender Weise erfüllt. Es gilt allerdings, die Anreizskala zu erweitern, denn der Wettbewerb um junge Aktive wird aufgrund der demografischen Entwicklung noch schärfer werden.

Das Verhalten der Mitbürger ist schwerer einschätzbar geworden, individuelle Interessen, insbesondere des Erlebniskonsums, sind verlockende Alternativen und Hindernisse auf dem Weg zum gemeinnützigen Engagement. Viele Aussagen von Ehrenamtsstatistiken und »-experten« sind wenig brauchbar und treffen auf die DLRG allenfalls punktuell, manchmal überhaupt nicht zu. Sie braucht nicht nur das Kurzzeitengagement in Projekten, sie braucht auch und insbesondere den langfristig sich engagierenden Ehrenamtler für die »Kärrnerarbeit«. Vorstandsarbeit, Wasserrettungsdienst, Katastrophenschutz und vieles mehr sind keine Felder für Kurzzeitengagements.

Die DLRG bietet schon jetzt speziell jungen Menschen ein Feld humanitär-sportlich-sozialen Engagements mit reizvollen Möglichkeiten der persönlichen Weiterentwicklung und Entfaltung. Sie kann mit ihren Tätigkeiten die Sinnhaftigkeit sozialen Engagements vermitteln, und zwar in einer Organisation mit demokratischer Willensbildung und Entscheidung, die bemüht ist, ihr Handeln für jedermann transparent zu machen. Die DLRG ist insofern auch besonders geeignet für die Ableistung eines freiwilligen sozialen Jahres und des Freiwilligendienstes, Gebiete, die der Verband intensiver betreuen muss.

Die Spannungsverhältnisse in den Interessenlagen zwischen dem einzelnen Mitglied, der jeweiligen Gliederungsgemeinschaft und der Gemeinschaften untereinander ohne Friktionen zu lösen, ist – gerade in einer auf Freiwilligkeit und Ehrenamt basierenden Struktur –

eine nie endende Aufgabe auf allen Ebenen. Ausrichtung an der gemeinsamen Leitidee und den Kernkompetenzen – Aufklärung, Ausbildung, Einsatz – ist hierfür die Basis. Solidarität und Toleranz im Umgang miteinander sowie demokratische Legitimation in Verbindung mit gemeinsam verabschiedeten, das notwendige regelnde Satzungen, Ordnungen und (Rahmen-)Richtlinien sind eine weitere wichtige Grundlage für das Netzwerk an Wasserrettungsgemeinschaften.

Die individuellen Bedürfnisse der Mitglieder in eine funktionsfähige, leistungsfähige Gemeinschaft zu integrieren, erfordert dabei ebenso viel Überzeugungsarbeit, wie 18 Landesverbände und den Bundesverband zu einer harmonischen und zieladäquat agierenden Handlungseinheit zu formen.

Persönliche und sachliche Heterogenität durch zielführende Kompromisse in einer Gesamtstrategie zu verbinden und in konkretes kernkompetenzorientiertes Handeln umzusetzen, ist eine Gemeinschaftsaufgabe aller Führungsorgane und ihrer Mitglieder, eine Aufgabe, die – wie jeder weiß – auch nach 100 Jahren schwierig geblieben ist.

Stärke und Kompetenz eines Verbandes allein reichen in unserem komplexen und vernetzten Gesellschaftssystem bei der Realisierung gesetzter Ziele nicht aus (vgl. auch V. 3.).

Zur Durchsetzung der Interessen der DLRG gehört es deshalb auch, verbandsübergreifende Kooperationen bis hin zu strategischen Allianzen

- sowohl im sozialen Bereich (Paritätischer, Hilfsorganisationen, Feuerwehr, THW etc.)

- als auch im sportlichen Bereich (Nichtolympische und Olympische Verbände, schwimmausbildende und wassersportorientierte Verbände)

voranzubringen und mit noch mehr Leben zu erfüllen. Dies gilt nicht zuletzt für den Gesamtkomplex der Bäderpolitik.

Die Deutsche Lebens-Rettungs-Gesellschaft e.V. ist der größte Anbieter von Schwimmausbildung in Deutschland – noch vor den Schulen. Eine der vordringlichsten verbandspolitischen Zielsetzungen ist die Sicherung der Ausbildungsmöglichkeiten. Die weitverbreiteten Bäderschließungen belasten nicht nur die DLRG, sie belasten gleichermaßen die Schulen und alle anderen Schwimmsport treibenden Verbände. Ohne Schwimmbäder – keine Schwimmausbildung; keine Schwimmausbildung – mehr Nichtschwimmer. Perspektivisch betrachtet müssen wieder steigende Ertrinkungszahlen befürchtet werden. Das ist die unsinnige Logik einer kurzsichtigen Rotstiftpolitik, die nicht im Sinne der Menschen handelt.

Schwimmausbildung

Die DLRG wird dieser Entwicklung nicht tatenlos zusehen. Gemeinsam mit dem Deutschen Olympischen Sportbund, dem Deutschen Schwimmverband und den anderen im Bundesverband zur Förderung der Schwimmausbildung zusammengeschlossenen Organisationen setzt sich die DLRG sowohl für den Erhalt von öffentlichen und privaten Bädern als auch für die Schwimmausbildung ein.

Die DLRG hat zudem Kontakt zu den Spitzenverbänden der Städte und Gemeinden aufgenommen, um gemeinsam nach Lösungen zu suchen. Es gibt Alternativen zur vorschnellen Schließung von Bädern. Die DLRG bietet ihre Kompetenz an, kommunale Bäder für die Bevölkerung zu erhalten. Der damalige Präsident des Deutschen Sportbundes, Manfred von Richthofen, hat von einem Grundrecht auf Schwimmen gesprochen; für die DLRG gilt, jedes Kind hat ein Recht auf Schwimmausbildung. Es geht hier um etwas mehr als den Erhalt eines x-beliebigen Kulturgutes. Schwimmen zu lernen ist ein elementarer Baustein der Daseinsvorsorge und dafür müssen die entsprechenden Voraussetzungen erhalten bleiben.

Neben ausbildungsgerechten Bädern wird eine möglichst große Zahl qualifizierter Lehrender benötigt. Über die »Eigengewächse« hinaus gilt es, verstärkt Zielgruppen für unsere Aufgaben zu erschließen und zu qualifizieren:

- Erzieherinnen und Erzieher,
- Lehrer/-innen in allen Schulformen, aber auch an den Hochschulen, in Bundeswehr, (Bundes-)Polizeien,
- Fachangestellte in Bäderbetrieben u.v.m.

Schon im Kindergarten ist die DLRG vorbeugend aktiv, und zwar sehr erfolgreich. Rund 1.600 Veranstaltungen des NIVEA-Kindergartenprojektes pro Jahr haben mit dazu beigetragen, die Zahl der Ertrinkungstoten im Kindesalter um mehr als 50 Prozent zu senken, ein tolles Ergebnis.

Im Leistungssport können sich die Ergebnisse wahrlich sehen lassen. Im Junioren- und Seniorenbereich zählt die DLRG europa- und weltweit zur Spitze. Meisterschaften und Pokale, Cup und Trophy haben auch für eine erfolgreiche Breite gesorgt. Die DLRG-Vereinsmannschaften nehmen in der Welt auch eine Spitzenstellung ein. Die Fitness aus dem Sport steigert zudem die Fähigkeit zum Einsatz im Wasserrettungsdienst und Katastrophenschutz.

Der Wasserrettungsdienst ist eine der Schwerpunktaufgaben in der nahen Zukunft. Die Schlüsselfrage bleibt seine formalrechtliche Einbindung als Teil der Gefahrenabwehr und die öffentliche Anerkennung als gemeinsame Verpflichtung des Staates und der beteiligten privaten Hilfsorganisationen.

Im Detail geht es u.a. um Umrüstung auf Digitalfunk, bundesweite Umsetzung des Risk-Assessment-Konzeptes (d.h. Analyse und Bewertung aller Badestellen an der Küste und im Binnenland), Intensivierung und Qualitätssteigerung des Wasserrettungsdienstes, Erschließung neuer personeller und finanzieller Ressourcen u.v.m., letztlich alles mit dem Ziel, den Wasserrettungsdienst trotz seiner weitgehend ehrenamtlichen Realisierung noch effizienter und professioneller zu gestalten. Auch in diesem Fall sind Bundesverband und Landesverbände gut vorangekommen und haben zukunftsfähige Konzepte in der Umsetzung.

Deichsicherung mit Folien

Im Wasserrettungsdienst wie auch im Katastrophenschutz gilt es, Einsatzformen in noch größerem Umfang zu realisieren, die

- schnell (ggf. auch hubschraubergestützt) und
- fachkompetent

wasserrettungsspezifische Lagen bewältigen können. Zunehmende Hochwasserlagen mit oder ohne Swiftwater (Schwallwasser), Deichbruch- und Überschwemmungssituationen stellen hohe, variantenreiche Anforderungen.

Auf der Basis der Kooperationsverträge mit DRK, Feuerwehr und THW gilt es, für den überregionalen Einsatz in Deutschland, aber auch im Rahmen von Auslandseinsätzen Spezialeinheiten zu schaffen, auszustatten sowie aus- und fortzubilden. Auch diese Aufgaben werden Teil des zu realisierenden Arbeitsprogrammes sein. Die Grundlagen hierfür sind gelegt.

Die Einsatzfähigkeit der DLRG und ihre Möglichkeiten zur flächendeckenden Präsenz bei anfallenden Aufgaben hängen ganz wesentlich von der Entwicklung der Struktur ab. Ausbildungsangebote der Prävention müssen ortsnah erfolgen. Einsatztätigkeiten bei Wassernotfällen dulden nur kurze Reaktionszeiten. Damit ergibt sich zwangsläufig das Erfordernis, in der Nähe potenziellen Gefahrenquellen auch DLRG-Gliederungen vorzufinden.

Zwar haben wir seit der Wiedervereinigung mit großer Kraftanstrengung des gesamten Verbandes den Wiederaufbau der DLRG in Ostdeutschland erfolgreich vorangetrieben. Dennoch stellt das Ergebnis noch nicht zufrieden, da viele weiße Flecken verblieben sind. Allerdings muss sich die jetzt noch notwendige Entwicklungsarbeit nun in ein Gesamtkonzept der verbandlichen Strukturförderung einbinden lassen. Sich verschlechternde Rahmenbedingungen (z. B. Bäderschließungen), aber auch neue Herausforderungen verlangen ebenfalls nach gezielter Hilfe im alten Bundesgebiet.

Die Zielsetzungen

- Qualitätssteigerung,
- stärker professionelles Agieren,
- sparsamer und effektiver Einsatz der knappen Ressourcen

beziehen sich auf alle Arbeitsbereiche der DLRG.

Deshalb sind u. a. erforderlich:

- Verschlankung/Reduktion der Regelwerke (trotz EU- und nationalstaatlicher Auflagen),
- Entlastung des Ehrenamtes von überflüssigen Verwaltungsarbeiten,
- ggf. Bündelung von Verwaltungsarbeiten auf regionaler oder Landesebene,
- Schaffung größerer regionaler Handlungseinheiten in kooperativer oder sogar institutionalisierter Form,
- verstärkter Einsatz betriebswirtschaftlicher Führungsinstrumente, ohne unsere ehrenamtlichen Führungen zu überfordern.

Weitere Konsequenzen sind:

- Konzentration auf die Kernkompetenzen,
- Kameradschaft als Basis der DLRG-Gemeinschaften,
- Konsens anstreben, d. h. Bemühen um einvernehmliche, ausgewogene Entscheidungen (Management by convincing),
- Kompetenz und Qualität steigern,
- Kooperation im Inneren und mit externen Partnern.

Die Unabhängigkeit als private Organisation, das überragende Engagement der ehrenamtlichen Mitglieder und Förderer sowie das Selbstverständnis als in freiwilliger Selbstverpflichtung verantwortungsbewusst, humanitär und sozialorientiert agierende Gemeinschaft sind der Garant der Zukunftsfähigkeit der DLRG im Inneren und nach außen.

Katastrophenschutzzüge der DLRG Bayern

Die 2.000 DLRG-Gemeinschaften kommunizieren nicht nur

- mit- und untereinander,
- auf formalen und informellen Wegen,

die DLRG-Gliederungen sind auch Subsysteme verschiedener gesellschaftlicher Teilsysteme auf den jeweiligen Ebenen der föderalistisch aufgebauten Bundesrepublik Deutschland, z. T. auch über die nationalen Grenzen hinaus. Als Subsysteme nehmen sie Einfluss, unterliegen aber auch einer Vielzahl von Einflüssen, Regeln und sogar Zwängen der Obersysteme, z. B. in Form von den verschiedensten Gesetzen, Verordnungen, Erlassen und Richtlinien.

V. Die DLRG als Teil gesellschaftlicher Systeme

Die Obersysteme werden in jüngerer Zeit gern in drei Sektoren eingeteilt:

- Staat,
- Markt sowie
- Assoziationen.

Die freiwilligen Vereinigungen (Assoziationen), die üblicherweise Non-Profit-Organisationen (NPO) und Non-Governmental-Organisationen (NGO) sind, repräsentieren den sogenannten dritten Sektor. Sie prägen in höchstem Maße auch die »Bürgergesellschaft« oder »Civil Society«, eine Gesellschaft, in und an der Bürgerinnen und Bürger umfassend und intensiv mitwirken, Aufgaben und Verantwortung übernehmen, dabei manche staatlich-gesellschaftliche Maßnahme ergänzend oder ersetzend.

1. DLRG und Staat

Die DLRG ist ein Teil dieses dritten Sektors, der das Gesicht des Sozialstaats in hohem Maße bestimmt und vom Staat die Einhaltung des Subsidiaritätsprinzips verlangt. Die Hilfsorganisationen – so auch die DLRG – übernehmen und erfüllen viele soziale Aufgaben aus sich heraus, sie gewähren insofern subsidium (lat.: Hilfe). Subsidiarität verlangt vom Staat Zurückhaltung in der Übernahme von Funktionen, die der dritte Sektor und/oder der Markt ganz oder teilweise zu erfüllen in der Lage sind. Besonders misslich ist es, wenn die Subventionierung staatlicher und staatsnaher Institutionen auch noch zu Wettbewerbsverzerrungen führt.

Das bedeutet im Gegenteil aber nicht, dass der Staat keine Zuständigkeit im Bereich u. a. der Vor- und Fürsorge, des Schutzes und der Hilfe hätte. Er darf nur nicht – unter manchem Vorwand, z. B. auch falsch verstandener Solidarität – immer mehr Aufgaben an sich ziehen. Haushaltsprobleme werden hoffentlich das Umdenken fördern.

Der »aktivierende Staat« sollte sich auf

- die Planung (einschließlich Koordination),
- die Schaffung der erforderlichen Rahmenbedingungen und der notwendigen Infrastrukturen sowie
- die ergänzende Bereitstellung von Ressourcen im sozial-karitativen Bereich beschränken.

Auch das Prinzip der Ökonomie spricht dafür, zuerst die vorhandenen Ressourcen materieller und personeller Art zu nutzen, insbesondere die zum ehrenamtlichen, unbezahlten

Engagement bereiten Bürgerinnen und Bürger tätig werden zu lassen. Diesen sollte allerdings

- bei der entsprechenden Aus- und Fortbildung geholfen sowie
- eine Haftungs-, Schadens- und Unfallabsicherung

gewährt werden, und zwar unabhängig von der Art der Organisation oder Einrichtung in gleicher Weise.

Es ist nicht einzusehen, dass etwa im Katastropheneinsatz die Helfer staatlicher Organisationsstrukturen besser abgesichert sind als die der privaten Hilfsorganisationen.

In Bezug auf die vom Staat zu schaffenden Rahmenbedingungen darf es sich nicht um strangulierende oder behindernde Reglementierungen handeln (wie dies in Teilen der Einsatz- und Unfallverhütungsvorschriften der Fall ist), sondern um wirklich notwendige Schutz- und Sicherheitsvorgaben sowie um sachgerechte und ausgewogene Ressourcenunterstützung. Die Ungleichbehandlung bei staatlicher bzw. privater Hilfe muss endlich beendet werden.

Länder und Kommunen machen es sich oft zu leicht, wenn sie zum Teil großflächige Wasserfreizeitzentren schaffen, ohne auch die zur Erfüllung der Verkehrssicherungspflicht notwendigen Rettungseinrichtungen vorzusehen und zu finanzieren.

Zu den notwendigen Infrastrukturen gehört auch das Vorhalten von Bädern für die Bevölkerung, damit diese Schwimmen lernen und praktizieren kann, ihre Gesundheit erhalten und/oder wiederherstellen kann. Die körperliche Verfassung und die motorischen Fähigkeiten von Kindern und Jugendlichen haben sich signifikant verschlechtert. Hinzu tritt – und das berührt uns besonders –, dass der Rückgang an Schwimmfähigkeit bei den Grundschülern zurzeit schon mehr als 30 Prozent im Vergleich zu den 80er-Jahren beträgt!

BFS
Bundesverband
zur Förderung
der Schwimmausbildung

Schwimmunterricht muss in allen 16 Bundesländern wieder Vorrang erhalten und darf nicht unter dem Organisationsvorbehalt der einzelnen Schule stehen. Die DLRG bietet sich als Partner den Kultusministerien an, aber auch die anderen Verbände im Bundesverband zur Förderung der Schwimmausbildung (ASB, DRK, DSV, DTB, VDST) sind hierzu bereit. Insbesondere die Ganztagsschulen bieten künftig neue, zusätzliche Möglichkeiten, erfordern aber auch zusätzliche Mitarbeiter aus der Lehrerschaft oder aber Personen, die tagsüber nicht oder nicht ständig anderweitig gebunden sind; eine nicht einfach zu lösende Aufgabe für eine ehrenamtlich arbeitende Organisation. Unsere Strategie zielgruppenorientierten Vorgehens sowie unser neues Übungsleiterkonzept (einschließlich des Freiwilligendienstes) zeigen allerdings praktikable Ansätze auf.

Die personelle Frage ist die eine Seite des Problems, die Frage ausbildungsgeeigneter Bäder die zweite.

Bäderschließungen und -umwidmungen reduzieren die Ausbildungskapazitäten und treiben die Menschen über die Sommermonate in Freigewässer des Binnenlandes, die nur zum Teil durch Rettungsschwimmerinnen und Rettungsschwimmer bewacht werden können. Die Zahl der Ertrinkungstoten in Binnengewässern ist weiterhin zu hoch und sollte zusätzlich dazu führen, dass es unverzüglich zu einer Änderung der kommunalen Bäderpolitik kommt. Die DLRG ist auch hierbei zur Unterstützung und Kooperation bereit.

2. DLRG und Markt

Neben dem Verhältnis zum Staat ist für die Assoziationen des dritten Sektors auch die Beziehung zum Markt von großer Bedeutung. Dabei gilt es manche übersteigerte unternehmerische Tätigkeit von Organisationen, die sich eigentlich zum dritten Sektor zählen, durchaus kritisch zu betrachten, und zwar prinzipiell und auch, weil oft das erforderlicwhe Know-how fehlt. Eine konkurrierende Tätigkeit gegenüber den nicht steuerbegünstigten Unternehmen sollte die Ausnahme allenfalls dort sein, wo das Steuerrecht satzungsrelevante Aufgaben in ein Wirtschaftskorsett zwingt, da ansonsten die eigentlichen sozialen Aufgaben allein die NPO genügend auslasten dürften.

Allerdings ist die Kooperation zwischen am Markt agierenden Unternehmen und gemeinnützige Aufgabe wahrnehmenden Assoziationen gänzlich anders zu beurteilen. Typische Beispiele hierfür sind das Sozial- und das Sportsponsoring. Zum Nutzen beider Seiten pflegt die Deutsche Lebens-Rettungs-Gesellschaft e.V. entsprechende Beziehungen zu Wirtschaftspartnern wie der Beiersdorf AG, dem Bauer Verlag, dem Wirtschaftsdienst Verlag, Sparkassen, Versicherungen etc.

Durch Kooperationsprojekte mit in der Regel langjährigen Partnern gelingt es, die eigentlichen Verbandsaufgaben der DLRG noch besser zu erfüllen, wofür diese Partner großen Dank verdienen.

Versicherungen, speziell Krankenversicherungen, sind besonders geeignete Partner für die DLRG. Regelmäßige sportliche Betätigungen im Wasser dienen sowohl der Gesunderhaltung und -förderung als auch ggf. der Rehabilitation. Schwimmen als Lifetime-Sportart ist insofern besonders unterstützungswürdig.

Bädererhalt, sozial verträgliche Eintrittspreise sowie Förderung des regelmäßigen Schwimmens ersparen Krankenhausbetten und teure Therapien!

3. DLRG als Teil des dritten Sektors

Im Konzept der vielen, oft auch größeren Non-Profit-Organisationen (NPO) spielt die DLRG höchstens die Querflöte (manchmal liegt die Betonung auch auf quer!). Dabei spielt sie sogar in zwei Orchestern,

- dem des sozial-humanitären Bereichs und
- dem des Sportvereins- und -verbandssektors.

Im ersten Ensemble sitzen die Mitglieder der Bundesarbeitsgemeinschaft Freie Wohlfahrtspflege, u. a. der Paritätische mit seinen Mitgliedsorganisationen, die vier anderen Hilfsorganisationen (ASB, DRK, JUH, MHD) sowie viele weitere Assoziationen (z. B. die Bundesarbeitsgemeinschaft Erste Hilfe).

Manche Problemlagen – wie die der Subsidiarität – sind schon an anderem Zusammenhang skizziert worden, viele Möglichkeiten intensiverer Zusammenarbeit werden leider noch nicht genutzt.

Im Deutschen Spendenrat übt die DLRG – auch zum Schutz ihrer eigenen Spender – eine aktive Rolle aus. Wir halten diesen Zusammenschluss Spenden sammelnder Organisationen für ein ausgezeichnetes Selbstregulierungs- und Kontrollelement auf einem sehr vielschichtigen und sensiblen Feld der Finanzierung gemeinnütziger Aufgaben.

In der Familie des Sports zählt das Rettungsschwimmen zu den für die Gesundheit und die lebenslange Ausübung hervorragend geeigneten Arten. Nicht nur deshalb beansprucht die DLRG eine besondere Stellung:

Der Sport in der DLRG ist in seiner Art sogar einzigartig, er besitzt Nutzcharakter, er ist auch und insbesondere Instrument zur besseren Erfüllung der humanitären Aufgaben.

Das von der örtlichen bis zur Weltebene durchstrukturierte Wettkampfsystem bildet den konsequenten Rahmen für sportliche Aktivitäten, die sich in Zielsetzung und praktischen Anforderungen der Disziplinen an den Erfordernissen der Wasserrettung orientieren.

Sicherlich ist die Bewertung i. s. Selbstzweck oder Mittel zum Zweck des Rettungssports bei jedem Sport treibenden DLRG-Mitglied unterschiedlich und typisch für das zu lösende Spannungsverhältnis zwischen individuellem und Gesamtinteresse in unseren Gemeinschaften. Trotz dieses manchmal spürbaren Spannungsverhältnisses bleibt die utilitaristische Komponente unseres Sports die Besonderheit im Sportensemble, eine Komponente, die auch in der Bezeichnung des Weltverbandes FIS bis 1985 zum Ausdruck kam: Fédération Internationale de Sauvetage et de Sports Utilitaires.

Zielsetzung und Wirkung dieser Sportart gehen über das sportliche Selbsterleben hinaus und verknüpfen den Sport mit der Stiftung von Nutzen für das allgemeine Wohlergehen. Diese Aspekte der Hilfe an in Not geratene Mitmenschen lässt sie zur Königin unter den Sportarten werden, national und international.

Die DLRG ist sich auch der sportlichen Wurzeln bewusst, denn der Deutsche Schwimm-Verband und der Deutsche Turner-Bund waren wichtige Geburtshelfer und verlässliche Wegbegleiter. Zu ihnen und den anderen, dem Wasser verbundenen Sportarten besteht ein besonderes Band der Sportkameradschaft.

Die federführende Rolle der DLRG im Kreis der schwimmausbildenden Verbände setzt sich fort. Seit 1974 hat sie den Koordinierungsausschuss der sogenannten »Befreundeten Verbände« geleitet, dem neben der DLRG der Deutsche Schwimm-Verband (DSV), der Deutsche Turner-Bund (DTB), der Verband Deutscher Sporttaucher (VDST), der Bundesverband Deutscher Schwimmmeister (BDS) und das Deutsche Rote Kreuz (DRK) angehören. Im August 1998 haben diese Verbände einvernehmlich den »Bundesverband zur Förderung der Schwimmausbildung (BFS)« in der Konstruktion eines wirtschaftlichen Vereins als neue Kooperationsbasis gegründet. Dem BFS gehört inzwischen auch der Arbeiter-Samariter-Bund (ASB) an. Die DLRG hat einstimmig den Vorsitz und die Geschäftsführung übertragen bekommen. Insofern ist sie auch weiterhin erster Ansprechpartner von Kultusministerkonferenz, Schulen und anderen Einrichtungen in allen Fragen, die das Schwimmen und Rettungsschwimmen betreffen.

Die DLRG engagiert sich zusammen mit dem Deutschen Kanu-Verband (DKV), dem Deutschen Ruder-Verband (DRV), dem Deutschen Segler-Verband (DSV) und dem Deutschen

Motoryachtverband (DMYV) in der Wassersportkommission des DOSB und kooperiert darüber hinaus mit den Nichtolympischen Verbänden (NOV).

Die Stellung der DLRG in den gesellschaftlichen Systemen bzw. Sektoren ist in den letzten Jahrzehnten ausgebaut worden, die DLRG ist ein unverzichtbarer Teil der Hilfsleistungs- und Sportsysteme in Deutschland geworden.

Das Bundeszentrum der DLRG in Bad Nenndorf

VI. Zusammenfassung

Im Sinne des – auf einen sozialen Nutzen für die Gesellschaft ausgerichteten – Zieles müssen die Positionen, die sich die DLRG erworben hat, nicht nur gefestigt, sondern offensiv ausgebaut werden. Dazu gehört es, die Kompetenz als leistungsstärkste Wasserrettungsorganisation in Deutschland gegenüber den Partnern in der Politik, dem Sport, den Hilfsorganisationen und den anderen Verbänden noch klarer, eindeutiger und mit dem nötigen Nachdruck zu vertreten, die Marke »DLRG« muss noch stärker im »Markt« positioniert werden!

Bei der Analyse des Umfeldes ist festzustellen, dass sowohl in der Wirtschaft als auch in der Gesellschaft Tendenzen bestehen, die soziale Komponente des Gemeinwesens in den

Hintergrund zu drängen. Dieses zeigt sich sowohl in der wachsenden Kapitalorientierung und Kälte in der Wirtschaft als auch in der wachsenden Egozentrik vieler Bürger und der nicht zu verkennenden Individualisierung gesellschaftlicher Werte.

Um dieser Singularisierung und Entsolidarisierung entgegenzuwirken, braucht die Gesellschaft heute mehr denn je freiwilliges, soziales Engagement in seiner ganzen Vielfalt. Die Trägerschaft darf sich nicht auf wenige beschränken. Das Prinzip sozialen Handelns gilt nach wie vor für alle Teile der Gesellschaft, für Unternehmen und Non-Profit-Organisationen, für Gruppen und Individuen. Alle zusammen sollten und müssen dieses Prinzip humanitären, sozialorientierten Handelns realisieren.

Die Deutsche Lebens-Rettungs-Gesellschaft bietet hierfür ein Erfolgsmodell.

Die DLRG ist eine

- insbesondere durch junge und jung gebliebene Mitglieder geprägte,
- sportlich-lebendige,
- Innovationen gegenüber aufgeschlossene,
- jetzigen und zukünftigen Anforderungen sich stellende,
- auf die Kernkompetenzen sich konzentrierende,
- verantwortungsbewusst und sozial-humanitär handelnde

Gemeinschaft engagierter Bürgerinnen und Bürger, eine Bürgerbewegung im besten Sinne.

Seit 100 Jahren erbringt die DLRG ihren Beitrag zu einer humaneren Gesellschaft in freiwilliger Selbstverpflichtung – echt ehrenamtlich!

Martin Janssen / Erika Fastrich

100 Jahre Ausbildung im Schwimmen und Rettungsschwimmen

Die frühen Jahre von Martin Janssen

Angesichts von jährlich mehr als 5.000 Todesfällen durch Ertrinken im deutschen Kaiserreich zu Beginn des 20. Jahrhunderts gab es vor allem im Deutschen Schwimm-Verband Bestrebungen, Menschen zu Rettungsschwimmern auszubilden, die in der Lage waren, Ertrinkenden das Leben zu retten. »Retten lernen muß unser Hauptlosungswort werden«, heißt es in Gründungsaufruf vom 5. Juni 1913.[1] Der Deutsche Schwimm-Verband (DSV), dem alle 13 Unterzeichner des Aufrufes angehörten, wollte eine Spezialorganisation gründen, die sich ausschließlich um die Lebensrettung kümmerte.

Bereits im Sommer 1913 vor der Gründung bildete Fritz Peter in Cannstatt Rettungsschwimmer aus. Auf einen Pressebeitrag in der lokalen Zeitung hatten sich 34 Interessenten gemeldet, von denen 21 die Prüfung mit Erfolg absolvierten. Einer von ihnen war Robert Häberle. Die offenbar erste Rettungs-Schwimmer-Urkunde der Deutschen Lebens-Rettungs-Gesellschaft, Ortsgruppe Groß-Stuttgart, ausgestellt im August 1913 und unterzeichnet von Fritz Peter, nennt auch die Prüfungen, die Häberle mit Erfolg absolvierte. Die als Diplom bezeichnete Prüfung hatte eine Gültigkeit von drei Jahren.

Die Gründungsversammlung der Deutschen Lebens-Rettungs-Gesellschaft am 19. Oktober 1913 legte noch keine Prüfungsbestimmungen für die Zuerkennung des Rettungsschwimmer-Diploms fest, beauftragte aber den zehnköpfigen Ausschuss mit der Erarbeitung. Im Ausschuss existierten zunächst zwei Strömungen: Prof. Dr. Schmidt und Fritz Droemer sprachen sich für eine siebenteilige Ordnung nach dem Vorbild der Londoner Royal Life Saving Society aus. Die erste Prüfung sollte der »Elementarschein« sein. Fritz Peter und Walter Bunner favorisierten ein schlankeres System mit zwei bis vier Prüfungsstufen. Peter befürwortete den Lehrschein und eine Begrenzung des Lehrscheindiploms auf drei Jahre. Die Prüfungen sollten in Flüssen und Seen unter realen Bedingungen stattfinden. Der Ausschuss verständigte sich schnell auf eine schlanke Prüfungsordnung.

Bereits am 27. November 1913 veröffentlicht die DLRG in »Der deutsche Schwimmer« die ersten Prüfungsbestimmungen. Das dreistufige System gliederte sich in Grundschein (Prüfungsstufe I), Bronzeplakette (Prüfungsstufe II) und Lehrschein.[2] Die Schwimmausbildung gehörte nicht zu den Aufgaben der DLRG, diese behielt sich der DSV selbst vor. Bis zum Ende des Zweiten Weltkrieges bildete die DLRG offiziell keine Schwimmer aus. Im Sommer 1914 werden die ersten Rettungsschwimmer-Abzeichen ausgegeben. Die Bronzeplakette ist das erste Prüfungsabzeichen, das die Gesellschaft ausgibt. Sie wird in der Zeit von 1914–1921 in verschiedenen Varianten gefertigt. Von 1913 bis Anfang 1920 haben sich 2.000 Schwimmerinnen und Schwimmer einer DLRG-Prüfung unterzogen. Bis 1922 werden 2.000

---

[1] Der Deutsche Schwimmer 27.11.1913
[2] Der Deutsche Schwimmer 27.11.1913

Bronzeplaketten verliehen und bis 1927 werden mehr als 10.000 Urkunden für die Bronzeplakette ausgegeben. Erst im Herbst 1920 wird ein Abzeichen für die Grundscheinprüfung geschaffen. Für den Lehrschein und später für das Diplom wird ein Mützenabzeichen hergestellt.[3]

1920 erschien auch ein kleines Lehrbuch mit dem Titel »Anleitung zur Rettung Ertrinkender« im DLRG-Selbstverlag. In einem Vertrag mit der DLRG übertrug der DSV der DLRG am 30. Juli 1920 die Verbreitung der Kenntnisse und Fähigkeiten im Rettungsschwimmen und in der Wiederbelebung Ertrinkender. Im Gegenzug verpflichtete sich die DLRG, dem DSV das gesamte Material zur Verfügung zu stellen und außer Orts- und Bezirksgruppen keine Schwimmvereine zu gründen.

Im Juni 1920 werden die Prüfungsbestimmungen um eine weitere Stufe, das Diplom, ergänzt und gleichzeitig ein Lehrausschuss der DLRG eingesetzt. Er soll als wissenschaftlicher Beirat fungieren und die Lehr- und Ausbildungstätigkeit mit fachkundigem Rat begleiten.

Das Diplom wird durch den DLRG-Vorstand verliehen. Voraussetzungen sind:

1. der Besitz des Lehrscheins,
2. mehrjährige erfolgreiche Tätigkeit als Lehrer für die DLRG und
3. eine wissenschaftliche Mitarbeit.

Der Besitz der Bronzeplakette berechtigt den Inhaber, die Grundscheinprüfung mit einem weiteren Inhaber dieser Urkunde abzunehmen. Der Lehrscheininhaber kann sämtliche Prüfungen nach den Bestimmungen der Gesellschaft zertifizieren. Unterzeichnet werden die Lehrscheinurkunden bis 1920 vom geschäftsführenden Vorsitzenden, vom Technischen Leiter (TL) und vom Geschäftsführer, danach nur noch vom TL und Geschäftsführer.

Bis Ende 1922 hat die DLRG 7.997 Grundscheine, 2.038 Bronzeplaketten und 676 Lehrscheine, insgesamt 10.711 Urkunden und Abzeichen, ausgegeben.

1925 wird die Bronzeplakette (Prüfung II) durch den Prüfungsschein ersetzt. Während der Besitz der Bronzeplakette nur zur Abnahme des Grundscheines berechtigte, sind die Inhaber des Prüfungsscheines zur Abnahme des Grund- und Prüfungsscheines mit einem anderen Prüfungsscheininhaber berechtigt. Damit sollten Lehrscheininhaber entlastet und die Ausbildung von Rettungsschwimmern beschleunigt werden. Die Übertragung der Prüfungsberechtigung bewährt sich aber in der Praxis nicht. Schon bald nach der Einführung des Prüfungsscheines kommen in einigen Landesverbänden Bestrebungen auf,

---

[3] Jatzke, Harald: Die Geschichte der DLRG im Spiegel ihrer Abzeichen und Urkunden, DVV 2003, Seite 16

die Prüfungsbefugnis nur den Lehrscheininhabern zuzuerkennen. Auf Antrag genehmigt der Hauptvorstand dann einzelnen Landesverbänden, von der Bestimmung abzuweichen.

Auf der Jahreshauptversammlung 1930 beantragt der Vorstand am 9. März, dass Prüfungen nur noch von Lehrscheininhabern abgenommen werden dürfen. Prüfungsscheininhaber dürfen nur noch im Verhinderungsfall des Lehrscheininhabers zum Einsatz kommen. Die DLRG erlässt auf der Tagung auch neue Prüfungsbestimmungen für den Prüfungsschein: Das Dauerschwimmen wird von einer auf eine halbe Stunde verringert, der Nackengriff wird abgeschafft.

In den ersten drei Jahren nach dem Neuanfang 1925 wurden über 13.000 Grundscheine und fast 1.000 Lehrscheine ausgegeben. 1930 werden die DLRG-Landesverbände Reichsheer und Reichsmarine gegründet, was sich positiv auf die Prüfungsabnahmen auswirkte.

1933 beschließt die DLRG neue Prüfungsbestimmungen. Der Prüfungsschein wird zu Beginn des Jahres abgeschafft, an seine Stelle tritt der Leistungsschein. Künftig sind nur noch Lehrscheininhaber berechtigt, Prüfungen abzunehmen. Die für den Grundschein geforderten Leistungen werden erheblich erhöht.

In dem Jahrzehnt von 1925 bis 1934 hat die DLRG 258.723 Rettungsschwimmurkunden und Abzeichen vergeben, drei Jahre später haben bereits mehr als 400.000 Menschen eine Rettungsschwimmprüfung bei der DLRG abgelegt. Die Rettungsschwimmausbildung gewinnt in der damaligen Gesellschaft immer größere Bedeutung. Sie wird Bestandteil der schulischen Lehrpläne. Der Grundschein wird bei der Benotung der Schwimmleistungen berücksichtigt und wird als schwimmerische Leistung für den Erwerb des Reichssportabzeichens anerkannt.

In immer mehr nationalsozialistischen Organisationen wird das Rettungsschwimmabzeichen zumindest für die Führer verpflichtend, so in der Hitler-Jugend (HJ), dem Bund Deutscher Mädel (BDM) und dem Reichsarbeitsdienst. Auch die Wehrmacht erwartet eine DLRG-Rettungsschwimmausbildung bei Einstellungen.

In den Kriegsjahren bildet die DLRG weiter Rettungsschwimmer aus, 1940 nehmen die Lehrscheininhaber allein 40.000 Prüfungen ab. Im weiteren Kriegsverlauf werden auch Kriegsversehrte zu Rettungsschwimmern ausgebildet. In der Jubiläumstagung zum 30-jährigen Bestehen der Gesellschaft in Stuttgart 1943 wird die Gründung eines Freiwilligen Rettungsschwimmer-Korps (F.R.K.) beschlossen. »Die Aufnahme in dieses Elitekorps soll für aktive Rettungsschwimmer eine Auszeichnung darstellen.«[4]

---

[4] Jatzke, Harald: Die Geschichte der DLRG im Spiegel ihrer Abzeichen und Urkunden, DVV 2003, Seite 54

Dokumente über die Entwicklung des F.R.K. finden sich in der DLRG-Literatur aber nicht mehr.

In »Die DLRG – Mitteilungen der Deutschen Lebens-Rettungs-Gemeinschaft«, Nummer 7/1944, schreibt der Leiter der Pressestelle der DLRG, Gustav Putzke, auf Seite 2: »So wurde das Jahr 1943 ein Rekordjahr in der Ausrichtung der Lehrgänge und der ausgebildeten Rettungsschwimmer. Über 1.200.000 haben sich (seit 1925; Anm. des Autors) die Berechtigung zum Tragen der DLRG-Prüfungsnadel erworben, die zu einem deutschen Ehrenzeichen geworden ist. Trotz der erschwerten Vorbedingungen konnte die Ausbildung in den Kriegsjahren so gefördert werden, daß sie die der Friedensjahre erheblich übersteigt. Sie hat sich bei einzelnen Formationen verdreifacht.«

Weiter unten heißt es auf Seite 2 der Mitteilungen Nr. 7/1944: »Erinnern wir uns (an die Reichstagung in Stuttgart 1943, Anm. des Autors) an die Aufnahme des Schwimmunterrichts als vorbeugende Maßnahme gegen den Ertrinkungstod.«

Die Entwicklung nach dem Zweiten Weltkrieg von Erika Fastrich

Nach dem Verbot der Organisation durch die alliierten Siegermächte darf die DLRG in den Folgejahren in den westlichen Besatzungszonen ihre Arbeit nach und nach wieder aufnehmen. In den von der sowjetischen Armee besetzten Gebieten erhielt sie jedoch keine Genehmigung und blieb auch bis zur Wiedervereinigung 1989 in der DDR verboten.

Im Juli 1947 machte die DLRG die 1938 erfolgte Umbenennung in Deutsche Lebens-Rettungs-Gemeinschaft rückgängig und nahm den Traditionsnamen Deutsche Lebens-Rettungs-Gesellschaft wieder an.

Die Arbeit in den 50er-Jahren ist schwierig. Frei- und Hallenbäder sind zerstört und werden erst nach und nach wieder aufgebaut. Der Ausbildungsbetrieb kommt wieder in Gang. Parallel dazu erarbeiten engagierte DLRG-Ausbilder weiterführende Prüfungsbestimmungen und organisieren Übungsleiterschulungen (Lehrschein). Sie bilden damit wichtige Grundlagen für die Arbeit in den Nachkriegsjahren. Bald unterhält die Organisation Ausbildungsangebote in den meisten Schwimmbädern Deutschlands mit einer großen Zahl ehrenamtlich tätiger Ausbilder für das Schwimmen und Rettungsschwimmen.

In Dortmund entwickelte sich das von Karl Löhr begründete und vor allem von Dr. Fritz Korte, dem Leiter des Bezirks Dortmund von 1949–1971, umgesetzte und propagierte »Dortmunder System«. Dabei ging es um einen zeitgemäßen, zeitsparenden und effektiven Schwimmunterricht mit großen Gruppen, mit bestmöglicher Ausnutzung der räumlichen Möglichkeiten (Korte 1959), um den Bäder- und Übungsleitermangel zu kompensieren.

In den 60er- und 70er-Jahren profitierte der Ausbildungsbetrieb von den zahlreich entstehenden Schwimmbadneubauten, die im Rahmen des »Goldenen Plans«, dem Programm der Deutschen Olympischen Gesellschaft (DOG), zur Errichtung von flächendeckenden Erholungs-, Spiel- und Sportanlagen geschaffen werden. Viele neue Ortsgruppen gründen sich und richten in möglichst jedem neu eröffneten Hallenbad Übungsabende ein. Die Ausbildungszahlen steigen. Doch nach 30 Jahren Aufschwung im Bäderwesen kommt es allmählich zu einem Sanierungsstau, der dann auch noch mit einer Zeit großer Finanznot der Gemeinden, steigenden Energiekosten sowie rückläufigen Besucherzahlen zusammenfällt. Die reale oder auch nur drohende Schließung bürgernaher Stadtteilbäder und Lehrschwimmbecken ruft die beteiligten Verbände auf den Plan, um »Wege zur Bestandssicherung kommunaler Hallen- und Freibäder«, so der Titel einer 2004 erschienenen Broschüre, zu erarbeiten.

Die diskutierten Maßnahmen zur Bestandssicherung und erst recht der Umsetzung, beispielsweise, wenn Bäder in Vereinsregie übernommen werden, binden beträchtliche Kräfte, die weit über die satzungsgemäßen Aufgaben der DLRG hinausgehen.

Trotz aller Aufs und Abs ist die DLRG heute nach 100-jähriger Geschichte die weltweit größte freiwillige Wasserrettungsorganisation. Sie ist Meinungsführer im Bereich der Wasserrettung und damit auch im Rettungsschwimmen. In der Schwimmausbildung ist sie am Beginn des 21. Jahrhunderts Deutschlands größter Anbieter.

Die Entwicklung der Rettungsschwimmausbildung dargestellt entlang von Lehrbüchern und Prüfungsordnungen

Die Beschäftigung mit alten Quellen stellt eine Fundgrube an Informationen im Hinblick auf Entwicklungen, auch für aktuelle Aufgaben der DLRG dar. Viel Informationsmaterial bietet das Organ der DLRG »Der Lebensretter«. Auch die Lehrbücher Karl Löhrs der Auflagen 1938–1974 enthalten in ihren Vorworten und Anhängen zu Satzung und Prüfungsordnung wichtige geschichtliche Quellen.

Prägend für die Anfänge des Ausbildungsbetriebs der DLRG waren die ersten Lehrgänge Paul Kellners (1890–1971), Lehrer an der Deutschen Hochschule für Leibeserziehung in Berlin. Die Kurse waren, wie Karl Löhr im Vorwort zu seinem Lehrbuch »Rettungsschwimmen« (1949, s. Anlage 1) schreibt, wegweisend für die Lehre und ihre Verbreitung durch die zahlreichen Lehrgangsteilnehmer. So konnte das Lehrgut über das ganze Land verbreitet werden. Auf der Grundlage zunehmender Ausbildungserfahrung entstanden die ersten Lehrbücher der DLRG, maßgeblich geprägt von Karl Löhr, Bezirksleiter der DLRG Dortmund (1926–1951) und Technischer Leiter der DLRG (1947–1963), sowie den Mitarbeitern in den Landesverbänden.

Um eine einheitliche Ausbildung zu gewährleisten, wurde in den Lehrbüchern 1929–1968 (siehe Seite 52) den Riegenführern ein straffer Aufbau in einem zehnstündigen Lehrgang vorgegeben, in dessen 9. und 10. Stunde die Prüfungen abgenommen wurden. Die Theorieausbildung sah Themen vor wie »Biologie für den Lebensretter«, einschließlich Wiederbelebung und Wiederbelebungsapparate, »Wichtige Nothelfergriffe«, »Der praktische Einsatz der Lebensretter«. Erst 1974 eröffnete Karl Löhr in seinem neuen Buch »Methodik des Rettungsschwimmen« einen größeren Spielraum für eine offene Unterrichtsgestaltung. Das Buch, weiterhin im Hofmann Verlag in der »Schriftenreihe zur Praxis der Leibeserziehung und des Sports« verlegt, bekam ein ganz neues Gesicht: eine klare methodische Struktur, neue Gliederung sowie großzügige Zeichnungen und Fotos.

Während Praxis und Theorie des Rettungsschwimmens entsprechend der Anforderungen an die Rettungskette weitgehend konstant bleiben, gab es bei den Wiederbelebungsmethoden häufige Wechsel, die sich an der jeweiligen Lehrauffassung der DLRG-Ärzte orientierten. Wiederbelebung nach Schäfer, Kohlrausch, Howard und Silvester-Brosch-Meyer, alle im Lehr- und Handbuch des Rettungsschwimmens 1938 dargestellt und empfohlen, standen am Beginn der DLRG-Rettungsschwimmausbildung. Karl Löhr konzentrierte sich in seinen kleinen Lehrbüchern erst ab 1952 auf die »Wiedererweckungsarten« in Rückenlage: Silvester (Armverfahren) und Thomsen (Brustdruckverfahren). Beim Grundschein ist nur noch die Methode nach Thomsen Ausbildungs- und Prüfgegenstand. Prof. Wilhelm Thomsen war von 1953–1965 Präsident der DLRG.

Die Atemspende wird erstmalig 1967 erwähnt und beschrieben (Löhr, 1957, S. 79, Anlage 1). Sie sei vorteilhaft bei Brustkorbverletzungen. Ihr eigentlicher Durchbruch kommt 1974: »Die DLRG lehrt, prüft und wendet in Verbindung mit der Herzmassage zwei Methoden an: Das Brustdruckverfahren nach Thomsen-Reusch und die Atemspende.« (Löhr, 1974, S. 116, s. Anlage 1) Schließlich wird auch die letzte manuelle Methode aufgegeben. Klaus Wilkens informiert in »Rettungsschwimmen – Grundlagen der Wasserrettung«: »Technische Leiter und Ärzte haben 1981/82 mit großer Mehrheit den Beschluss gefasst, das Brustdruckverfahren als Wiederbelebungsmethode im Rahmen der Ausbildungskurse nicht mehr zu lehren.« (Wilkens, 1982, S. 203, s. Anlage 1) Es kehrte Ruhe ein bei der grundlegenden Frage nach der Methode, nicht aber bei den Frequenzen für Beatmung und Herzmassage. Die Herzmassage als rhythmischer Pressdruck auf das Brustbein wird seit 1963 mit der Atmung kombiniert.

Seit 1994 ist die DLRG Vollmitglied in der Bundesarbeitsgemeinschaft Erste Hilfe (BAGEH). Sie stimmt sich mit den übrigen Hilfsorganisationen in Ausbildungsfragen ab. Mit Einführung des neuen DLRG-Lehr- und Lernmittelkonzeptes 2002 von Helmut Stöhr und Dirk Bissinger (Technische Leitung Ausbildung seit 1998) wird auf die Darstellung der Wiederbelebung in den Rettungsschwimmlehrbüchern zugunsten der Erste-Hilfe-Materialien verzichtet. Eine Ausnahme bildet das Lehrbuch von Klaus Wilkens. (Wilkens 2010, S. 217–263, s. Seite 52)

Praxis und Theorie des Rettungsschwimmens sind weitgehend konstant geblieben, dennoch hat es methodische Verbesserungen gegeben, die deutlich herausgestellt werden sollen:

1. Die Lehre der Befreiungsgriffe wurde durch die Einführung des Armhebels deutlich vereinfacht und später in der Prüfungsordnung von 1990 auf zwei Prüfungsgriffe reduziert.
2. Dem Thema Befreiungsgriffe wurde eine Einführung über das Verhalten zur Vermeidung von Umklammerungen als wesentlicher Beitrag zum Selbstschutz vorangestellt.
3. Die neue Prüfungsordnung von 1977 führte das Thema »Kombinierte Übungen« im Sinne simulierter Rettungseinsätze ein, als Beitrag zur Realitätsnähe, aber auch als eine Bereicherung des Übungsstoffes.
4. Die neue Prüfungsordnung brachte eine Erweiterung bei den Schwimmtechniken: die Anwendung des Kraulschwimmens.

1972–1975 entwickelt eine sechsköpfige Prüfungsordnungskommission grundsätzliche Änderungen für das Schwimmen und Rettungsschwimmen. Von der DLRG im Vorfeld erarbeitet und mit den schwimmsporttreibenden Verbänden (»Befreundete Verbände«) beraten und abgestimmt, trat die neue Prüfungsordnung, die Deutsche Prüfungsordnung Schwimmen – Retten – Tauchen, für die Verbände 1977 in Kraft. 1978 unterzeichnete auch die Sportkommission der Kultusministerkonferenz (KMK) die Vereinbarung und machte somit den Weg frei für die schulische Schwimm- und Rettungsschwimmausbildung.

Es würde den Rahmen des Beitrags sprengen, ginge man detailliert auf alle Änderungen ein. Klaus Wilkens stellt ausführlich den »Entwurf einer neuen Prüfungsordnung und geplante Ausbilderschulung« im DLRG-Organ »Der Lebensretter« und in Kurzform in seiner Einführung zu »Rettungsschwimmen – Grundlagen der Wasserrettung« dar. Die Schwimm- und Rettungsschwimmprüfungen sind nun einheitlich nach Bronze, Silber und Gold abgestuft und in ihren Anforderungen systematisch gesteigert. Zeitbegrenzungen sollen sicherstellen, dass die notwendigen konditionellen Grundlagen für den ausreichenden Vortrieb beim Schwimmen und beim Anschwimmen an den Unglücksort geschaffen werden. Die Prüfungsordnungskommission ließ sich, wie Klaus Wilkens im »Lebensretter« schreibt, von drei Grundprinzipien leiten:

1. neue Erkenntnisse der Schwimmmethodik sowie der Selbst- und Fremdrettung,
2. Erhalt der Breitenwirkung von Prüfungen durch die Bronze-Stufen (Freischwimmer und Grundschein),
3. stärkere Berücksichtigung der Anforderungen des Rettungseinsatzes bei den Stufen Silber und Gold durch kombinierte Rettungsübungen und Kraulschwimmen.

Zusätzlich wurde das Tauchen als Ergänzung zum Schwimmen und Rettungsschwimmen aufgenommen. Dies war das Ergebnis eines Vertrages mit dem Verband Deutscher Sporttaucher (VDST). Die neuen Prüfungen sind das Deutsche Jugendtauchabzeichen sowie der DLRG-Rettungstauchschein.

1990 ergänzt die DLRG die Prüfungsordnung noch einmal um eine Prüfung, die sich zwischen Deutschem Jugendschwimmpass und Deutschem Rettungsschwimmpass einordnet: den Junior-Retter. Auf der Tagung der Technischen Leiter 1987 in Körtlinghausen stellen Erika Fastrich und Klaus Wilkens die neuen Ausbildungs- und Prüfungsinhalte des Junior-Retters vor, die sich speziell an die zehn- bis zwölfjährigen Jungen und Mädchen wenden.

Vorbild waren ausländische Programme, besonders der Australischen Lebensrettungsgesellschaft. Der Junior-Retter wird zuerst dem Schwimmen, ab 2009 aber als vorbereitende DLRG-Prüfung dem Rettungsschwimmen zugeordnet. (PO 2009, s. Seite 53) Ausbildungsmaterialien, wie Ergänzungen im Leitfaden Schwimmen, in der Grünen Fibel, Fragebögen, das Modul 1 der Ausbildungsvorschrift »Einführung in die Basismaßnahmen bei Ertrinkungsunfällen (2006)« und schließlich ein Ausbilderhandbuch »Junior-Retter« werden in der Folgezeit erarbeitet. (s. Seite 52)

Die grundlegenden Veränderungen und Erweiterungen, die die neue Prüfungsordnung mit sich bringt, erfordern eine völlig neue Konzeption für den Technischen Bereich, der sich Klaus Wilkens zu Beginn der Technischen Leitung (1974–1989) mit großem Engagement widmet. Er veranlasst die Erstellung bzw. Überarbeitung von Ausbildungsrichtlinien und Rahmenplänen sowie Lehr- und Lernhilfen. Er setzt Sachbearbeiter für die Bereiche Schwimmen, Rettungsschwimmen und Tauchen ein, intensiviert die Ausbildungshelfer- und Lehrscheinschulung und dezentralisiert das Lehrgangswesen zunächst in drei Regionalbereiche Nord, Mitte und Süd.

Zentrale Fachtagungen sollen später das Wissen vertiefen und neue Ideen entwickeln. Drei Tagungen widmeten sich dem Behindertenschwimmen (1980, 1981, 1987) mit den Dozenten Prof. Jan Dordel und Hermann Grams, beide Hannover. Die Tagungen ab 1985 wurden als Techniker-Fachtagung (Tefa) bezeichnet und umfassten die Sachgebiete Schwimmen, Rettungsschwimmen, Lehrscheinausbildung und Breitensport. Parallel dazu tagen einmal im Jahr die Fachreferenten auf sogenannten Referententagungen (Refa), um Inhalte ihrer Sachgebiete zu diskutieren und auf den Weg zu bringen, darunter die Entwicklung und Weiterführung der Ausbilderhandbücher, Teilnehmerbroschüren, Prüfungsordnungen und die Weiterentwicklung der DLRG-Lizenzen.

Die DLRG-Rahmenrichtlinien erschienen erstmalig 1980. Sie wurden erstellt von den Lehrstabsmitgliedern Klaus Wilkens, Klaus Daniel, Erika Fastrich und Friedrich Marona. Seit 1996 werden sie den Rahmenrichtlinien für Ausbildung des Deutschen Sportbundes (DSB), heute Deutscher Olympischer Sportbund (DOSB), angepasst. Damit kam und kommt die DLRG den Interessen des Sportbundes nach, Ausbildungsgänge in seinem Geltungsbereich möglichst gleichwertig zu gestalten (Beschluss des DSB vom 23. Juni 1990).

Schwimmen holt ab 1948 als zweite Kernaufgabe auf

In den ersten Jahrzehnten ihrer Geschichte setzte die DLRG den Schwerpunkt ausschließlich auf das Rettungsschwimmen, auch noch in der Satzung von 1929. Zwar wurde die Notwendigkeit einer breiten Schwimmausbildung gesehen, die DLRG propagierte sie auch für die Schulen, sah den Schwimmunterricht aber beim Deutschen Schwimm-Verband gut aufgehoben.

1948 wird das »Erteilen von Anfangsschwimmunterricht« satzungsgemäße Aufgabe, und die Prüfungsordnung weist erstmalig die Schwimmprüfungen Frei- und Fahrtenschwimmen aus. Karl Löhr gibt den DLRG-Ausbildern wieder einen zwölfstündigen Standardlehrgang vor. Er umfasst die Wassergewöhnung und die Lehrweise des Brust- und Rückenschwimmens. Das Buch »Natürlicher Schwimmunterricht« des Österreichers Kurt Wiessner (1925) beeinflusste die Methodik bei der Wassergewöhnung mit Verzicht auf Auftriebshilfen. Eine Besonderheit der DLRG-Schwimmausbildung ist der Bezug zum späteren Rettungsschwimmen. Deshalb ist Tauchen und Rückenschwimmen wesentlicher Bestandteil des Anfängerschwimmens.

Brustschwimmen ist bis heute die traditionelle Anfangsschwimmart in der DLRG. Man kann diese Lehrmeinung damit begründen, dass bei kürzerer Lernzeit eine längere Schwimmstrecke geleistet werden kann, was beim Ablegen des Freischwimmers eine wesentliche Rolle spielt. Auch lässt sich der Bewegungsablauf der Brust-Bein-Bewegung beim Rückenschwimmen anwenden und dann später für Rettungstechniken nutzen. Kraulschwimmen ist Bestandteil des Deutschen Jugendschwimmpasses geworden und lässt sich in weiterführende DLRG-Schwimmkurse einbauen.

Die Prüfungsordnung von 1950 forderte als Nachweis des Schwimmens die Stufen Freischwimmer (15 Minuten) und Fahrtenschwimmer (45 Minuten, die ab 1955 auf 30 Minuten reduziert wurden). Die Prüfung soll mit einem Sprung, möglichst als Kopfsprung, aus 1 bzw. 3 m Höhe, beginnen. Der aktuelle Leistungskanon für sicheres Schwimmen, Schwimmen, Tauchen, Springen, entbehrt bis zur Prüfungsordnung 1977 noch die Anforderung des Tieftauchens. Hier ist Hans Lorenzen, Dozent an der Deutschen Sporthochschule Köln 1947–1961, zu erwähnen, der in seinem Lehrbuch »Schwimmlehre« für die Abnahme des Frei- und Fahrtenschwimmers zusätzlich das Tieftauchen in zwei bzw. drei Meter Tiefe fordert und dies auch auf einem besonderen Zeugnis bescheinigt. Er gab diesen Nachweis sicheren Verhaltens auch Generationen seiner Sportstudenten mit auf den Weg.

Ab 1951 wird der Jugendschwimmschein in die Prüfungsordnung aufgenommen, ein entscheidender Schritt für die Vielseitigkeit in der Schwimmausbildung. Karl Löhr berichtet: »In der Jugendleiterschule in Ruit wurde Ostern 1951 während eines Fortbildungslehrgangs der Technischen Leiter der DLRG-Landesverbände der Jugendschwimmpass (JSP) in gemeinschaftlicher Arbeit entwickelt. In dieser Urkunde werden drei Prüfungen zusammengefasst. Die Leistungen für den Jugendschein, ab 1965 Jugendschwimmschein, sollten die Sicherheit im Schwimmen und in der Selbstrettung gewährleisten. Der Deutsche Schwimm-Verband, der Deutsche Turner-Bund und die Deutsche Lebens-Rettungs-Gesellschaft verbreiten gemeinsam den JSP und wollen ihn mit Unterstützung der Schule und Behörden zu einer allein gültigen Schwimmurkunde für die Jugend entwickeln.« (Löhr, 1954, S. 101, s. Seite 52)

Bis 1977 behalten die Prüfungsbestimmungen des JSP ihre Gültigkeit. Die Schwimmprüfungen für Jugendliche und nun auch für die Erwachsenen erhalten wie auch die Rettungsschwimmprüfungen die Stufen Bronze, Silber und Gold. Sie bekommen die Namen Deutscher Jugendschwimmpass beziehungsweise Deutscher Schwimmpass. Beiden Schwimmpässen ist als Vorstufe des Schwimmenkönnens der Frühschwimmer – Seepferdchen – bzw. das Schwimmzeugnis für Erwachsene, je mit einer Schwimmstrecke von 25 m, vorangestellt.

Alle Bedingungen der Schwimmprüfungen enthalten nun die drei Kernziele: Schwimmstrecke mit Zeitlimit, Sprung von erhöhter Absprungstelle und als neue Anforderung das Abtauchen in 2 m Tiefe, für die Vorstufe in schultertiefem Wasser. Weitere Anforderungen kommen bei Silber und Gold dazu, beispielsweise bei Gold die 25 m Kraulstrecke. Neben den praktischen Leistungen werden nun auch Kenntnisse über Baderegeln, Selbst- bzw. einfache Fremdrettung ausgebildet und geprüft.

Eine Besonderheit stellen die Sonderleistungen für Körperbehinderte dar, die von Prof. Jan Dordel in seiner Zeit als Dozent an der Deutschen Sporthochschule Köln entwickelt wurden. Sie werden in den Ausführungsbestimmungen dargestellt.

Viele Jahre bewähren sich die Prüfungsanforderungen für das Schwimmen, zweistufig mit Frei- und Fahrtenschwimmer, dann dreistufig als Jugendschwimmpass 1951–1977 und ab 1977 als Deutscher Jugendschwimmpass (DJSP) mit seinen Vorstufen bis heute. Sie prägen dadurch ihren Bekanntheitsgrad in der Bevölkerung. Eine besondere Anerkennung erfuhren die Schwimmprüfungen 2013 im Rahmen des deutschen Sportabzeichensystems: Die Deutschen Rettungsschwimmabzeichen Bronze, Silber und Gold sowie die Stufen Gold des Deutschen Jugendschwimmabzeichens und des Deutschen Schwimmabzeichens können die Disziplingruppe Ausdauer ersetzen.

Bezüglich der Wassersicherheit durch erworbene Schwimmprüfungen wird regelmäßig, beispielsweise in den Schwimmsymposien 2001 und 2007, über deren Kriterien diskutiert. Bei der Seepferdchenprüfung bestehen Zweifel, obwohl diese Prüfung lange Zeit als Nachweis für Schwimmfähigkeit angesehen wurde. In Nordrhein-Westfalen gelten Schüler mit Seepferdchen bis heute laut Schwimmerlass des Kultusministeriums als Schwimmer. In der Prüfungsordnung 2004 werden die Zeugnisse für Schwimmanfänger zu vorbereitenden Prüfungen auf das Schwimmen (Anfängerzeugnis) herabgestuft und mit einem Hinweis auf den Seepferdchenurkunden erhalten Eltern die Information: »Die erfüllten Anforderungen des Seepferdchens bedeuten nicht, dass Ihr Kind schon ein sicherer Schwimmer ist! Wir empfehlen Ihnen einen weiterführenden Kurs zum Deutschen Jugendschwimmabzeichen Bronze (Freischwimmer).« Das Bronze-Abzeichen dient seither als Nachweis des Schwimmenkönnens und liefert auch für die Statistik der Schwimmfähigkeit in und außerhalb des Schulschwimmens einen verlässlichen Wert.

In den 60er-Jahren wird regelmäßig auf die Ertrinkungsfälle von Kindern im Vorschulalter hingewiesen. Es kommt zu Kontakten mit dem Münchner »Komitee Sicherheit für das Kind« und der Planung einer Aktion »Frühschwimmer« zusammen mit der DLRG. Einer Sitzung zum allgemeinen Meinungsaustausch am 21. August 1968 an der Deutschen Sporthochschule Köln folgt die Einführung des Vorschulschwimmens in die Schwimmausbildung der DLRG. Das neue Ausbildungsprogramm bedeutet für die DLRG-Ausbilder und die Methodik ein ziemliches Umdenken, waren die Schwimmschüler bisher doch deutlich älter als die neue Gruppe der Vier- bis Sechsjährigen. Erika Fastrich (Referentin Vorschulschwimmen 1968–1974, Sachbearbeiterin Schwimmen 1974–1996), die bereits an der Sporthochschule das Vorschulschwimmen installiert hatte, wurde mit der Umsetzung in der DLRG beauftragt.

1971 wird ein Frühschwimmerabzeichen als Stoffabzeichen außerhalb der Prüfungsordnung geschaffen. Als Leistungen werden 15 m Schwimmen und ein Sprung ins 1 m tiefe Wasser gefordert. Der recht unzureichende Nachweis der Schwimmfähigkeit erfährt 1977 mit dem Seepferdchen eine Nachbesserung.

Um Kenntnisse über die Situation in den Gliederungen zu erhalten, versendet die DLRG 1969 einen Fragebogen an alle Gliederungen, den Helmar Hommel von der Deutschen Sporthochschule Köln im Rahmen einer Diplomarbeit am Bundesinstitut für Sportwissenschaft auswertet. (Hommel, Lebensretter 1972/1973)

Ein weiteres Programm zur Senkung der Ertrinkungszahlen im Vorschulalter legt die DLRG im Jahr 2000 als DLRG/NIVEA-Kindergartenprojekt auf. Besonders geschulte DLRG-Mitarbeiter, Breitensportanimateure, unterrichten in Kindergärten in einem zweistündigen Programm spielerisch über Gefahren am und im Wasser. Dabei können auch Kontakte zur örtlichen DLRG und deren Übungsstunden geknüpft werden.

Die »Aufklärungsveranstaltung« wird seit 2006 mit dem neuen Projekt »Schwimmen lernen mit NIVEA« ergänzt. Von der DLRG geschulte Erzieher/-innen sollen den Vorschulkindern auch im Wasser »Spielerische Grundlagen der Schwimmausbildung im Kindergarten« vermitteln. Die Erzieher/-innen müssen die Rettungsfähigkeit, das Deutsche Rettungsschwimmabzeichen (DRSA) Silber, in einer DLRG-Gliederung erworben und an einem überregionalen Lehrgang mit 16 Lerneinheiten teilgenommen haben.

Seit dem Jahr 2001 weitet die DLRG ihre Schwimmausbildung auf Initiative des Leiters Ausbildung, Helmut Stöhr, auch ins Ausland aus. In Kooperation mit Touristikunternehmen werden Schwimmkurse in Ferienhotels angeboten. Die Ausbilder sind besonders geschulte Lehrscheininhaber.

In den Jahren 2001, 2007 und 2012 haben sich drei Symposien mit den dringenden Problemen rund um das Schwimmen beschäftigt. Diskutiert und bearbeitet wurden die Schwimmfähigkeit der Kinder, die Qualifikation der Lehrkräfte durch den Nachweis der Rettungsfähigkeit und Schwimmmethodik. Außerdem standen auf der Tagesordnung der Erhalt von Schwimmbädern, die Entwicklung von Bäderbaukonzepten sowie die bewegungsaktive Lebensführung mithilfe von Wasseraktivitäten. Die Themen der Hauptreferate, der Workshops und vor allem die Präsentationen auf dem Markt der Möglichkeiten geben einen Eindruck von der gewaltigen Entwicklung auf dem Gebiet des Schwimmens, die die DLRG in 100 Jahren durchlaufen hat.

Helfer und Lehrscheininhaber sind das Rückgrat der Ausbildung

Für Ausbildung und Prüfung sind von Beginn an die Lehrscheininhaber verantwortlich. Eine lange Tradition hat auch die Mitarbeit von Helfern, vorwiegend bei der Anfängerschwimmausbildung. Junge Helfer wachsen aus ihrer eigenen Ausbildung heraus, etwa im Grundscheinalter, oder aus der Jugendarbeit. Sie bilden häufig das Reservoir für den Nachwuchs, d.h. für die Qualifikation weiterer Verbandsaufgaben.

Erst mit der neuen Prüfungsordnung im Jahr 1977 wurden Ausbildungshelferlehrgänge Schwimmen und Rettungsschwimmen (Mindestalter 16 Jahre, 16 LE) angeboten, die auch Voraussetzung für den Lehrscheinerwerb waren. So wurde eine Ausbilderqualifikation unterhalb des Lehrscheins geschaffen (DLRG-Rahmenrichtlinien [RR] 1980, s. Seite 52).

1990 wurde der Lehrschein als DSB-Fachübungsleiterlizenz (FÜL) Rettungsschwimmen aufgewertet, Rettungsschwimmen wegen der Trennung zum FÜL Schwimmen im DSV (RR 1996, s. Seite 52). Die Prüfungsordnung 2004 führte die Bezeichnung Ausbilder/ Prüfer Schwimmen/Rettungsschwimmen (Lehrschein) ein. Sie war gewöhnungsbedürftig, da man in der DLRG traditionell am Namen Lehrschein hing. Die Fachübungsleiterlizenz war übrigens mit einer enormen Ausweitung der Ausbildungsanforderungen und -zeiten verbunden, sie erforderte 120 LE.

Daher atmete man in der DLRG auf und begrüßte den Entschluss, den Lehrschein für die Bereiche Schwimmen und Rettungsschwimmen zu modularisieren. Die Prüfungsordnung 2010 weist nun einen Ausbilder Schwimmen (75 LE) und einen Ausbilder Rettungsschwimmen (90 LE) aus, eine Chance, künftige Ausbilder aufgrund der Reduzierung der Ausbildungszeit, aber auch im Hinblick auf eine gewünschte Spezialisierung zu gewinnen. Der Lehrschein (120 LE) wurde als Name wieder eingeführt, der Anwärter qualifiziert sich durch Teilnahme an beiden Ausbildungsassistentenlehrgängen für das Schwimmen und Rettungsschwimmen und Lehrproben in beiden Bereichen für die weitergehende Ausbildung.

Die DLRG darf für sich in Anspruch nehmen, stets auf Qualität ihrer Ausbildung, vor allem zum Lehrschein, mit Fortbildungen im Abstand von vier Jahren, Wert gelegt zu haben. Dies gilt auch für die Ausbildung der Multiplikatoren, die für die Lehrscheinaus- und -fortbildung zuständig sind. Als größte Wasserrettungsorganisation verdankt sie ihre erfolgreiche Entwicklung vielen Mitarbeitern. Darunter sind Prominente wie Paul Kellner, Karl Löhr, Fritz Korte, Hans Lorenzen und nicht zuletzt Klaus Wilkens, der die DLRG-Ausbildung seit 1971 geprägt hat. Seit 1998 prägt nun Helmut Stöhr als Leiter Ausbildung mit den Fachreferenten und den Ressortleitern aus den Landesverbänden die Weiterentwicklung der DLRG-Ausbildung. Vor Ort sind es die vielen Helfer und Übungsleiter, die in zahllosen ehrenamtlichen Arbeitsstunden das Ziel (abgewandelt) verfolgen: »Jeder ein Schwimmer, jeder Schwimmer ein Rettungsschwimmer.«

Netzwerke machen sich für die Schwimmausbildung stark

Die Befreundeten Verbände, darin sind zusammengeschlossen der Bundesverband Deutscher Schwimmmeister (BDS), die Deutsche Lebens-Rettungs-Gesellschaft (DLRG), das Deutsche Rote Kreuz (DRK), der Deutsche Schwimm-Verband (DSV), der Deutsche Turner-Bund (DTB) und der Verband Deutscher Sporttaucher (VDSt) haben sich über Jahre hinweg regelmäßig in der Ausbildung und Prüfung des Schwimmens freundschaftlich und fachlich abgestimmt. Das trifft besonders bei den Vorbereitungen für die Deutsche Prüfungsordnung 1977 zu. 1998 wurde aus dem losen Zusammenschluss Befreundete Verbände der Bundesverband zur Förderung der Schwimmausbildung (BFS). Zusätzlich schloss sich der Arbeiter-Samariter-Bund (ASB) der Organisation an. Die satzungsgemäßen Aufgaben enthalten u. a. »die Einheitlichkeit der Aus- und Fortbildung im Schwimmen auf der Grundlage der 1977 beschlossenen Deutschen Prüfungsordnung Schwimmen/Retten/Tauchen (…) innerhalb der Mitglieder sicherzustellen«.

2001 verabschiedete die DLRG-Bundestagung in Weimar die langfristige Leitidee, die jährlichen Ertrinkungstoten bis 2020 zu halbieren. Dazu startete die DLRG-Bundesebene 2005 die Ausbildungsoffensive »Schwimmen lernen – Leben retten«, an der sich alle DLRG-Gliederungen beteiligen sollten. Die Ziele sind im Leitfaden zur Kampagne 2005 präzisiert:

1. die rückläufigen Prüfungsabnahmen zu stoppen und eine Trendwende einzuleiten,
2. die Ausbildersituation nachhaltig zu verbessern und die Qualität zu steigern,
3. Schwimmbäder zu erhalten und das Bäderangebot mittel- bis langfristig zu verbessern.

Die Bundestagung 2009 in Nürburg empfahl, an den Zielen der Ausbildungsoffensive festzuhalten: eine Aufgabe für alle Gliederungen mit Ausstrahlung in alle Netzwerke nach außen.

Seit 1988 lädt die DLRG regelmäßig zu Arbeitstagungen »DLRG und Schule« ein. Im Jahr 2010 geschah dies zum zehnten Mal. Um auf dem Gebiet des Schulschwimmens zusammenzuarbeiten und Lösungen zu entwickeln, werden Schul- und Kultusbehörden, Institutionen der Lehreraus- und -fortbildung ebenso eingeladen wie die Ausbildungsleiter und die Beauftragten »Schule« aus den DLRG-Landesverbänden.

Im Vordergrund der Tagungsinhalte stehen die Sicherung des Schulschwimmunterrichtes und die Verankerung in den Lehrplänen aller Bundesländer, die Qualifikation der Lehrkräfte für den Schwimmunterricht und deren Rettungsfähigkeit. Seit 1999 wird im Bundeszentrum der DLRG jährlich ein Lehrgang zum Erwerb des Sportlehrer-Lehrscheins angeboten.

Zwei Ergebnisse der Tagungen sind besonders beachtenswert: die Veröffentlichung von Meffert/Rehn/Schneider »Sicherheit im Schulschwimmunterricht – Die Präventions- und Rettungsfähigkeit der Lehrer im Fokus« (Lebensretter spezial 2004 in Lebensretter 1/2005) und die 1991 in Berlin zusammen mit der Arbeitstagung »DLRG und Hochschule« herausgegebene Empfehlung zur »Rettungsfähigkeit von Schwimmlehrern«.

Als weiteres Netzwerk zur Förderung der Schwimmausbildung kann QuietschFidel gelten, »Schwimmen lernen in NRW«. Das Netzwerk gründete sich 2006 und umfasst die Landesregierung, Kommunen, Sportverbände, Hilfsorganisationen sowie Fach- und Berufsverbände des Bäderwesens. Auslöser war eine repräsentative Studie des Meinungsforschungsinstituts EMNID zur Schwimmfähigkeit 2004, die feststellte: »Jedes dritte Grundschulkind kann nicht schwimmen.« Nach den ersten Projekten »NRW kann schwimmen« und »Die Rundum-Wohlfühlwoche des Bades in NRW« folgte 2011 die Kampagne »QuietschFidel – Schwimmen lernen in ...«, als kommunaler Ansatz mit Projektstandorten in den fünf NRW-Regierungsbezirken.

2011 gründete sich als weiteres Netzwerk die Initiative ProBad, der auch die DLRG angehört, und die es sich zum Ziel gesetzt hat, die Bäderinfrastruktur in Deutschland zu sichern.

Die DLRG ist als Initiator und Partner von Organisationen und Verbänden rund um die Themen Schwimmausbildung und Bädererhalt stets engagiert, Einfluss auf Entwicklungen zu nehmen, die die Schwimmfähigkeit der Bevölkerung grundsätzlich und nachhaltig sichert und erhöht.

Die Ausbildung der DLRG in jüngster Zeit

Nach den lange währenden Amtszeiten der Technischen Leiter Karl Löhr und Dr. Klaus Wilkens beginnt 1998 eine dritte fruchtbare Ära mit der Leitung Ausbildung von Helmut Stöhr und seinem Stellvertreter Dr. Dirk Bissinger. Ein Arbeitsschwerpunkt ist die Konzeption und Umsetzung des neuen Lehr- und Lernmittelkonzeptes mit Ausbilderhandbüchern samt digitalem Foliensatz, Lehrpaketen, Teilnehmerbroschüren und Fragenkatalog.

Die Prüfungsordnungen der DLRG sind zurzeit auf sieben angewachsen und werden stetig den Notwendigkeiten angepasst und überarbeitet.

Wichtiger Arbeitsschwerpunkt des Leiters Ausbildung, Helmut Stöhr, ist auch die ständige Anpassung und Ausgestaltung der DLRG-Rahmenrichtlinien.

1999 wurde der Multiplikator Schwimmen/Rettungsschwimmen eingeführt, 2013 das Ausbilderzertifikat des DOSB für Multiplikatoren. Neue Lizenzen sind zu denen der Kernaufgaben hinzugekommen: 2006 Trainer Rettungsschwimmen, Vereinsmanager C, B-Lizenz Prävention Qualitätssiegel Sport Gesundheit im Bewegungsraum Wasser, 2013 B-Lizenz Sport in der Prävention für Kinder und Jugendliche.

Neben den neuen lizenzierten Aufgaben haben sich noch weitere Arbeitsgebiete etabliert wie DLRG und Schule sowie 50+ Aktiv in der DLRG.

Für die Gewährleistung der Qualität, sowohl im Bereich der Kernaufgaben wie in den neu hinzugekommen Aufgaben, steht das Bildungswerk der DLRG in Bad Nenndorf, 1995 gegründet und seit 1998 von Helmut Stöhr geprägt und gestaltet. Das Lehrgangsverzeichnis 2013 weist 126 Bildungsmaßnahmen aus.

Die Entwicklung der DLRG-Lehrbücher

DLRG: Kleines Handbuch über Retten Ertrinkender und die Lehre vom Rettungsschwimmen, Berlin 1929
Löhr, Karl: Lehr- und Handbuch der DLRG; DLRG Berlin, 1938
Löhr, Karl: Rettungsschwimmen; Verlag Hofmann, Schorndorf 1949
Löhr, Karl: Lernt Schwimmen und Retten, Kleines Lehrbuch der DLRG; Verlag Hofmann, Schorndorf 1952–1968; 10 Auflagen
Löhr, Karl: Methodik des Rettungsschwimmens; Verlag Hofmann, Schorndorf 1974
DLRG: Schwimmen und Retten – Lehrbuch der DLRG; DLRG 1970, 1974
Kukuk, Hein F.: Lerne schwimmend Retten; DLRG 1980, 1981
Marona, Friedrich: Wasserrettung – Lernen und Üben (Grüne Fibel); DLRG 1982, 1984, 1989, 1990, 1993/94
Wilkens, Klaus: Wasserrettung – Üben und Anwenden (Blaue Fibel); DLRG 1982, 1983, 1988, 1997
Wilkens, Klaus/Löhr, Karl (†): Rettungsschwimmen – Grundlagen der Wasserrettung; Verlag Hofmann, Schorndorf 1989, 1992, 1996, 2010

Ausbilderhandbücher der Technischen Leitung Dr. Klaus Wilkens und Mitarbeiterstab (1974–1989)

Rahmenrichtlinien (RR) der DLRG für die Ausbildung von Ausbildungshelfern, Ausbildern, Lehrscheininhabern und Trainern 1980, 1986, 1991, 1996 mit Angleichungen an die RR des DSB
Fastrich, Erika: Ausbilderhandbuch Schwimmen 1979, 1987, 1991, 1994, 1997 mit Anhangband Methodik des Brust- und Kraulschwimmens
Wilkens, Klaus u. a.: Ausbilderhandbuch Rettungsschwimmen 1980, 1983, 1991, Ergänzungslieferungen
Wilkens, Klaus u. a.: Ausbilderhandbuch Schnorcheltauchen 1986, 1989, 1992, 1994, 1996, 1998

Lehrmittel der Leitung Ausbildung Helmut Stöhr und Dr. Dirk Bissinger sowie Mitarbeiterstab (ab 2002)

Stöhr, Helmut: Rahmenrichtlinien der DLRG für Qualifizierungen von Ausbildungsassistenten, Übungsleiterassistenten, Übungsleitern, Trainern und Vereinsmanagern, 2003, 2007, 2008, 2009, 2010
Lorke, Monika u. a.: Ausbilderhandbuch Schwimmen, 2007
Stöhr, Helmut u. a.: Ausbilderhandbuch Rettungsschwimmen, 2009, 2012, Foliensatz (CD)

Ausbilderhandbuch Junior-Retter, 2002, 2007, 2008, 2012 urspr. Juniorretter – Lehrbuch für den Ausbilder; Isabell Backe/Patrick Niederländer, Bezirk Saarbrücken, 1999
Tichy, Marc A.: Ausbilderhandbuch Schnorcheltauchen, 2010
Handbuch Rettungsschwimmen, 2002, 2005 (letzte Ausgabe)
Pietsch, Peter/Jost, Ulrich: Einführung in die Basismaßnahmen bei Ertrinkungsfällen, Ausbildungsvorschrift, Grundmodul für Junior-Retter und Aufbaumodul für DRSA Bronze, 2006, 2011
Teilnehmerbroschüre Rettungsschwimmen, 2005, 2008, 2012
Teilnehmerbroschüre Schnorcheltauchen, 2011
Teilnehmerbroschüre Erste Hilfe (mit DVD), 15. geänderte Auflage, 2010

Die Entwicklung der Prüfungsordnungen

Der deutsche Schwimmer 27.11.1913, S.1320–1321 Deutsche Lebens-Rettungs-Gesellschaft, Vorschlag 5 der Prüfungsbestimmungen einschließlich der Abänderungen
Prüfungsordnung 1920, Prüfungsordnung 1925, Prüfungsordnung 1929
Kleines Handbuch über das Retten Ertrinkender und die Lehre vom Rettungsschwimmen – Prüfungsbestimmungen; DLRG Berlin 1929, S. 50–52
Lehrbuch und Prüfungsordnung 1933 (mit Leistungsschein)
Löhr, Karl: Lehr- und Handbuch für Rettungsschwimmen – Prüfungsleistungen; DLRG Berlin 1938, S. 57–65
Löhr, Karl: Rettungsschwimmen – Lehrbuch der DLRG, Prüfungsordnung der DLRG; Verlag Karl Hofmann, Schorndorf 1949, S. 157–164
Arbeitsgemeinschaft der Vereinigten Zonen (ohne Jahresangabe): Prüfungsordnung der DLRG
Löhr, Karl: Prüfungsordnung der DLRG, Heft 2, 1950
Löhr, Karl: Prüfungsordnung der DLRG, Taschenbuch Nr. 2, 1955
Prüfungsordnung, DLRG 1969
Prüfungsordnung, DLRG 1971
Prüfungsordnung, vorläufige, DLRG 1977
Deutsche Prüfungsordnung Schwimmen-Retten-Tauchen, neue DLRG 1977, 1. Auflage, 1985, 2. Auflage, 1990, 3. Auflage, 1994, 4. Auflage, 1995, 5. Auflage, 1999, 6. Auflage, 2004, 7. Auflage, 2007, 8. Auflage, 2009, 9. Auflage, 2010, 10. Auflage.
Vereinbarung über die Gültigkeit der Deutschen Prüfungsordnung Schwimmen-Retten-Tauchen in Verbänden und Schulen, Bad Nenndorf 1977/78, 1994/97 und 2002/04.

Literaturverzeichnis

Bartnitzke, Klaus: Von Leipzig bis Leipzig – Ein historischer Rückblick in Momentaufnahmen; Delphin spezial 1993

Bartnitzke, Klaus: Humanität und Sport im Dienst am Mitmenschen – Die Chronik der DLRG; Hofmann, Schorndorf 1996

Hommel, Helmar: Das Vorschulschwimmen in der DLRG. Auswertung einer Fragebogenaktion; DLRG-Sonderdruck Der Lebensretter 1972, Hefte 9, 11, 12; 1973 Hefte 1–5

Jatzke, Harald: Die Geschichte der DLRG im Spiegel ihrer Abzeichen und Urkunden; DLRG e.V., Bad Nenndorf 2003

Korte, Fritz: Ökonomischer Massenschwimmunterricht, das Gebot der Zeit; in Der Lebensretter 1/1959, S. 11–14 und 2/1959, S. 43-45

Korte, Fritz: Vom Nichtschwimmer zum Rettungsschwimmer – Eine bebilderte Anleitung für Autodidakten und Schwimmausbilder; DLRG-Eigenverlag, Essen 1970

Löhr, Karl: s. Seite 52

Lorenzen, Hans: Lehrweise des Rettungsschwimmens; Weidmann; Berlin 1943

Lorenzen, Hans: Schwimmlehre, Baden und Schwimmen mit Kindern, Retten; Hans Putty, Wuppertal 1969

Nordrhein-Westfälischer Städte- und Gemeindebund, Matthias Menzel: Wege zur Bestandsicherung kommunaler Hallen- und Freibäder, o. Ort, 2004

Schenk, Stefan: Menschlichkeit und Sport. Ethische Überlegungen zum Programm der Deutschen Lebens-Rettungs-Gesellschaft; Dissertation Deutsche Sporthochschule, Köln 2006

Verschiedene Autoren: 50 Jahre DLRG; in Der Lebensretter 10/1963, S. 321–343

Verschiedene Autoren: 90 Jahre DLRG – Die Geschichte der Prüfungsordnung; in Lebensretter 3/2003, S. 8–11

Wiessner, Kurt: Natürlicher Schwimmunterricht, Verlag für Jugend und Volk, Wien 1925

Wilkens, Klaus: s. Seite 52

Wilkens, Klaus: Zur Diskussion gestellt – Entwurf einer neuen Prüfungsordnung und geplante Ausbilderschulung, Teil I – III; Der Lebensretter 2/1975, S. 2–4; 3/1975, S. 27–32; 4/1975, S. 3–6

Ortwin Kreft

Aufgaben im Einsatzbereich der DLRG

Wasserrettungsstationen bundesweiter DLRG-Gliederungen als Grundlage eines eigenen Wasserrettungsdienstes

In der Gründungsversammlung der DLRG am 19. Oktober 1913 wird festgelegt, dass der Zweck der DLRG, nämlich die Verbreitung sachgemäßer Kenntnisse und Fertigkeiten in Rettung und Wiederbelebung Ertrinkender, durch Veranstaltung von Vorträgen, Vorführungen, Lehrkursen, Prüfungen und Wettbewerben erreicht werden soll. Die Einrichtung von Rettungswachstationen gehörte noch nicht zum Aufgabengebiet der neu gegründeten Organisation.

In der Folge macht die DLRG auch durch den Aushang von Rettungstafeln auf sich aufmerksam. 1922 werden 5.000 dieser Tafeln ausgegeben.

Zunehmend richtet die DLRG jetzt an gefährlichen Stellen Rettungswachdienste ein und widmet sich damit nicht nur der Lebensrettung in akuter Gefahr, sondern auch der Verhütung von Badeunfällen. Im März 1922 teilt Emil Günther (Anm: der damalige Geschäftsführer) in diesem Zusammenhang in einem Vortrag mit, dass die DLRG bereit sei, nach dem Vorbild der Stuttgarter Rettungsstationen am Neckar nunmehr in ganz Deutschland Schwimmrettungs-Wachdienste einzurichten. Dieses Vorhaben wird auch in der Satzung verankert. Gegenüber der ersten Satzung aus dem Jahre 1913 enthält die Aufzählung der zur Erreichung des Gesellschaftszwecks vorgesehenen Maßnahmen in § 3 der Satzung vom 14. April 1922 eine entsprechende Ergänzung. Unter der Ziffer 6 wird die Einrichtung von Schwimmrettungs-Wachdiensten nunmehr ausdrücklich erwähnt.

Eine der ersten festen Wachstationen in Wiesbaden-Schierstein

Grundlage für die Qualifizierung der dort eingesetzten Rettungsschwimmer ist zunächst ausschließlich die DLRG-Ausbildungs- und Prüfungsordnung Schwimmen, Rettungsschwimmen. Die damals gefundenen Ausbildungs- und Prüfungskriterien werden für Jahrzehnte anerkannt bleiben und bilden noch heute den Kern der gesamten Ausbildungs- und Prüfungsaktivitäten der DLRG.

Vergleicht man diese Ausbildungs- und Prüfungsordnungen im internationalen Bereich, erkennt man sehr viele Übereinstimmungen mit Regelungen in England und den damals von England beeinflussten Teilen der Welt. Die seinerzeit gefundenen Ausbildungs- und Prüfungsleistungen werden offensichtlich anhand der vorhandenen Einrichtungsvorgaben formuliert. Zum Beispiel Streckentauchleistungen über 25 m, Tieftauchleistungen über 2 bis 5 m werden sicher gewählt, weil die Becken diese Maße haben. Heute versuchen internationale Wissenschaftler die Anforderungen an einen Rettungsschwimmer mit medizinischen-wissenschaftlichen Methoden neu zu definieren. Ein Ergebnis dazu wird wohl noch einige Zeit auf sich warten lassen.

Lebensretter im Jahr 1929 am Strandbad Ludwighafen

Die Anfänge des zentralen Einsatzes von Rettungsschwimmern in den 70er-Jahren des 20. Jahrhunderts

Erfahrungen beim Betreiben von Rettungsstationen an Badestellen werden in den ersten Jahren des letzten Jahrhunderts örtlich und manchmal vielleicht regional gemacht, eine deutschlandweite, koordinierte Einsatzstruktur, die die schwimmbadgestützte Schwimm- und Rettungsschwimmausbildung ergänzt, ist erst langsam zu erkennen.

Die Zahl der festen Rettungsstationen, die mit mindestens sechs Personen besetzt sind, steigt bis 1938 auf 230 an. Überall im Westen Deutschlands werden die ersten Wachstationen eingerichtet. Die DLRG beginnt wieder aktiv zu wirken und Menschenleben vor dem Ertrinken zu retten.1948 überreicht der Leiter des Landesverbandes Württemberg-Baden, Otto Zimmermann, dem Heidenheimer DLRG-Kameraden Laquaia die erste Nachkriegsurkunde für Rettung aus Lebensgefahr.

In diesem Zeitraum (Anm.: 1950–1956) gelingt es den Helfern der DLRG, insgesamt 2.637 Menschen vor dem Ertrinken zu retten. Die Rettungstätigkeit erstreckt sich dabei nicht nur auf die Binnengewässer. Auch an den Küsten der Nord- und Ostsee wird seit 1955 ein regelmäßiger Wasserrettungsdienst organisiert.

Wachstation an der Küste Ende der 50er-Jahre des 20. Jahrhunderts

Im Übergang von den 60er- zu den 70er-Jahren des Gründungsjahrhunderts nimmt die Freizeitentwicklung in Deutschland an Bedeutung erheblich zu. Neue Bäder werden gebaut, viele Badelandschaften an Flüssen und Seen neu entwickelt. Damit einher geht auch die Ausweitung der Einsatzkomponenten der DLRG. Motorrettungsboote werden an vielen Rettungsstationen das technische Rückgrat der Rettungsschwimmer, die ihre Einsatzeffektivität damit erheblich ausbauen. Motorbootfahren bedarf einer zusätzlichen

Schulung. Vom Gesetzgeber geregelt ist die Patentordnung für die Berufsschifffahrt und die Führerscheinregelung für die Sportschifffahrt. Motorrettungsboote fallen in Deutschland nicht unter die bestehenden Regelungen, aber die DLRG schafft sich bereits ab 1958 mit einer Ausbildungs- und Prüfungsstruktur für Motorrettungsboote eine eigene Regelung. Diese Regelung wird verbandsintern, verbindlich als Ordnung verabschiedet und hat damit auch nach außen hin verbindlichen Charakter. Vom 14.–18. Juni 1958 findet in Bremen der erste bundesweite Bootsführer-Lehrgang statt. Zu diesem Zeitpunkt verfügt die DLRG über 161 Rettungsboote. Willy Hickstein aus Bremen und Horst Richter aus Berlin gehören zu den ersten Inhabern des neu geschaffenen DLRG-Bootsführerscheins. Vier Jahre zuvor hat Willy Hickstein die theoretischen Grundlagen erarbeitet und in einem Taschenbuch mit dem Titel »Der Bootsführer der DLRG« veröffentlicht. Auf der Bundestagung in Wiesbaden wird im Juni 1959 die »Prüfungsordnung für Bootsführer der DLRG« verabschiedet. Dreißig Jahre nach der offiziellen Einführung des Bootsführerscheins wird 1989 in der nach Willy Hickstein benannten Bootsführerschule in Bremen der 10.000 Bootsführerschein ausgegeben.

Rettungsruderboot »Remscheid« mit Wachmannschaft

Wasserstraßen werden nach Binnengewässern und nach Seeschifffahrtsstraßen unterschieden und da in beiden Revieren unterschiedliche gesetzliche Verkehrsregeln gelten, müssen auch unterschiedliche Führerscheine angeboten werden. Die verbreitetste Ausbildung ist der DLRG-Motorrettungsbootführerschein A »Binnen«. Diese Ausbildung wird wesentliche Basis für die bundesweite DLRG-Schulung und -Beurkundung. Der DLRG

Motorrettungsbootführerschein B »Seeschifffahrtsstraßen« wird naturgemäß in den entsprechenden Revieren an den Küsten Deutschlands angeboten. Die in absoluten Zahlen gesehene geringere Nachfrage macht nur für wenige Jahre eine eigenständige Schulung durch die DLRG zum Motorrettungsbootführerschein Seeschifffahrtsstraßen sinnvoll. In den späteren Jahren wird im Wesentlichen auf die Basisschulung Bootführerschein A Binnen durch die DLRG und den Erwerb des Amtlichen Sportbootführerscheins See, geprüft durch den von der Bundesregierung beliehenen Deutschen Motoryachtverband (DMYV), zurückgegriffen.

Motorrettungsboot in Winsen an der Luhe

Das zuständige Bundesministerium für Verkehr und Städtebau gesteht, nach mehreren direkten Verhandlungen, der DLRG ebenfalls eine Beleihung als Ausbildungs- und Prüfungsorganisation zum Motorrettungsbootführerschein Seeschifffahrtsstraße zu. Dies hat mit den festgeschriebenen Grundsätzen der Zusammensetzung der jeweiligen Prüfungskommission für die DLRG organisatorisch und insbesondere finanziell keinen Vorteil und wird daher bisher nicht genutzt.

Die zusätzlich erworbene Ausbildung zum amtlich anerkannten Sportbootführerschein See wird weiter regelmäßig in den DLRG-Motorrettungsbootführerschein B Seeschifffahrtsstraßen umgeschrieben. Der DLRG-Motorrettungsbootführerschein A Binnen wird vertraglich geregelt bereits sehr früh auch in den amtlich anerkannten Motorbootführerschein Binnen umgeschrieben. Die Motorbootfahrer der DLRG haben damit eine zusätzliche Beurkundung, die sie jetzt auch in ihrer Freizeit zum Führen von »Sport-Motorbooten« nutzen können, was mit dem reinen DLRG-Motorrettungsbootführerschein nicht möglich ist.

Große Spannungen treten über Jahre auf beim Einsatz der Rettungsschwimmer im zentralen Wasserrettungsdienst der DLRG an den Küsten der Nord- und Ostsee. Motorrettungsboote, die hier vorgehalten werden, können oft nicht mit der formal notwendigen Qualifikation Motorrettungsbootführerschein Seeschifffahrtsstraßen besetzt werden. In vielen Fällen werden diese mit lediglich der Ausbildung zum Motorrettungsbootführerschein Binnen besetzt. Das sind ungünstige Regelungen und es wird versucht, mit der Einführung des Motorrettungsbootführerscheines A2 für küstennahe Gewässer eine formale Regelung zur Beseitigung dieses Missstandes zu machen. Für diesen Ergänzungsschein sind allerdings eine spezielle, oft lehrgangsgebundene Ausbildung und eine weitere Prüfung notwendig. Der Erfolg dieser Regelung bleibt sehr überschaubar, das Problem kann lange nicht gelöst werden.

Inflatable Rescue Boats (IRB) sind leicht, wendig und preisgünstig im Unterhalt

Zu Beginn des neuen Jahrhunderts werden zunächst an ersten Stränden der Nord- und Ostsee neue Motorrettungsboote vom Typ »leichte Schlauchboote« eingesetzt. Vorlage dafür ist der in Australien und Neuseeland bewährte Einsatz dieser Boote an abgesetzten Strandabschnitten. Die Boote sind in der Lage, bei Wetterlagen bis zumindest der Windstärke 6 oder mehr, lediglich von zwei Rettungsschwimmern vom Strand aus durch den Brandungsbereich zum Einsatz gebracht zu werden. Das Eigengewicht der Boote ist so niedrig gehalten, dass es auch ohne technische Unterstützung durch Motorfahrzeuge von drei bis vier Rettungsschwimmern zu Fuß an jede beliebige Einsatzposition am Strand getragen werden kann. Nach der Einsatzfahrt kann das Boot samt Besatzung, auch durch höhere Brandung, wieder sicher an den Strand zurückkehren, Fahrtechnik und Bootstyp erlauben ein Auflaufen aus der Welle heraus auf den Strand. Motorrettungsbootfahrer der ersten Weiterbildungslehrgänge bringen nach eigenem Bekunden zunächst sehr viel Mut für diese bis dahin unbekannte Nutzung der Boote auf.

Mit der Einführung dieses Bootstyps wird führerscheintechnisch eine Neuregelung für den damit möglichen Strandeinsatz gefunden. Der Führerschein A2 wird ausgesetzt, an seine Stelle tritt jetzt die Regelung, dass Bootführer mit der Ausbildung A Binnen und einer qualifizierten Reviereinweisung, die unbedingt vor Ort zu erfolgen hat, zukünftig im zugewiesenen strandnahen Bereich fahren dürfen. Die regelmäßige Nutzung der Seeschifffahrtsstraßen setzt allerdings weiterhin den Erwerb des entsprechenden Führerscheins voraus. Formal ist damit eine große Erleichterung für den Einsatz im Zentralen Wasserrettungsdienst erreicht worden.

Das Preis-Leistungs-Verhältnis macht diese kleinen Boote ebenfalls für Binnengliederungen der DLRG interessant, die sogenannte »Hin- und Wieder-Einsätze«, manchmal sogar ohne festes, eigenes Revier fahren, bei denen sie eine schwimmende Plattform benötigen. Preisgünstig zu beschaffen und zu unterhalten, können die Fahrzeuge auf einem Anhänger in nahezu jeglicher Standardgarage untergebracht werden und erfüllen somit ohne großen Aufwand ihren Zweck.

Der dynamische Umgang mit den neuen Rettungsmitteln verlangt gleichzeitig nach einer Verbesserung der Schutzkleidung für die eingesetzten Rettungskräfte. Der Witterung geschuldet werden Neopren-Nassanzüge für Schwimmer beschafft, ergänzt durch Prallschutz- und Schwimmauftriebskörper, die einen Einsatz als vollwertiger Rettungsschwimmer noch zulassen. Erstmals in der DLRG werden Helme Pflicht für die Besatzungen, die in bewegtem Wasser eingesetzt werden. Bei der Bekleidung wird größte Sorgfalt darauf verwandt, dass diese zweckmäßig und erschwinglich ist. Besonderes Augenmerk wird auch gelegt auf entsprechendes Aussehen, denn wirklich getragen wird die Kleidung nur, wenn der Rettungsschwimmer darin auch als ein solcher anerkennend wahrgenommen wird.

Die gleiche Einsatzkleidung für den Wassereinsatz wird parallel übernommen für zwei weitere, neue Einsatzgebiete, der luftunterstützten Wasserrettung und der sich rasch entwickelnden Strömungsrettung. Strömungsretter sind in diesem fordernden Einsatzbereich besonders weitergebildete Rettungsschwimmer. Ihre Ausbildung geht von den allgemeinen Grundsätzen der Wasserrettung in bewegtem Gewässer bis hin zu besonderen Seil- und Sicherungstechniken zur Rettung von Menschenleben in besonderen Ausnahmesituationen. Aufbauend auf dieser Ausbildung werden einige Rettungsschwimmer zu Rettern weitergebildet, die durch den Einsatz von Hubschraubern der Bundespolizei mobil und schnell im Bedarfsfall, vornehmlich bei Katastrophenlagen, in jedes Einsatzgebiet geflogen werden können. Dort kann dann eine Menschenrettung am Windenseil hängend, durchgeführt werden.

Strömungsretter und Rettungseinsätze mit Hubschraubern

Das Jahr 1962 bringt für einige DLRG-Gliederungen im Norden Deutschlands eine große Bewährungsprobe. In der Nacht vom 16. zum 17. Februar 1962 wird Hamburg von der verheerendsten Sturmflut in der Geschichte der Hansestadt heimgesucht. Mit 5,73 m über NN übertrifft die Flutwelle die Rekordmarke aus dem Jahr 1825 um nahezu einen halben Meter. Mit 130 Stundenkilometern treibt der Orkan »Vincinette« die Wassermassen der Nordsee in die Deutsche Bucht und weiter in die Elbe. Ungefähr 20.000 Helfer kämpfen gegen die Fluten. Darunter auch zahlreiche DLRG-Mitglieder. Sie retten Menschenleben und leisten wertvolle Hilfe bei der Deichsicherung und Evakuierung der Bevölkerung. Nahezu 150.000 Menschen sind tagelang von den Fluten eingeschlossen. Allein in Hamburg fordert die Flutkatastrophe 315 Opfer. An der schleswig-holsteinischen Westküste liegt der Schwerpunkt der DLRG-Tätigkeit im Raum Dithmarschen. Die freiwilligen Helfer der DLRG werden als Evakuierungs- und Bergungsgruppen und bei Deichinstandsetzungsarbeiten eingesetzt. In Bremen bergen ca. 60 ausgebildete Rettungsschwimmer 165 Menschen aus Wassernot. Mit Erlass vom 18. Juli 1975 gibt der Präsident des Bundesamtes für den Zivilschutz dem Antrag des DLRG-Präsidiums vom 18. August 1974 statt und stellt die allgemeine Eignung der DLRG zur Mitwirkung im erweiterten Katastrophenschutz fest.

Der Wasserrettungszug Emsland

Überschwemmungskatastrophen zu Beginn des 21. Jahrhunderts überraschen vom Ausmaß her zunächst die deutsche Bevölkerung. Beim Einsatz einer großen Zahl von verfügbaren deutschen Rettungskräften tritt hier zum ersten Mal die DLRG in eigenen Verbänden, mit großen Helferzahlen in Erscheinung. Der Einsatz unserer Rettungstaucher und der weiteren Helfer in den Katastrophenschutzzügen der DLRG trifft auf gute Resonanz. Die Einsatzkräfte werden regional allerdings noch über längere Zeit unterschiedlich abgerufen. Die DLRG muss erkennen, dass das Vorhalten der Kräfte alleine nicht ausreichend ist, es muss mit steigenden Anstrengungen daran gearbeitet werden, als vollwertige Berater in die Krisenstäbe der zuständigen Landkreise aufgenommen zu werden, denn nur so kann das vorhandene Potenzial der DLRG auch zukünftig entsprechend eingebracht werden. Diese Aufgabe ist angenommen, es bedarf aber auch für die Zukunft nicht nachlassender Anstrengungen, insbesondere auf regionaler Ebene, zur Erreichung dieses Zieles.Besondere Verdienste haben die Einsatzkräfte der DLRG bei der Deichsicherung durch Aufbringung von wasserseitigen Schutzfolien auf durchweichte Deiche erworben. Diese Technik erscheint sehr wirkungsvoll und hat dazu beigetragen, dass sich auch wissenschaftlich von anderer Seite mit dem Thema beschäftigt wird. Die Hochwasserlagen an den deutschen Flüssen werden nach aktuellen Beobachtungen zukünftig regelmäßig auftreten, die Schäden der letzten Jahre sind allerdings nicht mehr so hoch wie zu Beginn dieser Erscheinungen, wo sie sich zu landstrichweiten Katastrophen ausweiteten. Neue Schutzmaßnahmen, insbesondere bauliche Verbesserungen, zeigen hier Wirkung. Die Tendenz stetig steigender Pegelwerte wird aber ständige Anpassung notwendig machen. Neben der Spezialausbildung für Bootsführer führt die DLRG Anfang der 60er-Jahre auf Bundesebene auch spezielle Ausbildungsgänge für Rettungstaucher ein. Bereits auf der Bundestagung in Wiesbaden im Juni 1959 hat Karl Löhr berichtet, dass der technische Ausschuss erstmals einen Speziallehrgang mit Tauchgeräten durchgeführt hat. Auf der Sitzung des Präsidialrates am 12. und 13. November 1960 in Essen stellt der Präsidialtauchwart und spätere Präsidialarzt Dr. Josef Peter Reusch (Trier) die Richtlinien für die Ausbildung und Prüfung von Rettungstauchern und für den Bau und die Prüfung von Pressluftauchgeräten vor. Die Richtlinien werden vom Präsidialrat gebilligt. Damit werden die Grundlagen für eine bundeseinheitliche Ausbildung und Ausrüstung von DLRG-Rettungstauchern geschaffen. Die sich schon früh als Spezialisten im Rettungsdienst der DLRG entwickelten Taucher bilden bei den Katastrophendiensteinheiten und den weiteren, schnellen Einsatzgruppen der Gefahrenabwehr ein besonderes, fachliches Rückgrat. Rettungstaucher in dieser Zahl kann nur die DLRG bundesweit aufbieten. Die DLRG hat nicht zuletzt mit diesen Fachkräften ein besonders Alleinstellungsmerkmal, welches sie von anderen Hilfsorganisationen unterscheidet.

Tauchen hat sich über die Jahrzehnte in weiten Kreisen der Bevölkerung zu einem Trendsport entwickelt. Dies hat auch große Auswirkungen auf das seit langen Jahren etablierte Einsatztauchen der DLRG. Eine große Zahl ihrer »Unter-Wasser«-Rettungskräfte entwickelt parallel zur Einsatzschiene ein breites Tauchsportangebot. Dabei entstehen für ein

Einsatztaucher der DLRG

paar Jahre erhebliche Spannungen in der Organisation, bei denen zwischen den Interessengruppen intensiv daran gearbeitet wird, einen tragbaren Konsens bei »Einsatznotwendigkeiten« und »Freizeitsport« zu finden, was glücklicherweise letztendlich erfolgreich ist. Tauchsport richtet sich von allen anerkannt nach vertraglich geregelten Grundsätzen in einem Übereinkommen zwischen dem Verband Deutscher Sporttaucher (VDST) und der DLRG. Einsatztauchen folgt den Notwendigkeiten der Regelungen des Gemeinde-Unfall-Versicherung-Verbandes (GUV).

Wasserrettungsdienstpersonal auf Rettungsstationen und in mobilen Rettungseinheiten, Katastrophenschutz – Gefahrenabwehrkräfte in mobilen Einheiten mit Führungs- und Verbindungskräften, Rettungstaucher, Motorbootfahrer und allgemeine Katastrophenschutzhelfer, ergänzt durch die Ärzte und Sanitäter der medizinischen Abteilung der DLRG sind heute bundesweit die Einsatzkräfte der DLRG. Ihre Ausbildung wird geregelt durch die nach 1977 neu geschaffenen Ausbildungs- und Prüfungsordnungen: Erste Hilfe und Sanitätsdienst – Wasserrettungsdienst – Bootführerausbildung – Tauchausbildung – Sprechfunkausbildung – Katastrophenschutzausbildung.

Die Ausweitung der internen Aufgaben macht es notwendig, die ehrenamtlichen Wahlfunktionen, die diese Aufgaben wahrzunehmen haben, neu zu regeln. Nach den 70er-Jahren im letzten Jahrhundert wird zunächst der jeweils stellvertretende Technische Leiter mit dieser Aufgabe betraut. Das weitere Aufwachsen macht es aber notwendig, dass der Fachbereich, den man jetzt »Technische Leitung Einsatz« nennt, von einem zusätzlichen Technischen Leiter wahrgenommen wird. Kurz nach Beginn des neuen Jahrhunderts wird der einschränkende Titel »Technischer Leiter Einsatz« in »Leiter Einsatz« umbenannt.

Im Präsidium der DLRG werden alle Ressortfunktionen mit einem »Leiter« besetzt und da können die zentralen Aufgabengebiete nicht mit einem nach Namensgebung eingeschränkten »Technischen« Leiter besetzt bleiben.

Alle neuen Prüfungsordnungen werden in den dazu sich bildenden Fachbereichen unter nun rein fachlichen Gesichtspunkten ausgearbeitet und entwickelt. Dabei wird für den außenstehenden Beobachter manchmal die Spezialisierung und Abgrenzung zu Nachbarbereichen etwas zu anspruchsbetont gefunden. Aufgabe des Leiters Einsatz ist, den Anforderungen des Fachbereichs die notwendigen Freiheiten einzuräumen, ohne die Interessen der Nachbarbereiche und die Allgemeininteressen der DLRG aus dem Auge zu verlieren. Im Bemühen um Ausgleich zwischen den Forderungen der Fachbereiche, der Vertreter der DLRG-Länderorganisationen und dem Präsidium geht das nicht immer ohne zweitweise erhebliche Reibungspunkte vor sich.

Geeinigt haben sich die norddeutschen DLRG-Landesverbände auf ein praktisches Zusammengehen im »Zentralen Wasserrettungsdienst an Nord- und Ostsee«. Nach langen Verhandlungen wird an den deutschen Küstenstränden der bisher jeweils landesverbandsintern geregelte Einsatz der Rettungsschwimmer wieder über eine gemeinsame Einsatzzentrale gestaltet. In Bad Nenndorf werden seit 2010, in einer Stabsstelle Zentraler Wasserrettungsdienst Küste, alle Einsatzdaten der meist freiwilligen Rettungsschwimmer für den saisongebundenen, zentralen Wasserrettungsdienst an der Nord- und Ostseeküste gesteuert. Die Mehrzahl der Einsatzkräfte ist weiterhin ehrenamtlich tätig. Um auch weiterhin einen professionellen Standard anzubieten, wird der ehrenamtliche Stamm durch hauptamtliche Wasserretter ergänzt. Insbesondere die Abschnittsleiter können so während der gesamten Saison ein gleichbleibendes Angebot sicherstellen. Durch diese Umstrukturierung kann die DLRG den Kurverwaltungen eine zusätzliche Sicherheitsdienstleistung in Form von »Full-Service-Verträgen« anbieten. Der Auftraggeber, meist eine Kurverwaltung, erhält bei diesem Vertrag eine umfassende Dienstleistung der DLRG in Sachen Strandsicherheit. Die DLRG regelt alles in Bezug auf Personalplanung, Materialeinsatz und Beschaffung in Eigenregie gegen pauschale Kostenerstattung. Langfristig ist die Einrichtung aller Einsatzbereiche nach diesem Muster vorgesehen. Das System bietet sich ebenfalls für küstenferne Einsatzbereiche wie zum Beispiel Freizeitzentren an Seengebieten an.

Einfluss externer Organisationen auf die Gestaltung der DLRG-internen Einsatzgrundsätze

In Deutschland existieren erprobte Einsatz- und Hilfsgrundsätze anderer Organisationen, daher wird bei der verbandsinternen Entwicklung neuer Methoden natürlich auf vorliegende Erfahrungen anderer Rettungsorganisationen zurückgegriffen. Angestrebt wird ein Ausbau der Zusammenarbeit mit externen Kräften wie den Helfern des Technischen Hilfswerkes der Bundesrepublik Deutschland (THW). Alle DLRG-eigenen Katastrophenschutz-Regelungen haben sich nach diesen gemeinsamen Vorgaben zu richten. Die DLRG geht mit dem THW eine Kooperation der Unterstützung bei Auslandseinsätzen ein. DLRG-Rettungskräfte sichern zukünftig THW-Personal im Ausland bei wassernahen Einsätzen ab.

Verbandsintern wird seit einigen Jahren innerhalb der Einsatzbereiche das Ziel eines größtmöglichen Konsenses untereinander angestrebt. Helfer des Katastrophenschutzes und der dazugehörenden Kräfte wie Wasserretter, Taucher, Bootfahrer und Funker sollen einheitliche, gegeneinander anrechenbare Ausbildungsgänge erhalten. Im Detail gestaltet sich das oft noch schwierig und wird zunächst eine große Herausforderung bleiben.

In Ergänzung des Fachressorts Ausbildung in der DLRG, bei dem eigenes Personal als Ausbilder zur Breitenausbildung Schwimmen und Rettungsschwimmen geschult und eingesetzt wird, umfasst der Bereich Einsatz in der DLRG alle Fachdienste, bei denen eigenes Personal der DLRG als Wasserretter, Motorbootführer, Rettungstaucher, Katastrophenschutzhelfer und Funker geschult und in den Rettungseinsatz gebracht wird. Rettungssport wird als effiziente, praktische Einsatzschulung der Wasserretter dem Einsatz ebenfalls zugeordnet. Erste Hilfe und Sanitätswesen arbeiten unter der eigenständigen Medizinischen Leitung dem Einsatz fachqualifiziert besonders zu.

Große Bemühungen werden gemacht, um dem Anspruch eines professionellen Einsatzes der Rettungskräfte gerecht zu werden. Durch neue Einsatzkleidung tritt die DLRG im Auge des Bürgers an Badestellen jetzt mehr oder weniger einheitlich auf. Deutlich erkennbar als Rettungskräfte werden die Rettungsschwimmer im Einsatz wahrgenommen. Damit einher geht aber auch die Erwartung, dass das, was professionell aussieht, auch professionell ist. Zur Sicherstellung der notwendigen Kopfzahlen bei den Rettungsschwimmern im zentralen Wasserrettungsdienst an den deutschen Küsten, ermöglicht die DLRG es immer noch, dass mit lediglich der Breitenausbildung »Deutsches Rettungsschwimmabzeichen in Silber«, wozu seit einigen Jahren auch eine Breitenausbildung in der Ersten Hilfe gehört, der Einsatz aufgenommen werden kann. Das ist in vielen Fällen leider nicht ausreichend, auch wenn versucht wird, diese Kräfte nur mit fachlich professionell ausgebildeten Rettungsschwimmern zusammen einzusetzen. Zur Erhöhung der Ausbildungszahlen bei den Fachausbildungen Wasserrettung zum ausgebildeten Wasserretter wird seit wenigen Jahren im Einsatz an diese Kräfte ein um einen Euro pro Tag erhöhtes Taschengeld gezahlt. Ziel ist der Einsatz von deutlich mehr als 50 Prozent aller Einsatzkräfte als Wasserretter. Die zusätzliche Ausbildung eines Wasserretters beinhaltet unter anderem als Kernpunkte die notwendigen Kenntnisse im Umgang mit der ABC-Tauchausrüstung, Training des Einsatzes auf Rettungsbooten sowie die erweiterte Sanitätsausbildung und Kenntnis der Führungs- und Einsatzstrukturen.

Internationale Sicherheitszeichen und Signalflaggen für mehr Sicherheit

International nimmt die DLRG seit vielen Jahren eine wichtige Rolle im weltweiten Verbund der Wasserretter ein. Personal aus dem DLRG-Ressort Einsatz bringt sich aktiv, manchmal sogar steuernd ein, bei zum Beispiel der Erstellung eines ersten »International Life Saving Federation (ILS) World Drowning Reports«, der Empfehlung von notwendigen Einrichtungen und Ausrüstungsgegenständen für Rettungsstationen, Motorrettungsbooten und Rettungsschwimmer. Sie engagieren sich für die weltweite Abstimmung über Hand- und Akustikzeichen für Rettungsschwimmer im Einsatz, die Aus- und Weiterbildung von nationalen und internationalen Risk Assessoren von allgemeinen Badestellen, die Standardisierung von Sicherheitszeichen und Signalflaggen für Badestellen im Rahmen des Deutschen Instituts für Normung (DIN) und der International Standardisation Organisation (ISO).

In Folge einer großen Überschwemmungskatastrophe außerhalb Deutschlands, ausgelöst durch einen Tsunami in Sri Lanka, werden 2005 DLRG Helfer erstmals im fernen Ausland eingesetzt. Der Einsatz war erfolgreich, zeigt uns aber auch deutlich die eingeschränkten Möglichkeiten auf. Das Thema Auslandseinsätze wird von nun an auch Gegenstand unserer Bemühungen. Einsätze in fernen Regionen werden nur im Schulterschluss mit anderen deutschen Organisationen möglich sein. Grenznahe Kooperationen mit ausländischen Organisationen werden jedoch auch in direktem Kontakt ausgebaut.

Quellenangabe:

Historische Zahlen sind übernommen worden aus »Harald Jatzke, Die Geschichte der DLRG im Spiegel ihrer Abzeichen und Urkunden, Berlin/Bad Nenndorf 2003«

Dr. Ulrich Jost

100 Jahre Medizin in der DLRG

Die ärztlichen Aufgaben im Wandel

Von Anbeginn hat die DLRG neben der Rettung die Wiederbelebung nach Ertrinkungsunfällen als eine ihrer zentralen Aufgaben gesehen. Medizinischer Sachverstand wurde in die Verbandsarbeit eingebunden. Schon bei den Wahlen zum ersten Vorstand in der Gründungsversammlung der DLRG, am 19. Oktober 1913, in Leipzig, gab es auf Reichsebene einen ärztlichen Beirat. Die Versammlung wählte Dr. G. Buschan aus Stettin in dieses Amt. Ab 1950 waren die Präsidialärzte gewählte Mitglieder des Präsidiums. Um die Jahrtausendwende erfolgte dann eine Umbenennung zum Bundesarzt.

Entsprechende Strukturen finden sich ebenfalls in den Satzungen der Gliederungen. In diesen waren Ärzte vorwiegend gefragt als Unterrichtende in Anatomie und Physiologie und als Untersucher in Fragen der Tauglichkeit. Auf Reichs- und Bundesebene waren die Ärzte der DLRG in führender Position an der Weiterentwicklung von Methoden der Wiederbelebung tätig.

Im Sinne einer Optimierung der gebräuchlichen, auch international heftig diskutierten, Verfahren auf der Basis des aktuellen Kenntnistandes waren ab 1930 der Präsident der DLRG Prof. Dr. med. Wilhelm Thomsen und die Präsidialärzte Prof. Dr. med. Wolfgang Kohlrausch und Dr. Josef P. Reusch bis in die 60er-Jahre engagiert an vorderster Front aktiv.

Lothar Kircher und Reginald Rettig, langjährige Technische Leiter im LV Baden, demonstrieren …

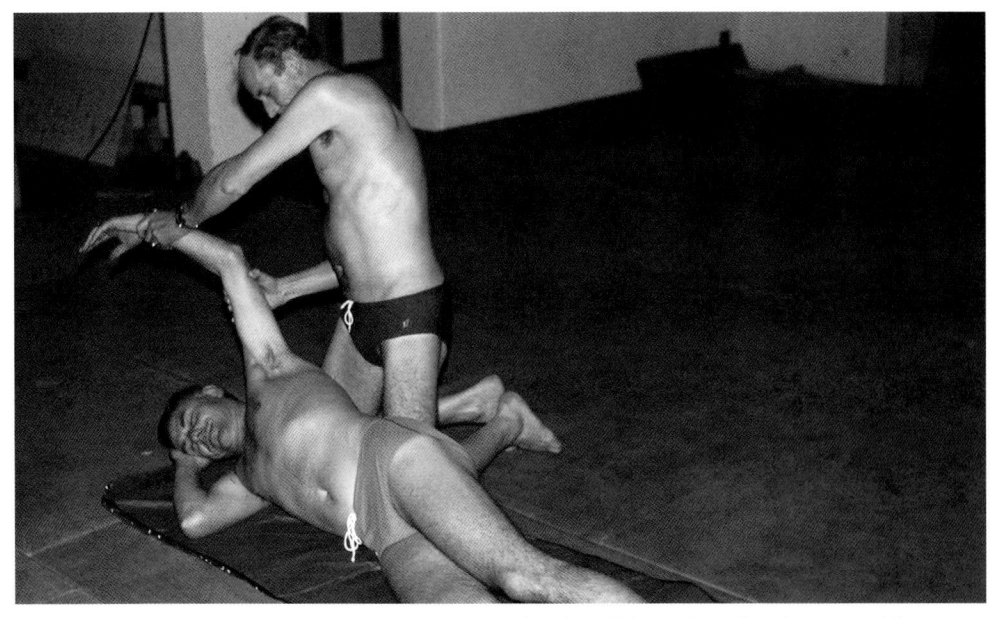

… Brustdruckverfahren in Seitenlage »Kohlrausch«

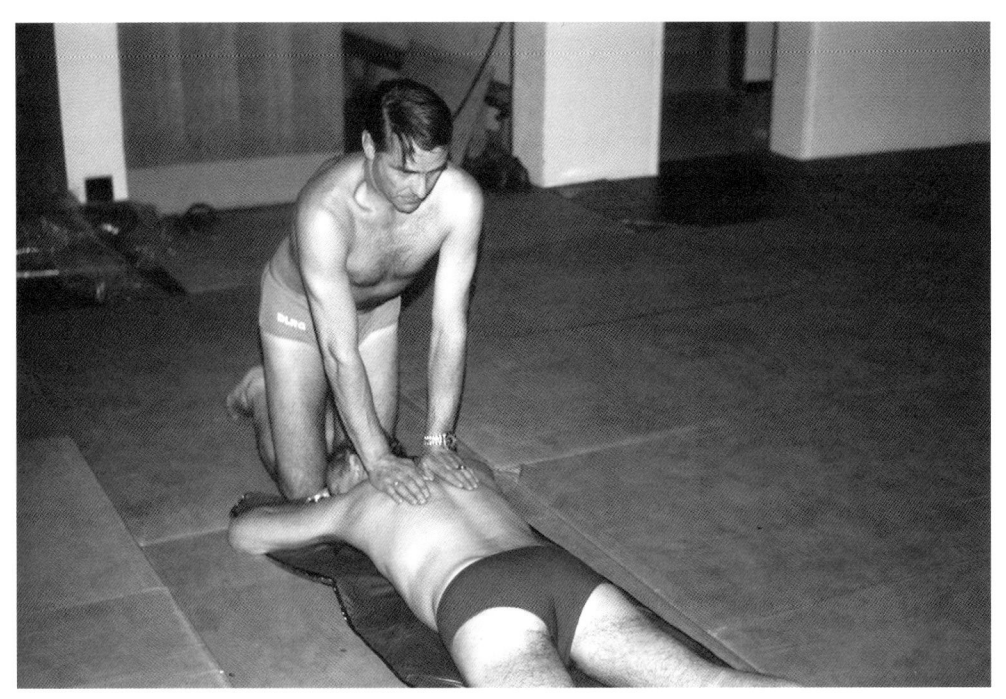

... Brustdruckverfahren in Bauchlage »Holger Nielsen«

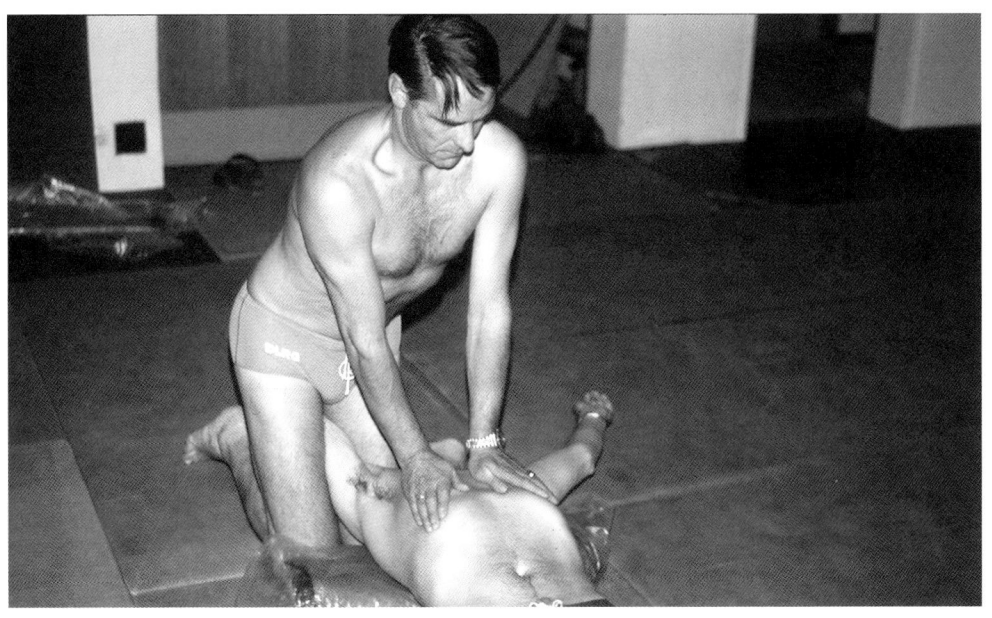

... Brustdruckverfahren in Rückenlage »Sylvester in der Thomsen-Variante«

Die schnelle Beatmung in Verbindung mit einer Herzdruckmassage wurde durch ihr Wirken zu einem zentralen Element der Ersten Hilfe im Rahmen der Wasserrettung.

Der Stellenwert des medizinischen Sachverstandes in der DLRG wird nicht zuletzt dadurch unterstrichen, dass herausragende Ärzte der DLRG von Anfang an im Präsidium und anderen Entscheidungsgremien der DLRG vertreten waren. So ist es sicher kein Zufall, dass Prof. Dr. W. Thomsen mehr als zehn Jahre Präsident der DLRG war. Wir werden unseren Vorgängern nicht gerecht, wenn wir ihr Wirken für die DLRG allein auf die Entwicklung der Ersten Hilfe in der DLRG reduzieren. Für sie war von ebenso großer Bedeutung der allgemein gesundheitsfördernde Effekt des Schwimmens. An erster Stelle stand natürlich die Erkenntnis, dass dem Ertrinkungstod am besten vorzubeugen sei, wenn wir aus jedem Bürger einen Schwimmer und aus jedem Schwimmer einen Retter machen. Daneben war zentrales Anliegen, das Schwimmen als gesundheitsfördernde sportliche Betätigung für alle Altersgruppen zu unterstützen und im Bewusstsein der Bevölkerung zu verankern. Leider müssen wir heute beobachten, dass der allgemeine Schwimmunterricht in den Schulen in erschreckendem Maß in den Hintergrund getreten ist. Die Folge ist eine Verminderung der Schwimm- und damit der Rettungsfähigkeit breiter Bevölkerungsschichten.

Zusammen mit der Industrie (Dräger/Matter) wurde an der Entwicklung elektrischer Wiederbelebungsgeräte gearbeitet. Dabei konnte auf die Expertise dieser Firmen bei dem Bau von Narkose-, Tauch- und Bergbaurettungsgeräten (Pulmotor) zurückgegriffen werden.

Die Ausbildung in Erster Hilfe war eine Angelegenheit anderer Organisationen.

Erweitertes ärztliches Tätigkeitsfeld

Die Einführung der Herz-Lungen-Wiederbelebung durch Herzdruckmassage und Atemspende anstelle der Brustdruckverfahren, verbindlich für die DLRG durch Präsidialratsbeschluss 1982, brachte ein erweitertes Spektrum ärztlicher Tätigkeit in der DLRG mit sich.

In der Folge entwickelte sich die DLRG weiter zum Vollmitglied der Bundesarbeitsgemeinschaft Erste Hilfe (BAGEH, gegründet 1987).

Der Zustrom von neuen Mitgliedern, welche zuvor dem Deutschen Roten Kreuz der DDR angehört hatten, führte zu einem weiteren Schub in die Richtung einer ausbildenden Sanitätsorganisation.

Es soll nicht unerwähnt bleiben, dass Erste Hilfe im Rahmen der Wasserrettung weit über den engen Begriff der HLW hinausgeht. Die Masse der Erste-Hilfe-Leistungen an den Gewässern besteht aus der Erstversorgung von kleinen Wunden, Sonnenbrand, Unterkühlungen und vielem mehr. Stand früher der in Not geratene Nichtschwimmer im Fokus des Rettungs- und Erstversorgungsvorganges, so sind heute im Wasser erlittene Herzinfarkte u. Ä. in den Vordergrund gerückt und beeinflussen die Inhalte der Erste-Hilfe-Ausbildung.

Erste-Hilfe-Ausbildung

Dementsprechend wurde auch die sanitätsdienstliche Absicherung von Großveranstaltungen und Einsätzen auf personeller und materieller Ebene weiter ausgebaut.

Des Weiteren hat sich in der DLRG durch die Komponente Einsatztaucher zwangsläufig eine tauchmedizinische Kompetenz entwickelt, die für die Sicherheit der DLRG-Taucher unverzichtbar ist.

Neue Aufgaben

Die ausgedehnte Ausbildungstätigkeit und der Einsatz im mobilen und stationären Wasserrettungsdienst, bei Großveranstaltungen und im Rettungssport bis hin zu den Weltmeisterschaften stellten auch neue arbeitsmedizinische Anforderungen. Gleichzeitig sind Vorgaben der Berufsgenossenschaften und Unfallkassen zu erfüllen.

So wurde ein Hygienemanagement in Ausbildung und Einsatz zu einem Thema, dem sich angenommen werden musste.

Die Einbindung des Rettungssports in die nichtolympischen Sportarten und die damit verbundenen ministeriellen Vorgaben erforderten die Einführung von Dopingkontrollen und den Aufbau entsprechender Strukturen.

Die breit gefächerten Aktivitäten in Ausbildung, Einsatz und Rettungssport erfordern einen erheblichen Umfang an Tauglichkeitsuntersuchungen, die auf den Gliederungsebenen geleistet werden müssen. Die Bundesebene war hier mit der Einführung einer Selbsterklärung zum Gesundheitszustand in bestimmten Bereichen unterstützend tätig.

Die ärztliche Lehre in einer in Erster Hilfe, Sanitätsdienst und Einsatztauchen ausbildenden Organisation geht weit über das historisch gewohnte Spektrum hinaus. Ebenso ist die Erstellung entsprechender Ausbildungsunterlagen mit medizinischen Inhalten erforderlich, die lektoriert und aufeinander abgestimmt werden müssen.

Inhaltliche Aussagen wiederum sind konform mit nationalen und internationalen Leitlinien zu gestalten.

Internationale Standardisierung

So befinden sich die Lehrunterlagen der DLRG im medizinischen Bereich im Einklang mit dem International Liaison Committee on Resuscitation (ILCOR), dem European Resuscitation Council (ERC), dem German Resuscitation Council (GRC), der Bundesärztekammer (BÄK) und der Bundesarbeitsgemeinschaft Erste Hilfe (BAGEH). Alle diese Aufgaben sind nicht von einem Bundesarzt samt Stellvertreter zu leisten.

Die bitteren Erfahrungen Ende der 80er-Jahre mit rücktrittsbedingtem jährlichem Wechsel des Präsidialarztes haben kontinuierlich zum Aufbau einer Medizinischen Leitung mit einem engeren und einem erweiterten Kreis geführt, der die Zukunftsfähigkeit sichern soll.

Die Geschichte der Wiederbelebung

Die Möglichkeit, Scheintote durch die Atemspende wiederzubeleben, ist jahrtausendealtes Menschheitswissen. So finden wir eine Beschreibung im Alten Testament, im Buch der Könige dokumentiert, der zufolge der Prophet Elias einen Knaben durch Atemspende wiederbelebt.

Etwa 5.000 Jahre alt sind hebräische Hebammenvorschriften, wonach nicht atmende Neugeborene durch Mund-zu-Mund-Beatmung zu behandeln seien. Dass dieses Wissen sich auch über das Mittelalter in Europa gehalten hatte, beweist die Tatsache, dass 1802 in England 500 erfolgreiche Wiederbelebungen nach der »hebräischen Methode« belegt wurden. Dies verwundert eigentlich denjenigen, der weiß, dass im christlichen »Mittelalter« Wiederbelebungsversuche verpönt, ja sogar verboten waren. Dem Herrgott sollte nicht ins »Handwerk« gepfuscht werden! Prinzipiell eine Haltung aller monotheistischen Religionen (Judentum, Islam), stammt doch alles Leben von Gott. Noch heute wird die Tat Elias' von orthodoxen Rabbinern diskutiert, wenngleich sich alle genannten Religionen heute anders positionieren.

Noch 1526 war es in Amsterdam Ärzten verboten, scheinbar Tote anzufassen, bevor ein Gerichtsdiener in Kenntnis gesetzt war, da eher die Verschleierung von Straftaten als unterlassene Hilfeleistung zu befürchten sei.

Das Zeitalter der Aufklärung

Diese Einstellung verkehrte sich im Zeitalter der Aufklärung geradezu ins Gegenteil. Sowohl im Frankreich Ludwig des XV. (1740) als auch in Österreich (Franz II., 1813) wurden Beerdigungen ohne vorherige Wiederbelebungsversuche erboten. In Frankreich wurde zu dieser Zeit das rhythmische Ziehen an der Zunge des Opfers praktiziert.

Nothelfergriff: Öffnen des Mundes

Wasserentfernung aus den Atmungswegen

In Österreich wurde Beamten und Schülern von Gymnasien eine sonntägliche Ausbildung zur Rettung Scheintoter verordnet. In dieser Zeit erschienen im deutschen und im französischen Sprachraum eine Vielzahl von Fibeln zur Rettung plötzlich leblos Gewordener, in denen auch die Angst vor dem Lebendig-begraben-Werden thematisiert wurde.

Dass von allen Scheintoten Ertrinkungsopfer wohl am leichtesten und erfolgreichsten wiederzubeleben seien, kann als fast ebenso altes Menschheitswissen gelten, hat doch der ägyptische Pharao Ramses II., 1324 bis 1258 vor Christus lebend, bei den Darstellungen seiner Ruhmestaten auf Tempelwänden (Luxor, Karnack, Abu Simbel) auch die Behandlung Ertrunkener durch Aufhängen an den Füßen schildern lassen. Diese sogenannte Inversionsmethode war auch bei den Hethitern bekannt und wurde in vielen Zivilisationen

Wiederbelebung nach Schäfer, Tempo 1 = Ausatmung

Wiederbelebung nach Sylvester-Brosch-Meyer, Tempo 1 = Ausatmung

Wiederbelebung nach Schäfer, Tempo 2 = Einatmung

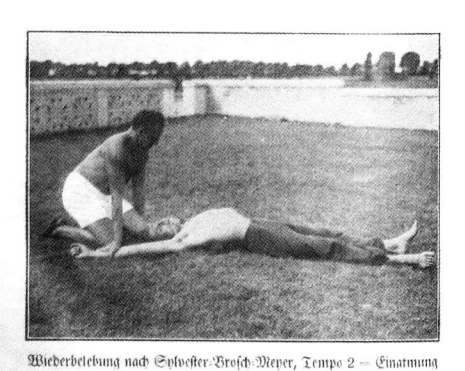

Wiederbelebung nach Sylvester-Brosch-Meyer, Tempo 2 = Einatmung

einschließlich China bis ins 18. Jahrhundert angewandt. Besonders in Küstenländern sowie im Bereich von Flüssen und Mühlbächen wurde das Ertrinkungsopfer quer über ein Pferd liegend traktiert oder auf Fässern gerollt. Auch kamen vielfältige andere Stimulationen wie Essig und Pfeffer in den Mund, Flagellation und Wärmeanwendungen, auch durch Körperkontakt, zum Einsatz.

Ohne Sauerstoff kein Leben

Nur mühsam hat sich im 20. Jahrhundert die Erkenntnis durchgesetzt, dass die Behandlung »Beinahe«-Ertrunkener eben nicht in der Entfernung von Wasser, sondern in der Zufuhr von Sauerstoff besteht. Schon Hippokrates (460–377 v. Chr.) hat die Zufuhr von Luft über ein Röhrchen in die Lunge zur Wiederbelebung empfohlen; die erste Beatmung mit Hilfsmitteln finden wir in der arabischen Medizin: Salih ibn Bahla reanimierte im 8. Jahrhundert n. Chr. einen Cousin des Harun al Rashid durch Blasebalgbeatmung über die Nase. Der erste Luftröhrenschnitt mit Einführen eines gebogenen Metallrohrs wird dem berühmtesten Vertreter der arabischen Medizin Ibn Sina Avicenna (980–1037) zugeschrieben und Versalius hat 1543 gezeigt, dass man im Versuch Hunde wiederbeleben kann, indem man über einen Luftröhrenschnitt ein Schilfrohr einführt und darüber beatmet. 1755 hat John Hunter diese Experimente wiederholt und ausgebaut. Er kam zu dem Schluss: »Die Wiederherstellung der Atemfunktion ist die Grundvoraussetzung für die Wiederbelebung des Herzens.« Dies alles möglicherweise wissend, hat der erste deutsche Arzt der Neuzeit, Paracelsus, zu diesem Zwecke einen Blasebalg empfohlen. Offensichtlich brachten Magenüberblähungen mit Erbrechen und Ersticken diese Methode, welche bis 1837 bei der englischen Royal Human Society Standard war, in Misskredit. Auch der »Umweg« des Einblasens von Tabakrauch in den After (z. B. Anordnung des Märkischen Bergamtes 1813) war nicht von Erfolg gekrönt.

Nur so ist es aus heutiger notfallmedizinischer Sicht zu verstehen, dass dann ab 1858 manuelle Beatmungsmethoden in einer großen Vielzahl kreiert wurden. Sie wurden teils in Rücken-, aber auch in Bauch- und Seitenlage durchgeführt, vielfach modifiziert und in der Regel nach ihren Beschreibern benannt.

Beginnend mit der wohl ersten Gesellschaft zur Wasserrettung – Maatschappij tot Redding van Drenkelingen, Amsterdam 1767 – konnten sie sich bis in die 80er-Jahre des 20. Jahrhunderts halten. In den 50er- und 60er-Jahren des 20. Jahrhunderts konnten Safar, Ruben und Nolte wissenschaftlich einwandfrei zeigen, dass die Atemspende bei der Wiederbelebung manuellen Verfahren überlegen ist. So wurde nach Jahrhunderten der Umwege die Mund-zu-Mund/Nase-Beatmung zum Standard der Wiederbelebung. Noch immer sind viele Fragen wie Freihaltung der Atemwege, der Vermeidung einer Magenüberblähung ebenso ungelöst wie die Frage, ab wann bei einem durch Herzerkrankungen ausgelösten Reanimationsbedarf überhaupt eine Beatmung notwendig ist.

Schon 1804 hat der Mainzer Arzt J. F. Ackermann den Sauerstoffmangel als universelle Ursache für den Eintritt des Todes erkannt und die Freihaltung der Atemwege und Sauerstoffgabe gefordert. 1820 empfahl das Preußische Ministerium für Medizinalangelegenheiten, »die verlöschenden Lebensfunktionen durch Lufteinblasen, Anwendung des Sauerstoffgases und der Elektrizität wieder anzufachen. Schläge müssen das Herz treffen.«

Moderne Forschung zur Wiederbelebung

Ausgehend von den Arbeiten Safars hat die systematische Erforschung von Wiederbelebungsmethoden in den jüngsten 50 Jahren eine rasante Entwicklung durchlebt.

Der Fokus hat sich dabei hin bewegt zu Fragestellungen der Prävention, Therapie und Nachsorge von Kreislaufstillständen im Rahmen von koronaren Herzerkrankungen. In Ländern, welche über die Ressourcen zu solchen Untersuchungen verfügen, spielen Herz-Kreislauf-Erkrankungen bei lebensbedrohlichen Zuständen die Hauptrolle. Weltweit stellt sich das möglicherweise differenzierter dar: Ertrinkt doch nach Aussage der International Live Saving (ILS) alle zwei Minuten ein Mensch auf der Welt.

Die 1960 (Jude, Kouvenhoven, Knickerbocker) erstmals beschriebene äußere Herzdruckmassage wird nun als die wesentlichste Maßnahme bei der Wiederbelebung erachtet und viel Wert auf frühzeitige, effektive, möglichst ununterbrochene und notfalls auch alleinige Anwendung gelegt. Das ursprünglich von der Arbeitsgruppe um Safar in Hundeversuchen gefundene Verhältnis von Herzdruckmassagen zu Beatmungen (1967: 15:2) veränderte sich nach umfangreichen Messungen an Menschen und Simulationen hin zu 30:2.

Bei diesen Betrachtungsweisen geraten primär die Atmung betreffende Ereignisse wie Ertrinkungsunfälle in den Hintergrund.

So sind denn auch die im Oktober 2010 aktualisierten internationalen Leitlinien des International Liaison Committee on Resuscitation (ILCOR) zur Wiederbelebung primär auf die Behandlung von Herz-Kreislauf-Notfällen ausgerichtet. In dieser Form wurden sie auch vom European Resuscitation Council (ERC) und vom German Resuscitation Council (GRC) übernommen.

Für Kinder und die Opfer von primären Atemwegsnotfällen wie Ertrinkungsunfällen wurden demzufolge gesonderte Algorithmen entwickelt. Auch hierüber besteht Konsens bei allen in Deutschland in Erster Hilfe ausbildenden Hilfsorganisationen.

Auch die Elektrotherapie des Herzens, beginnend mit der ersten äußerlichen Anwendung 1956, hat enorme Fortschritte Ausgangs des 20. Jahrhunderts gemacht. Automatisierte Elektrische Defibrillatoren (AED) zur Wiederherstellung eines funktionsfähigen Herzschlags finden sich jetzt in vielen öffentlichen und zunehmend auch privaten Einrichtungen für jedermann zugänglich. Ihre Anwendung gehört mittlerweile zu den Basismaßnahmen der Ersten Hilfe.

Sie erkennen zuverlässig behandlungsbedürftige Herzrhythmusstörungen und unterstützen durch Sprachführung die Koordination der übrigen Wiederbelebungsmaßnahmen.

Auch wenn die 1911 von dem Kasseler Hals-Nasen-Ohrenarzt Dr. Franz Kuhn zunächst für Narkosezwecke erstmals beschriebene endotracheale Intubation (Einführen eines Schlauches in die Luftröhre) als der Goldstandard bei der Sicherung der Atemwege gilt, bleiben für die Notfallversorgung zu viele offene Fragen bei diesem komplexen Eingriff. Da die etablierte Alternative der Beatmung mit einer Maske, einem Ventil und einem sich selbst entfaltenden Beutel (1954 von dem Dänen Ruben eingeführt) nicht alle aus dem 18./19. Jahrhundert vom Blasebalg her bekannten Probleme des wenig geübten Anwenders lösen konnte, liegt jetzt die Hoffnung auf den sogenannten supraglottischen Atemwegshilfen.

Diese werden in den Rachen und nicht in die Luftröhre eingeführt. Je nach Bauart wird die Speiseröhre durch unterschiedliche Ballonkonstruktionen mehr oder weniger abgedichtet. Bei Stimmritzenkrampf versagen sie.

An Wiederbelebungsphantomen (Puppen, Manikins) werden überzeugende Ergebnisse damit erzielt und das Atemwegsmanagement in der Anästhesiologie wurde durch sie revolutioniert. Ob die Methode auch in Laienhand sich als erfolgreich erweisen wird, werden wir vielleicht bei der nächsten evidenzbasierten Überarbeitung der internationalen Leitlinien der Wiederbelebung, welche nun in regelmäßigen Abständen erfolgen, wissen.

Anwendung des Larynxtubus

Die Geschichte der Wiederbelebung bleibt ein spannendes Kapitel der Geschichte der Medizin und wird eng verbunden sein mit der Weiterentwicklung der Intensivmedizin (differenzierte Beatmungsverfahren, erweitertes Monitoring, zeitweises Absenken der Körpertemperatur), denn sie ist es, welche Folgeschäden der Wiederbelebung abmildern kann.

Quellenangabe:

F. W. Ahnefeld/L. Brandt/P. Safar; Notfallmedizin Historisches und Aktuelles, Eigenverlag Laerdal 1992;

K. Bartnitzke; Humanität und Sport im Dienst am Mitmenschen: die Chronik der DLRG, 4. Aufl.;

Verlag Hofmann, Schorndorf 1996; European Resuscitation Council Guidelines; Resuscitation Vol. 81 No 10, Verlag Elsevier Amsterdam 2010

Aktuelles Organigramm der Medizinischen Leitung

```
┌─────────────────────────────────────────────┐
│     Medizinische Leitung der DLRG           │
│   Organigramm und Geschäftsverteilungsplan  │
│              Stand 03/12                    │
└─────────────────────────────────────────────┘
```

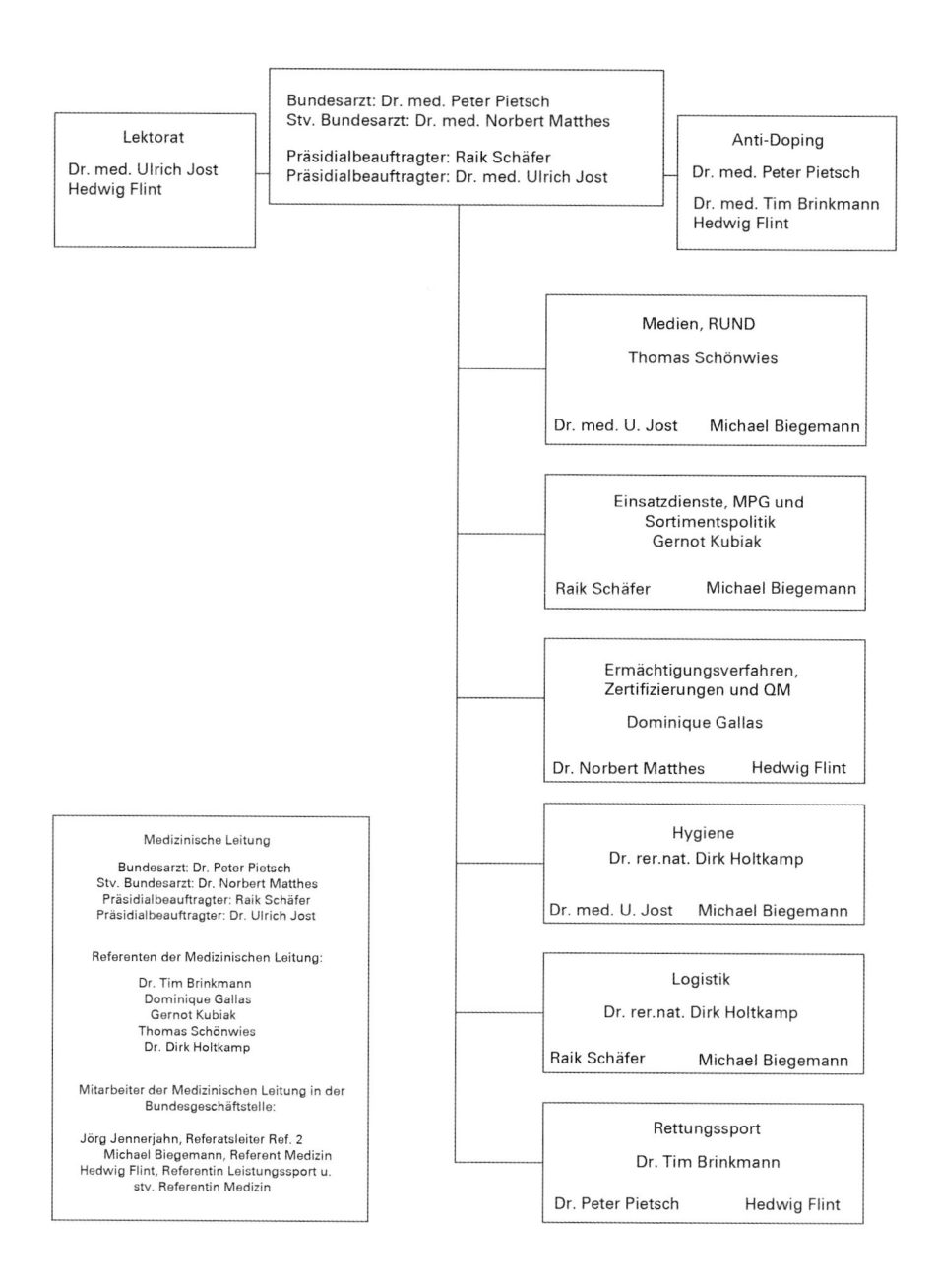

Bundesarzt: Dr. med. Peter Pietsch
Stv. Bundesarzt: Dr. med. Norbert Matthes
Präsidialbeauftragter: Raik Schäfer
Präsidialbeauftragter: Dr. med. Ulrich Jost

Lektorat
Dr. med. Ulrich Jost
Hedwig Flint

Anti-Doping
Dr. med. Peter Pietsch
Dr. med. Tim Brinkmann
Hedwig Flint

Medien, RUND
Thomas Schönwies
Dr. med. U. Jost — Michael Biegemann

Einsatzdienste, MPG und Sortimentspolitik
Gernot Kubiak
Raik Schäfer — Michael Biegemann

Ermächtigungsverfahren, Zertifizierungen und QM
Dominique Gallas
Dr. Norbert Matthes — Hedwig Flint

Hygiene
Dr. rer.nat. Dirk Holtkamp
Dr. med. U. Jost — Michael Biegemann

Logistik
Dr. rer.nat. Dirk Holtkamp
Raik Schäfer — Michael Biegemann

Rettungssport
Dr. Tim Brinkmann
Dr. Peter Pietsch — Hedwig Flint

Medizinische Leitung

Bundesarzt: Dr. Peter Pietsch
Stv. Bundesarzt: Dr. Norbert Matthes
Präsidialbeauftragter: Raik Schäfer
Präsidialbeauftragter: Dr. Ulrich Jost

Referenten der Medizinischen Leitung:

Dr. Tim Brinkmann
Dominique Gallas
Gernot Kubiak
Thomas Schönwies
Dr. Dirk Holtkamp

Mitarbeiter der Medizinischen Leitung in der Bundesgeschäftsstelle:

Jörg Jennerjahn, Referatsleiter Ref. 2
Michael Biegemann, Referent Medizin
Hedwig Flint, Referentin Leistungssport u. stv. Referentin Medizin

Ärztliche Beiräte, Ärzte des Präsidiums und Bundesärzte der DLRG

1913	Sanitätsrat Dr. Georg Buschan, erster Ärztlicher Beirat
1919	Dr. G. Buschan, Ärztlicher Beirat
1922	Prof. Dr. Friedrich G. Schmidt, Ärztlicher Beirat
1925 –1938	Dr. med. Wolfgang Kohlrausch, Ärztlicher Beirat
1938 –1941	Dr. med. Heinrich Franzmeyer, Ärztlicher Beirat (möglicherweise auch über 1941 hinaus)
1947 –1950	Dr. med. Otto Lade, Ärztlicher Beirat
1950 –1953	Dr. med. Gerhard Kowalzig
1953 –1962	Dr. med. Herbert Müglich
1962 –1977	Dr. med. Josef Reusch
1977 –1981	Prof. Dr. med. Rudolf Frey
1982 –1983	Dr. med. Hans-Joachim Noeske
1983 –1986	Dr. med. Armin Wandel
1986 –1987	Prof. Dr. med. Gerhard Meuret
1987 –1988	Prof. Dr. med. Klaus Koppenhagen
1988 –1989	Dr. med. Ulrich Jost, Geschäftsführender Präsidialarzt
1989 –2013	Dr. med. Peter Pietsch

Ludger Schulte-Hülsmann

Von der ideellen Bewegung zum humanitären Dienstleister – Struktur und Aufgaben der DLRG im Verlauf ihrer Geschichte

Die DLRG-Gründung im Nachgang der Sozialinitiativen des ausgehenden 19. Jahrhunderts und als Abspaltungsprozess vom Deutschen Schwimm-Verband

Bürgerliche Mitverantwortung als Ergebnis wachsenden Selbstbewusstseins und eines veränderten Staats- und Gesellschaftsverständnisses

Mit dem ausgehenden 19. Jahrhundert haben sich die dramatischen politischen (nationalstaatliche Bewegungen) und wirtschaftlichen Umbruchprozesse infolge der Industrialisierung ganz nachhaltig auf die gesellschaftlichen Strukturen, aber auch das Weltbild der einzelnen Menschen ausgewirkt.

Zwei deutlich nachvollziehbare, als Folge dieser Umbruchprozesse entstehende gesellschaftliche Entwicklungen dürften als auslösende wie prägende Aspekte die Gründung selbstständiger, privater Organisationsstrukturen, wie die der DLRG, wesentlich beeinflusst haben:

Zunächst war das 19. Jahrhundert eine Phase der sozialen Bewegungen, u. a. der Gründung von nachhaltigen privaten Sozial- und Wohlfahrtsstrukturen, die sich auf vielen Feldern erstrecken und keineswegs auf die im Zusammenhang mit der Geschichte der DLRG relevanten Bereiche der Gesundheitsprävention oder Lebensrettung beschränkt haben sowie schon gar keine rein deutsche Entwicklung darstellen. Vielschichtige Initiativen der Bürger aller Schichten zeugen von einem neuen Selbstbewusstsein und dem Verständnis von altruistischer Verantwortung für Themen und Probleme, die weder dem Einzelnen noch dem Staat überlassen bleiben konnten und sollten. Defizite werden erkannt, öffentlich benannt und durch gemeinsames Handeln aufgegriffen. In diesem Jahrhundert entstehen so auch die kirchlichen Sozialwerke (Caritas und Innere Mission/Diakonie), aber auch das Kolpingwerk und Genossenschaftsstrukturen (Adolf Kolping und Friedrich Wilhelm Raiffeisen).

Sicherlich ist die Gründung privater sozialer Strukturen nichts generell Neues. Immerhin bestehen kirchlich angebundene Orden sowie Sozialstiftungen schon seit Jahrhunderten. Jedoch sind all diese jetzt aufkommenden Entwicklungen als Antwort auf die gesellschaftlichen und politischen Umbrüche dieser Zeit und vor allem den wirtschaftlichen Strukturentwicklungen in der Folge der industriellen Revolution zu verstehen und zeugen von einem veränderten Gesellschaftsbild und der Rolle des Einzelnen darin.

Ein drängender sozialer Handlungsbedarf bestand auch in einem speziellen Bereich der Unfallverhütung aufgrund der stetig hohen Ertrinkungszahlen. Die mangelnde Fähigkeit zu schwimmen bei gleichzeitig hoher und unreflektierter Gefährdung im Alltag der Menschen führte zu einer Ertrinkungsquote, die heute vergleichbar tatsächlich immer noch in einer Reihe von Entwicklungsländern zu finden ist.

Einer der Gründerväter der DLRG, Walter Mang, gibt uns in seinen Beschreibungen der Gründungsphase einen guten Überblick über die Entwicklung des Umfeldes, den Antrieb und die Vorstellungen der damaligen Initiatoren sowie das erstaunliche Pflicht- und Selbstbewusstsein, was die handelnden Personen antreibt. Er schreibt 1912 in einem Aufsatz (Jahrbuch des Deutschen Schwimmverbandes, 1912, S. 202 f.):

»Aber die Statistik, die Lehrerin der Menschheit, zeigt dann am Jahresende eine erschreckende Todessumme. Weit über fünftausend zählte die schwarze Liste des vergangenen Jahres mit seinem heißen Rekordsommer 1911 fürs Deutsche Reich zusammen, ...«

Und an anderer Stelle: »Neun Zehntel aller Fälle von Rettung aus Lebensgefahr betrifft solche vom Ertrinken.« Aber auch: »Für das Binnenland, wo sich doch die Mehrheit aller Ertrinkungsfälle ereignen, fehlt ein einheitlicher Schutz- und Aufsichtsdienst vollkommen, ...«

Zumindest in der Fachwelt bestand ein deutliches Problembewusstsein, verbunden mit der notwendigen Sensibilität für Kausalzusammenhänge sowie ersten Strategievorstellungen für Lösungsansätze, wobei der wichtigste in der Gründung einer entsprechenden Gesellschaft lag. Zwar gab es zeitgleich auch Bemühungen staatlicherseits, jedoch wurde eine Realisierung der Forderung nach Rettungsschwimmausbildung in den Schulen (Erlass des preußischen Kultusministers von 1911) allein deshalb als wenig erfolgreich angesehen, weil selbst in den beiden Ländern, wo derartige Vorgaben existierten, nicht einmal die Aufgabe eines Elementar-Schwimmunterrichts an Volks- und Mittelschulen bis dahin zu realisieren war (W. Mang, a. a. O., S. 204).

Walter Mang (zeitgenössische Zeichnung)

Parallel entwickelten sich bereits mit etwas Vorlauf nachhaltige, kulturelle Veränderungen in der Gesellschaft, die den zweiten Einflussfaktor bestimmten.

Die Pädagogik rückt den Menschen als Individuum und sein Verhältnis zu Natur und Umwelt stärker in den Mittelpunkt. Neben klassischer Bildung gewinnt gezielte und geübte Bewegung in der Natur an Bedeutung. Über anfängliche Formen des Turnens hinaus entwickeln sich die Leibesübungen, einschließlich des Schwimmens zu einem anerkannten Teil des Erziehungsauftrags von Bildungseinrichtungen. Der Deutsche Schwimm-Verband gründet sich bereits 1886.

Schwimmen wird dabei in der fachlichen Diskussion sowohl in seiner körperbildenden Funktion als auch in seiner präventiven Eigenschaft gegen das Ertrinken wahrgenommen. Nicht zuletzt deshalb finden sich die ersten Aktivitäten einer systematischen Ausbildung in der Wasserrettung auch im Programm des Schwimmverbandes und seiner Vereine. Zudem stammen die Akteure der ersten Gründungszeit der DLRG als eigenständige Rettungsorganisation alle aus dem Kreis der Verantwortungsträger des Schwimmverbandes. Im weiteren Verlauf (spätestens bei dem Wiederaufbau Mitte der 20er-Jahre) ist auch die Deutsche Turnerschaft ein wichtiger Unterstützer der Entwicklung der DLRG.

Noch überhöht wird im Vergleich zum Schwimmen das Rettungsschwimmen dargestellt: »Bedeutet doch der Rettungsunterricht die Krönung leiblicher Erziehung durch den Schwimmunterricht, wobei in erhöhtem Maße die Tugenden der Selbstlosigkeit und Nächstenliebe, Kühnheit, Entschlossenheit und Geistesgegenwart, Tatkraft und Ausdauer geweckt werden.« (W. Mang, a. a. O., S. 214) Und:

»Lebensretter – das ist der Ehrentitel des echten Schwimmers, dem die schlichte Rettungsmedaille noch über der olympischen Weltmeisterschaft-Medaille steht, der einzigartige Vorzug, der schönste Zweck, das höchste Ziel seiner rühmlichen Kunst.« (W. Mang, a. a. O., S. 211)

Christlich und sozial begründete Selbstverpflichtung als Antrieb für soziales Engagement in ganz Europa

Antrieb der Akteure war im Unterschied zu den heute auch häufig als Auslöser zu findenden vielfältigen Selbsthilfestrukturen deutlich eben nicht die persönliche Betroffenheit, sondern eine überwiegend altruistisch geprägte Selbstverpflichtung, erwachsen aus einer Mischung von gesellschaftlichen Entwicklungen, christlicher Fürsorgeverpflichtung und aufgeklärter, bürgerlicher Sozialverantwortung. Walter Mang spricht hier davon: »(…) daß opferwillige Nächstenliebe unverlierbares Gut der Menschheit geblieben ist.« (a. a. O., S. 212)

Natürlich spielten auch die Faktoren Nationalismus (in diesem Zusammenhang weniger im Sinne einer Abgrenzung nach außen, sondern vielmehr positiv im Sinne eines Zugehörigkeitsgefühls nach innen begründet), die Auseinandersetzung des Individuums mit der Natur und den Naturgewalten sowie die Verherrlichung eines heroischen Heldentums eine wichtige Rolle. Gerade die Rettungsschwimmer boten sich dazu als klassische Beispiele an. Auch im bereits mehrfach zitierten Aufsatz von Walter Mang wird dies an verschiedenen Stellen deutlich. So stellt er im Zusammenhang mit den neu (1910) geschaffenen Ehrungen (verbunden mit Invaliden- und Hinterbliebenen-Zahlungen) der Carnegie-Stiftung fest: »Nicht mehr braucht der heldenhafte Retter in bangen Zwiespalt der Pflichten gegen die Seinen und gegen seinen Nächsten beim Gedanken an den ungewissen Ausgang seiner Tat zu zaudern, ...« (a. a. O., S. 204). An anderer Stelle heißt es: »Tausende müssen mit frischer, klarer Begeisterung diesem ersten weithallenden Rufe zur Hilfe folgen, wie sie doch im Augenblick drohender Todesnot unbedenklich dem verunglückten Mitmenschen rettend beispringen würden, ihr eigenes Leben einsetzend, ja aufopfernd in Befolgung des herrlichen Wortes des Johannisevangeliums: Niemand hat größere Liebe, denn die, daß er sein Leben lässet für seine Freunde.« (a. a. O., S. 217)

Kennzeichnend ist zudem die Tatsache, dass es sich dabei um keine rein nationale, deutsche Erscheinung handelt, sondern vergleichbare Tendenzen und Strukturgründungen parallel in ganz Europa und in Amerika stattfinden.

Vorlaufende Beispiele sind die Royal Lifesaving Society (RLSS) in England, die Vorläufer der heutigen Royal National Lifeboat Institution (RNLI) ebenfalls in England, die Reddingsbrigades Nederland, KNBRD in den Niederlanden oder die Deutsche Gesellschaft zur Rettung Schiffbrüchiger (DGzRS) in Deutschland. Auch wenn die einen ihren Schwerpunkt auf die Hochsee und Seeschifffahrtsstraßen richten und die anderen auf den Binnenbereich, so haben doch alle die Rettung von Menschen aus Wassergefahren im Zentrum ihrer Aktivitäten.

Erneut kann uns hier Walter Mang als authentischer Zeitzeuge die Bedeutung dieser internationalen Vorbilder für die deutsche Initiative klarmachen. Bereits 1911 hatte er im Jahrbuch des Schwimmverbandes einen ausführlichen Aufsatz veröffentlicht, unter dem Titel: »Entwicklung, Gliederung und Bedeutung der englischen und amerikanischen Lebensrettungs-Gesellschaften«. Anknüpfend daran schreibt er in seinem schon oben zitierten Beitrag des Jahrbuchs 1912: »Kurz und gut, im britischen Weltreiche und insbesondere im Mutterlande ist das freiwillige Rettungswesen heutzutage musterhaft ausgestaltet.« Später beklagt er dann folgerichtig: » Einzig das deutsche Lebensrettungswesen steht noch hinter dem rühmlichen Vorbild anderer Kulturstaaten (nicht bloß England und Amerika) unleugbar zurück.«

Und noch einmal in Bewertung individueller Pflichten und Einschätzung staatlicher Möglichkeiten: »Jeder ist zur Abhilfe und Mithilfe berufen. Unwürdig und unvernünftig wäre es, nach beliebter Art der Regierung allein diese Riesenaufgabe zu überlassen; unmöglich kann sie allein das Werk aller vollbringen.« (a. a. O., S. 210)

Strukturen privater Sozialeinrichtungen und humanitärer Organisationen im ausgehenden 19. und beginnenden 20. Jahrhundert

Unabhängig von der individuellen Aufgabenstellung wählen diese Initiativen in aller Regel vereinsähnliche Strukturen als ihre Organisationsform. Die Lösung kann allein deshalb als angemessen betrachtet werden, weil diese Vorformen der Bürgerinitiativen bzw. von organisiertem bürgerschaftlichen Engagement nicht von einzelnen wohlhabenden Mäzenen ausgingen, die einen Vermögensstock z. B. in Form einer Stiftung bereitstellten (Ausnahme, die schon erwähnte Carnegie-Stiftung), sondern im Kern aus einer Anzahl etablierter Bildungsbürger bestand, die vor allem ihr persönliches Engagement einbrachten und beständig versuchen mussten, um finanzielle Unterstützung auch bei Dritten zu werben. Keinesfalls zu vernachlässigen ist an dieser Stelle jedoch auch der Hinweis, dass mit den Arbeitersportvereinen und den Arbeiterrettungsvereinen auch diese gesellschaftliche Schicht durchaus ihren Beitrag geleistet hat.

Weitere gemeinnützige Gesellschaftsformen boten sich alternativ nicht an. Als kommerzielle Strukturen verstanden die Initiativen sich auf keinen Fall und Sonderformen dazu gab es auch noch nicht. Ein deutlicher Einfluss ergab sich aus den Beispielen der schon bestehenden Verbände. Die historische Bedeutung der Länder/Provinzen in Deutschland, die sich in der Verbandsstruktur und ihrer Kompetenz- und Aufgabenteilung wiederfinden sollten, war zwar schon in der ersten Satzung auch der DLRG vorgesehen, bildet sich allerdings erst ein Jahrzehnt später nach dem inflationsbedingten Neustart, durch die jetzt systematische Gründung von Landesverbänden in allen Bundesländern wirklich durchgängig ab.

Das Vereinsrecht bot zu den bestehenden Anforderungen den passenden institutionellen Rahmen und begründete eine rechtlich verbindliche und autonom handlungsfähige Körperschaft, die gleichzeitig ein Maximum an Beteiligung und Gestaltungsmöglichkeit für die Mitglieder bedeutete. Hinzu kommt für die Wasserrettung noch ein weiterer wesentlicher Faktor, die Herkunft der Akteure. Sie kamen aus dem Schwimmverband und hatten mithin bereits positive Erfahrung mit dieser Organisationsform gewinnen können und brauchten funktionierende Strukturen nur zu kopieren.

Eine flächendeckende Aktivität setzte zudem auch von Anfang an die Gliederung über die bestehenden staatlichen Ebenen voraus. Dadurch, dass ein Ansatz einer Rettungsschwimmausbildung schon in verschiedenen örtlichen Schwimmvereinen entstanden war, existierte ein loser Kreis von über Deutschland verteilten und miteinander in Kontakt stehenden Initiatoren. Diese setzten zeitgleich ihre schon begonnene lokale Ausbildungsarbeit fort und bemühten sich daneben, zu einem nationalen Zusammenschluss zu kommen, der die Rettungsschwimmausbildung unter einem Dach effektiver bündeln und gemeinsame Ausbildungsgrundlagen vorgeben sollte.

Auch hier war die RLSS durchaus ein anspornendes Beispiel, wenn Walter Mang von »… 12 ½ Tausend Zeugnissen, Ehrenurkunden, Medaillen und Auszeichnungen …« sowie einem »… Jahreseinkommen von 40.000 Mk. für ihren edlen Zweck« berichtet. (a. a. O., S. 202)

Dass der Zusammenhang, in den Walter Mang die Entwicklung zu einer eigenständigen Organisation einordnet, dem aufgezeigten Zeitgeist entspricht, wird in einem anderen Zitat deutlich: »Und wie der deutsche Wehrverein (...) zur Stärkung des Reiches gegen Feindesmacht zu Land und zu Wasser begründet worden ist, so soll noch ein großer deutscher Bund zur Wehr gegen die (...) gefahrdrohende Naturmacht des lebensspendenden und zugleich wieder todbringenden Elementes im menschlichen Leben und zur Rettung im Ernstfalle entstehen.« (a. a. O., S. 205)

Umfassende Prävention gegen Ertrinken als Zweck einer selbstständigen gesellschaftlichen Bewegung und Organisationsform mit dem Namen DLRG

In Deutschland waren es neben den küsten- und hochseebezogenen Aktivitäten der DGzRS in der zweiten Hälfte des 19. Jahrhunderts ansonsten zunächst lokale Einzelinitiativen – wie die Wasserrettungsgruppen der Arbeitersamariter in Berlin oder des Roten Kreuzes sowie in größerer Zahl die schon angesprochenen Vorformen zumeist unter dem Dach von Schwimmvereinen wie im Raum Stuttgart, aber auch anderswo –, die spätestens eingangs des 20. Jahrhunderts auch Präventionsarbeit durch Vorformen der Rettungsschwimmausbildung leisteten. Dazu bot die RLSS in England bereits das Beispiel für einen vergleichbaren und nachweislich erfolgreichen nationalen Zusammenschluss, der sich der weit größeren Problematik an den Binnengewässern und Stränden annahm.

Wie bekannt, bedurfte es dann des Auslösers durch einen dramatischen Anlass, dem Unglück am 28. Juli 1912 auf der Seebrücke in Binz auf Rügen, um auch in Deutschland die Kräfte zu bündeln. Das Ereignis hatte zwei generell bekannte, jedoch immer wieder verdrängte und wesentliche Aspekte für eine breitere Öffentlichkeit deutlich und bewusst gemacht:

Aufgrund der mangelhaften Schwimmfähigkeit der Bevölkerung fehlte es zum einen dem Einzelnen in einer derartigen Gefahrensituation an der elementaren Fähigkeit, sich selbst aus dem Wasser zu retten. Wer nicht schwimmen kann, muss bei einem Sturz ins Wasser entweder fremde Hilfe erfahren oder wird ertrinken. Hier galt es, ein leistungsfähiges Ausbildungssystem aufzubauen, das die Menschen schon möglichst frühzeitig an das Schwimmen heranführen würde. Eine Aufgabe, die vor allem den Schulen zukommen sollte (generelle Einführung bis dahin nur in Preußen und partiell Hamburg), denen jedoch weitgehend die Voraussetzungen fehlten. Hinzu kamen institutionelle Strukturen, wie in Teilen die Streitkräfte, wo die Schwimmfähigkeit als Bestandteil der Wehrfähigkeit angesehen wurde.

Zum anderen verhinderte bei diesem großen Unglück an der Ostseeküste lediglich die zufällige Anwesenheit von Marinekräften mit ihren unmittelbar verfügbaren Hilfsmitteln (für den Shuttledienst eingesetzte Boote) einen wesentlich schlimmeren Unfallhergang. Die erfolgreiche Hilfeleistung durch vor Ort befindliche Rettungskräfte hat die Bedeutung der Wasserrettung als Präventions- und Einsatzkomponente verdeutlichen können. Ohne systematische Qualifikation und Ausrüstung von Rettern und ohne die Infrastrukturbasis einer eigenständigen Organisation war eine solche Erkenntnis jedoch nicht in der Fläche umsetzbar.

Auch wenn der Gründungsaufruf der DLRG quasi zunächst eine abgespeckte Aufgabenstellung formuliert (s. u.), gehen die Stellungnahmen einzelner Gründungsinitiatoren sowie die zwischenzeitlich im Deutschen Schwimmer veröffentlichten (Nr. 42, S. 1182) und vorab schriftlich genehmigten (über den Weg und die Beteiligten gibt der Beitrag keine Information) Satzungsparagrafen zum Zweck schon darüber hinaus und bringen in ersten Ansätzen die beiden späteren Kernaspekte des Kampfes gegen den Ertrinkungstod mit der Ausbildung im Schwimmen und Rettungsschwimmen einerseits und dem Einsatz andererseits in einen konsequenten Zusammenhang. Diese Verknüpfung bildet bis heute die Grundlage für ein breites Verständnis der Satzungsaufgabe, worauf später noch einmal genauer einzugehen sein wird.

An dieser Stelle sei deshalb die Aufgabenpalette dargestellt, die Walter Mang in seinem Aufsatz listet (a. a. O., S. 213) und die über den Gründungsaufruf vom 5. Juni 1913 schon deutlich hinausgeht:

> »1. Verbreitung sachgemäßer Fertigkeiten in Rettung und Wiederbelebung Ertrinkender durch Lehrkurse und Ausstellung abgestufter Prüfungsscheine
> 2. Vorbereitung der allgemeinen Einführung des Schulschwimm- und Rettungsunterrichts
> 3. Förderung von Schwimmgelegenheit und aller für Rettungszwecke besonders wichtigen Schwimmfertigkeiten
> 4. Veranstaltung von Vorträgen, Vorführungen, Wettbewerben usw.
> 5. Schaffung und Verteilung von Lehrbüchern, Plakaten, Merkblättern, regelmäßiger Pressedienst
> 6. Errichtung und Erhaltung von Rettungsstationen«

Insbesondere die Forderungen nach Initiierung des Schwimmunterrichts und die Errichtung von Wasserrettungsstationen runden das bis heute prägende Bild der Aufgabenstellungen der DLRG ab.

Obwohl sich die neue Organisation selbstbewusst diesen großen Herausforderungen stellt und sich dabei in diesem Spezialgebiet sogar an Kompetenz den staatlichen Stellen überlegen sieht, zeugt es von Weitsicht, wenn die Strategie einer erfolgreichen Umsetzung dennoch eine breite Vernetzung bei der Bewältigung des Anliegens in den Blick nimmt.

Neben der Kooperation mit staatlichen Strukturen und Behörden, den uniformierten Verbänden, der Gefahrenabwehr, berufsständischen Organisationen, den Sport- und Turnvereinen, einschließlich des Schwimmverbandes und den Jugendorganisationen (insbesondere der Pfadfinderschaft), ist nicht zuletzt auch die Einbindung des gesamten Bildungsbereiches von der Volksschule bis zur Universität vorgesehen.

Wenn die Erwartungshaltung vorherrschte, dass eine solche Vielzahl von Institutionen und Organisationen diesem Themenbereich sehr offen gegenüber stand, bedeutet dies auch gleichzeitig, dass den Initiatoren der Zugang in die jeweiligen Bereiche durchaus machbar erschien.

Vor einer erfolgreichen Zusammenarbeit mit Dritten stand jedoch der Aufbau der eigenen handlungsfähigen Strukturen.

Grundlagen für eine eigenständige Organisationsform und Abnabelung vom Schwimmverband

Im offiziellen Organ des Deutschen Schwimm-Verbandes »Der Deutsche Schwimmer«, Nr. 23 des Jahrgangs 1913 vom 5. Juni, wird auf der ersten Seite unter der bekannten Überschrift »5000 Menschen ertrinken jährlich in Deutschland« zum Beitritt zu einer »Lebensrettungs-Gesellschaft« aufgerufen. Allerdings spricht der Text explizit davon, dass dies »… eine lose Vereinigung werden (soll), die jedoch nur innerhalb des Deutschen Schwimmverbandes besteht …«. Als dieser Vereinigung zugeordnete Aufgaben werden dann lediglich drei aufgezählt:

- »Verbreitung sachgemäßer Fertigkeit in Rettung und Wiederbelebung …
- Veranstaltung von Vorträgen, Vorführungen, …
- Schaffung von billigen Lehrbüchern, Plakaten, …«

Warum wird dann jedoch wenige Monate später, am 19. Oktober in Leipzig eine autonome Struktur gegründet, zudem mit dem erweiterten Aufgabenspektrum? Waren die Aussagen im Juni nur taktisch bestimmt, hat die laufende Diskussion zu neuen Erkenntnissen geführt oder haben sich Rahmenbedingungen verändert?

Ein weiterer Mitinitiator der Gründung, Fritz Peter, schreibt in seiner Biografie: »Ein Leben im Dienste des Schwimmsports«, Stuttgart, ohne Jahresangabe, Seite 8:«… Viele Menschen sind gewiss bereit, anderen zu helfen. Viele sind sicher bereit, sich die nötigen Kenntnisse im Schwimmen und Retten anzueignen, aber sie wollen nicht einem Schwimmverein beitreten, … Wir müssen also eine Organisation schaffen, die Rettungsschwimmer ausbildet, ohne dass diese einem Verein angehören müssen. …«

Fritz Peter

Walter Mang selbst fasst seine eigene Bewertung des deutlichen Abnabelungsprozesses folgendermaßen zusammen: »Es kann sich (…) nicht um einen unerwünschten oder gar ungehörigen Wettbewerb mit den Schwimmvereinen handeln, vielmehr lediglich um eine Aufgabenteilung, insofern die Rettungsgesellschaft die edelste und schwierigste Seite der Schwimmkunst zur längst verdienten allgemeinen Verbreitung bringt …« (a. a. O., S. 215)

In seinem Aufsatz führt er gleich eine ganze Reihe von Begründungen an, die ohne weitere Bewertung ihrer Stichhaltigkeit wie folgt lauten:

- Status: War bis dahin das Rettungsschwimmen in Teilen als Annex in die Wettkampfstruktur des Schwimmverbandes eingebunden, wird dessen Streichung durch den Berliner Verbandstag 1912 durchaus als Bereinigung und Klarstellung betrachtet (… »klare Bahn und reinliche Scheidung …«, W. Mang, a. a. O., S. 205). Einher geht damit bei den wettkampfsportlich ausgerichteten Schwimmvereinen aus seiner Sicht jedoch ein Rückgang des Engagements bei Ausbildung und Training des Rettungsschwimmens, da eben nicht mehr Bestandteil der Wettbewerbe. Eine Kompensation dieser Entwicklung sehen die Initiatoren konsequenter Weise in einer eigenständigen Organisationsstruktur.
- Nachhaltigkeit: Walter Mang befürchtet einen regelmäßigen Abnutzungseffekt für ein Rettungsschwimmangebot in den Schwimmvereinen, weil dort der übergreifende umfassende und unterstützende Rahmen für diese Aufgabe fehlt (a. a. O., S. 208).
- Verbreitung: Aufgrund der Entwicklungen im Verband haben tatsächlich einige Schwimmvereine das Rettungsschwimmen in ihre Satzungen aufgenommen. In Teilen wird ihnen allerdings vorgehalten, diese Aufgabe nur zum Mitgliederfang zu nutzen und nicht tatsächlich und verlässlich umzusetzen. Im Übrigen halten sich aber die Mehrzahl der Schwimmvereine von dieser Aufgabe fern (a. a. O., S. 208).
- Seriosität: Schwimmvereinen wird Vereinsmeierei und ein Charakter als »bloße Sports- oder sogar Vergnügungsvereine« unterstellt, denen indirekt durch die Schaffung der Rettungsorganisation eine Aufwertung des Schwimmens geschaffen wird (a. a. O., S. 216).

Keineswegs verstehen sich die Gründer der DLRG jedoch nach ihren Aussagen als Wettbewerber zum Schwimmverband, dem sie sein Aufgabenfeld vollständig belassen wollen (von der Schwimmausbildung bis zum Wettkampf-Schwimmen). Allerdings hebt die alleinige Frage einer akzeptierten Aufgabenteilung beim Schwimmausbildungsangebot die vollzogene Abnabelung nicht auf. Letztlich mag es auch der schlichte Aspekt verfügbarer Kräfte gewesen sein, die diesen Schritt haben zurückstellen lassen. Erkannt haben sie zudem, dass eine deutliche Ausweitung der Schlagkraft nur mit dem Angebot einer Breitenausbildung in der Bevölkerung zu erzielen sein wird. Diese soll deshalb nicht gleich wieder durch das Nadelöhr einer Vereinsmitgliedschaft eingeschränkt werden.

Die klaren Hinweise auf die vielschichtigen potenziellen institutionellen Partner bei der Ausweitung der Rettungsschwimmausbildung verstärken die Zielsetzung einer möglichst umfassenden Qualifizierung aller schwimmfähigen Bürgerinnen und Bürger.

Das Protokoll der Gründungsversammlung beschreibt im Zusammenhang mit dieser Frage des künftigen Verhältnisses zum Schwimmverband unter dem Tagesordnungspunkt 3 »Satzungen« einleitend die kontroverse Diskussion um ein »statuarisches Vorrecht« für den »Deutschen Schwimm-Verband als Gründer und ersten Träger des Gedankens«. Letztlich wurde ein solches Ansinnen mit der Begründung verworfen, dass für alle Mitglieder gleiche Rechte und Pflichten gelten sollen.

Von der humanitären Bewegung zum Dienstleister für individuelle Bedürfnisse und Interessen

Strukturelle Formen von Mitgliedschaft und Beteiligung in der DLRG

Wie ist denn mit Blick auf die geschilderte Ausgangslage das Grundverständnis der DLRG im Vergleich von damals und heute zu greifen? Die Entwicklung von Struktur und Aufgabenwahrnehmung der DLRG lässt sich sehr gut als ein Dialog zwischen Verbandsphilosophie und Satzungsrecht darstellen.

Mit diesem Aspekt hat sich auch ein Organisationsentwicklungsprozess auseinandergesetzt, den die DLRG zu Beginn des 21. Jahrhunderts angestoßen hatte. Es ging darum, in dem großen, mittlerweile über 90 Jahre dynamisch gewachsenen Verband, der mit seinen rund 2.000 örtlichen und regionalen Gliederungen und ihren abertausenden Verantwortungsträgern zwangsläufig immer die Tendenz zeigt, sich von einer gemeinsamen Mitte zu entfernen, in dem gemeinsamen Prozess den Ausgangspunkt erneut zu bestimmen. Eine wesentliche Frage folgt einer solchen Festlegung jedoch auf dem Fuße: Wie kann die Einhaltung einer Vereinbarung ständig überprüft, wie können Fehlentwicklungen wirksam korrigiert werden, welche Instrumente muss die Satzung in diesem Zusammenhang vorsehen? Über Legislaturperioden hatte die DLRG sich immer schwer getan, wenn es zum Thema eines möglichen Veränderungsbedarfs in den Satzungsstrukturen kam. Schon in einem vorlaufenden Prozess zur Erarbeitung der Leitsätze (Verabschiedung durch die Bundestagung 1995 in Duisburg) hieß es allein wegen des erwarteten Dissenses immer: Darum kümmern wir uns später! Die abschließende Strukturdiskussion konnte und wollte dem Thema deshalb allerdings nicht mehr so ganz ausweichen. Jedoch flossen nach Vorentscheidung des Präsidialrats eine Reihe von Ideen aufgrund ihrer fehlenden Mehrheitsfähigkeit oder Beschlussreife (noch) nicht in die zentralen Anträge zum Strukturprozess ein, die das Präsidium stellvertretend nach Abschluss der breiten Diskussion im Verband in die Bundestagung 2001 in Bad Nenndorf einbrachte.

Bundestagung 2001 in Bad Nenndorf

Für Juristen hatte die gesamte Diskussion bis dahin vor allem eines klargemacht: In einigen Kernfragen zu ihrer Struktur war die DLRG in ihrer Diskussion noch längst nicht so weit, um satzungstechnisch geeignete Lösungsvarianten präsentieren zu können. Es kann aus diesem Grunde kaum verwunderlich sein, dass sich die Bundestagung im Jahr des Jubiläums 2013 erneut mit der Verknüpfung der verschiedenen Verbandsebenen untereinander befassen wird.

Warum konnte die Verbandspolitik die von den Juristen erwarteten Vorgaben nicht liefern?

Die These lautet: Trotz des klaren, unstreitigen Zwecks, trotz der langen Diskussion über ihre Philosophie und ihre Strukturen fehlte es in der DLRG noch immer am letzten Verständnis und vor allem dem Einvernehmen über Ziel und Weg. Dass diese zentralen Fragen jedoch ohnehin immer wieder im Zuge eines sich verändernden Umfeldes neu zu bestimmen sind, zeigt ein Blick zurück in die Verbandsgeschichte.

Die Leitidee der Gründungsphase

Die Gründung der DLRG im Oktober 1913 basierte auf einer zentralen Leitidee. Die Kernaussage formulierten die Initiatoren wie erwähnt am 5. Juni 1913 in Form eines programmatischen Aufrufs. Wie an anderer Stelle bereits ausgeführt, sahen sie den Staat und alle anderen bislang bestehenden Strukturen (u. a. Bildungsinstitutionen und Verbände) in der Lösung des Problems überfordert und eine Selbstverpflichtung des Volks (der Bürger) als gegeben an.

Das DLRG-»Nachrichtenblatt, Der Lebensretter« formuliert die Programmatik im Mai des Jahres 1923 wie folgt: »… Ihre (die DLRG) Tätigkeit steht im Dienste der Menschheit und die scheinbar auf das Wasserrettungswesen begrenzte Aufgabe ist in Wirklichkeit riesengroß: das Endziel ist eine umfassende Organisation des Lebensrettungswesens. Einer für Alle und Alle für Einen! Nach diesem Grundsatz helfe jeder mit am Menschheitswerk der DLRG.«

Eine solche emotionale und trotz allen Vorlaufs dann doch auch impulsive Gründungsphase zu Beginn des letzten Jahrhunderts hatte verglichen mit unseren heutigen Vorstellungen über systematische Entwicklungsprozesse in der Gesellschaft und im Verband sicherlich einen zumindest teilweise eher spontanen und informellen Charakter. Natürlich ist dies auch der Tatsache geschuldet, dass wir hier trotz etablierter Schwimmverbandsstruktur im Hintergrund eine Startphase betrachten, die von einer überschaubaren Anzahl von Initiatoren bewältigt werden musste.

So etwas wie Verfahrensregeln haben die Gründerväter jedoch schon in den ersten Strukturen der DLRG angelegt. Die Initiatoren waren sehr gründlich und sorgfältig. Bereits am Tag der formalen Gründung dokumentiert ein Protokoll die Errichtung einer Satzung. Die ersten Paragrafen zum ursprünglichen Vereinszweck und zur Mitgliedschaftsregelung waren laut diesem Protokoll und Veröffentlichung im Deutschen Schwimmer (Nr. 42, s. o.) schriftlich vorabgestimmt und werden in der vorliegenden Niederschrift deshalb nicht nochmals abgebildet.

Somit enthielt bereits die ersten Satzung von 1913 den Zweck gemäß §2 (Zitat): »Der Zeck der Lebensrettungs-Gesellschaft ist die Verbreitung sachgemäßer Kenntnis und Fertigkeit in Rettung und Wiederbelebung Ertrinkender.«

Als Maßnahmen (Aufgaben) werden dazu gelistet:

»1. Förderung sicherer Schwimmgelegenheiten und alle für Rettungszwecke besonders wichtigen Zweige des Schwimmens
2. Vorbereitung der allgemeinen Einführung des Schulschwimm- und Rettungsunterrichts
3. Veranstaltung von Vorträgen, Vorführungen, Lehrkursen, Prüfungen, Wettbewerben
4. Schaffung von billigen Leitfäden, Plakaten, Flug- und Merkblättern, Lichtbildervorträgen
5. Einrichtung einer Auskunfts- und Prüfungsstelle«

Dieser Gedanke eines deutschen Wasserrettungswesens war – wie beschrieben – mit der Gründung 1913 nicht neu. Die Gesellschaft bildete deshalb gleichzeitig ein Sammelbecken der vereinzelten (meist lokalen) Initiativen, die vor allem in Schwimmvereinen entstanden waren und verband nicht zuletzt durch die Einbindung bzw. Vernetzung anderer gesellschaftlicher Bereiche (s. o.) alles zu einer übergreifenden, nationalen »Bewegung«.

Charakteristisch war dabei der rein altruistische Hintergrund der Beteiligten sowie die gemeinsame ideelle Leitidee. Der Begriff der »Bewegung« beschreibt dieses Gründungsprojekt gut, weil damit Aspekte wie Aufbruch, Weg, Aktivität und Dynamik verbunden sind.

Für die überschaubare Zahl der Einzelmitglieder dieser Anfangszeit ging es überhaupt nicht um die Inanspruchnahme gesicherter Ausbildungs- und Sportangebote, attraktiver Freizeitbetätigungen im Umfeld von Strand und Wassersport oder den sozialen Kontakten in Vereinsstrukturen. Dies hätten ihnen ihre Schwimmvereine, aus denen sie eben kamen, zweifellos schon geboten. Von der Ortsgruppe Stuttgart wissen wir, dass sie 1913 neben gerade 20 Einzelmitgliedern vor allem die örtlichen Schwimmvereine als juristische Personen zu Mitgliedern hatte. Zu Beginn, aber auch in der Wiedergründungsphase nach dem Ersten Weltkrieg und dem wirtschaftlichen Zusammenbruch in den 20er-Jahren waren praktisch alle natürlichen Mitglieder Aktive, die sich in die Vereinsorganisation bzw. Ausbildungs-, Aufklärungs- und Rettungsarbeit eingebracht haben.

Zum Gründungszeitpunkt sehen die Initiatoren keinen Bedarf für eine betonte Eigenständigkeit von lokalen und regionalen Vereinsstrukturen oder eine differenzierte Zuordnung der Mitgliedschaft. Die DLRG wächst als ein Verband der Mitglieder, ein Großverein; ihr besonderes Strukturmerkmal bis heute.

§ 13 der Gründungssatzung lautet infolgedessen: »Die Mitglieder können zu Unter-(Orts-Provinzial-Landes-)Verbänden zusammentreten, deren Genehmigung dem Vorstande der Gesellschaft untersteht. Die diesen Verbänden beitretenden neuen Mitglieder werden dadurch zugleich Mitglieder der Lebensrettungsgesellschaft.«

Der Bedarf und die Entwicklung lokaler Strukturen ergab sich sozusagen beiläufig oder automatisch, weil die Organisation der Ausbildung oder (später) des Wasserrettungsdienstes zwangsläufig an Personen und Orte geknüpft war, die Kristallisationspunkte bildeten und weil diese Form der Aufgabenteilung sich in anderen Zusammenhängen bereits bewährt hatte. Die Mitgliedschaft betraf dagegen gewollt die »Bewegung«, die DLRG als Ganzes, die auch die Arbeitsbedingungen (Regelungen zur Ausbildung und Prüfung) zentral vorgab.

Aufgrund der Entstehung der DLRG aus vorwiegend Schwimmvereinen und wegen der Intention einer breiten gesellschaftlichen Beteiligung bestand die Mitgliedschaft zu einem guten Teil aus juristischen Vereinigungen – daher die entsprechende, bis heute durchgängig beibehaltene Klausel zur Mitgliedschaft.

Die Aufnahme erfolgte dann mit der Satzung von 1929 durch die Bezirksleitung, in deren Arbeitsgebiet der Antragsteller seinen Wohnsitz hat. Vermutlich eine Folge des Wachstums der Organisation und einer notwendigen Aufgabenteilung.

Eine erste formale Eintragung erfolgt am 26. August 1914 in das Dresdner Vereinsregister Nr. 276, Reg. Akt. Bl. 15 b, wo die DLRG ihren ersten Geschäftssitz hatte. Im Juni 1925 wird dann Berlin als neuer Sitz notiert (Beschluss der Hauptversammlung vom 10. Januar des Jahres). Der Registereintrag wird ab dann beim AG Berlin-Schöneberg weitergeführt.

Die Organe der DLRG waren in der Anfangsphase der Vorstand, der die Gesellschaft national führte, heute Präsidium genannt, die Hauptversammlung, der gesetzgebende Gewalt zukam, heute Bundestagung, und dem Hauptvorstand, zunächst als der Ausschuss (im Zuge der Gründung zunächst direkt gewählte Personen), später als Hauptvorstand bezeichnet, mit den Vertretern der Landesverbände, heute Präsidialrat.

Die Gesellschaft gliederte sich in Landesverbände (ab 1925 durchgängig), die keine eigene Rechtsfähigkeit besaßen, aber sich selbstständig verwalteten, sich dabei allerdings an die Satzung der nationalen Gesellschaft und die Beschlüsse ihrer Versammlungen zu halten hatten. Der Hauptvorstand konnte jederzeit Einblick in die Geschäftsführung der Landesverbände und Bezirke nehmen.

Die weitere Gliederungsebene bildeten die Bezirke. Ohne nähere Ausgestaltung der Satzung hatten die Mitglieder in den Versammlungen der Bezirke eine Stimme, in den

Landesverbänden und in der Jahreshauptversammlung die Vertreter der Bezirke bzw. der Landesverbände Stimmrecht nach einem von dem Hauptvorstand aus der Mitgliederzahl zu errechnenden Schlüssel.

Die Höhe der Jahresbeiträge setzte die Jahreshauptversammlung national fest. Bei der anfänglichen zentralen Anbindung der Mitglieder verblieben 40 Prozent des Beitrags im nationalen Topf, 40 Prozent gingen an den Ortsverband und die restlichen 20 Prozent standen den Landes-/Provinzialverbänden zu (Satzung von 1922). Die Beiträge wurden nach 1929 dann von den Bezirken eingezogen. Die Bezirke durften jetzt 50 Prozent für sich und ihre Ortsgruppen behalten und mussten 40 Prozent an die Landesverbände und 10 Prozent an den Hauptvorstand abführen.

In der nationalsozialistischen Zeit (Satzung von 1933) bestimmt schließlich der DLRG-Führer die Höhe der Beiträge und ihre Verteilung auf die Gliederungen. Die Beitrag erhebende Stelle bleibt aber der Bezirk.

Wiederaufbau nach dem Zweiten Weltkrieg

Zwar hatten der Erste Weltkrieg und erneut die wirtschaftliche Rezession und Inflation jeweils zu einem fast vollständigen Einbruch des Entwicklungsprozesses der DLRG geführt. Dennoch gelingt es, vermutlich mit heute kaum mehr nachvollziehbaren Mühen, an das vorher Erreichte anzuknüpfen und die Arbeit wieder fortzusetzen. Dabei dürfte mit entscheidend gewesen sein, dass wir über die Frühphase der Entwicklung reden und somit über noch überschaubare Strukturen. Andererseits zeugt die Bereitschaft auch vieler staatlicher Institutionen, diese Wiederaufbauphase aktiv zu unterstützen, von einer allseitigen gesellschaftlichen Akzeptanz dieser Initiative.

Aus der unmittelbaren Phase nach dem Zweiten Weltkrieg liegen uns Protokolle verschiedener Gremien der »DLRG-Arbeitsgemeinschaft für die vereinigten Zonen« vor (Vorstand, Hauptausschuss und Haupttagung). In den Wirren dieser Zeit galt die erste Sorge, überhaupt eine Genehmigung zur Wiederaufnahme der Arbeit auf der Landesebene zu erhalten. Sie wurde übergreifend organisiert und koordiniert in dieser Arbeitsgemeinschaft. In einem Bericht des damaligen (die Geschäfte führenden) Vizepräsidenten Adolf Philippi wird aber die unmittelbare Fortsetzung des ursprünglichen Grundverständnisses der Arbeit deutlich:

»... So dürfen wir trotz wirtschaftlicher Nöte feststellen, dass die Gliederungen unserer DLRG in ihrem Kameradenkreise den frischen Geist unseres Bundes lebendig erhalten und zu eifrigem Wirken zum Besten der DLRG anregen konnten. Auf solchem Boden kann und muss unsere, dem Dienste des nächsten geweihte Gemeinschaft trotz aller Nöte und Anfechtungen wachsen und gedeihen.«

Unmittelbar nach der Wiederzulassung und Wiederaufnahme der Arbeit in einigen Landesverbänden hat sich schon spätestens 1947 (uns liegt nur ein Verweis auf eine Haupttagung vom Oktober des Jahres vor) dieser übergreifende Zusammenschluss reorganisiert.

Größere Schwierigkeiten sind aufgrund des Vier-Mächte-Status vor allem in Berlin zu überwinden, aber schließlich zahlt sich auch hier die Hartnäckigkeit aus und es entsteht ein neuer Landesverband.

Im Bereich der DDR bleibt der Wiederaufbau der DLRG versagt. Erst mit der Wiedervereinigung ergibt sich die Chance eines Neuanfangs in den östlichen Bundesländern.

Die aus den Protokollen der Wiederanlaufphase nach dem Krieg erkennbaren Tagesgeschäfte (Material, Prüfungsordnung etc.) zeigen deutlich, dass die Kompetenzen- und Aufgabenteilung unstreitig unverändert weitergeführt wird.

Zur Sicherung einer Fortführung der Satzungsaufgabe besteht in dieser Phase sogar die letzlich verworfene Bereitschaft, sich auf die ursprüngliche Ausgangssituation zu besinnen und sich mit den verbliebenen Strukturen des Schwimmverbandes in einer »Interessengemeinschaft Schwimmen und Retten« zusammenzuschließen, die folgende Programmatik haben sollte: Ausbildung der Schwimmwarte und Lehrer, Werbeaktionen – auch bei Behörden, Schulen und Öffentlichkeit, Anfängerschwimmunterricht, Aktion zum Bäderbau. Eine Aufgabenteilung legte die Federführung beim Schwimmen in die Hände des Deutschen Schwimmverbandes e.V., beim Retten in die Hände der Deutschen Lebens-Rettungs-Gesellschaft e. V.

Im Gegensatz zu diesem Kooperationsansatz im Sinne des oben beschriebenen Bewegungsgedankens stand die Auseinandersetzung mit dem Roten Kreuz (Wasserwacht) um die Fortführung der Arbeit in Bayern, nachdem es Ende der 30er-Jahre noch eine enge Kooperationsvereinbarung gegeben hatte. Dies darf durchaus als deutlicher Ausdruck eigenständigen und wiedererstarkten Verbandsbewusstseins der DLRG nach dem Krieg gewertet werden, wenn hier um Macht und Kompetenz gekämpft wird. Dem Ansinnen einer Aufnahme der Gründungsinitiative einer schleswig-holsteinischen Wasserwacht verweigert sich die AG und stärkt damit unmittelbar dem bereits wiedergegründeten DLRG-Landesverband den Rücken.

Die Wiedergründung nach dem Krieg führt die klassische Dreiteilung der Organe für alle Ebenen fort. Das jetzt als Präsidium bezeichnete Organ leitet die DLRG. Daneben gibt es einen Hauptausschuss (heute Präsidialrat) mit »gesetzgebender« Gewalt (ohne freilich die Kompetenzen genau zu bezeichnen) und die Bundestagung, die das Präsidium wählt und entlastet, auf Vorschlag des Hauptausschusses die Kosten der Prüfungen, die Mindestbeiträge und ihre Verteilung sowie die Preise für das DLRG-Material festlegt.

Die DLRG gliedert sich in Landesverbände, Bezirke, Kreis- und Ortsgruppen. Die Bezirke werden von den Landesverbänden, die Kreis- und Ortsgruppen von den Bezirken eingerichtet und sind diesen unterstellt. Die Landesverbandsleitungen verwalten ihre Untergliederungen selbstständig und verantwortlich im Rahmen der Satzungen der Gesellschaft, einschließlich der dazu erlassenen Ausführungsbestimmungen und der vom Präsidium und Hauptausschuss gegebenen Anordnungen. Die Satzungen der Landesverbände sind entsprechend den Satzungen der Gesellschaft aufzustellen und müssen den Genehmigungsvermerk des Präsidiums aufweisen. Die Bezirksleiter hatten alljährlich bis zum 15. Februar an die Landesverbände, die Landesverbände wiederum bis zum 31. März eines Jahres an das Präsidium zu berichten und Abschlüsse einzureichen, anderenfalls waren sie auf der Haupttagung formal nicht stimmberechtigt.

Die Kompetenz des Präsidiums ging so weit, dass im Einvernehmen mit dem Hauptausschuss die Landesverbandsleiter und deren Mitarbeiter aus wichtigem Grund abberufen werden konnten. Der Satzungszweck und die Ausrichtung der DLRG wird feiner formuliert (Zitat): »Die DLRG ist eine selbstständige, gemeinnützige Einrichtung. Sie bekämpft den Ertrinkungstod. Ihre Aufgabe ist die Verbreitung sachgemäßer Kenntnis und Fertigkeit im Retten Ertrinkender und in der Wiederbelebung sowie die Pflege und Vertiefung des Rettungsgedankens allgemein.«

Als zusätzliche Aufgabe wird erstmals das Erteilen von Anfangsschwimmunterricht erwähnt, obwohl zumindest für einzelne örtliche Gliederungen (z. B. Stuttgart, F. Peter, s. o. Biografie) schon quasi von Anfang an als regelmäßige Aufgabe existent.

Die Dynamik der »Wirtschaftswunder-Zeit«

Ein erstes größeres Revirement in die Richtung einer modernen Satzungsform gab es erst Jahre später, am 21. Mai 1953, indem der noch heute gültige Wortlaut des Satzungszwecks aufgenommen wurde: Aufgabe der DLRG ist ausschließlich und unmittelbar die Schaffung und Förderung aller Maßnahmen und Einrichtungen, die der Bekämpfung des Ertrinkungstodes dienen, u. a. des Unterrichts im Anfangs- und Rettungsschwimmen und die Durchführung des Rettungswachdienstes. Die Organe heißen jetzt Präsidium, Präsidialrat, Bundestagung und neu eingeführt: der Ehrenrat (Verbandsgerichtsbarkeit, heute Schieds- und Ehrengericht).

Wie heute entschied der Präsidialrat über alle Aufgaben und Arbeitsgebiete, die nicht der Bundestagung vorbehalten waren. Die DLRG gliederte sich nicht mehr zwangsläufig in Bezirke sowie Kreis- und Ortsgruppen. Die Kompetenz zur Festlegung einer sachgerechten Struktur lag vielmehr in der Verantwortung jedes einzelnen Landesverbandes. Sicherlich ist aber davon auszugehen, dass die gewachsenen Strukturen im Wesentlichen erhalten blieben. Zum ersten Mal wird die Individualität der Landesverbände anerkannt, indem diese »ihrer Eigenart entsprechend eigene Satzungen im Einklang mit dieser Satzung aufstellen«, die allerdings weiterhin der Genehmigung durch das Präsidium bedürfen.

Besonders markante Entwicklungen, die auch zu Veränderungen der Struktur und Satzung geführt haben, gab es ab den 60er-Jahren.

Ihre größten Mitgliedersprünge weist die Statistik im Zeitraum von den 50er- bis zu den 80er-Jahren aus. 1950 bis 1960 wächst die DLRG um 110.000 Mitglieder. Zwischen 1960 und 1970 erneut um 110.000 und von 1970 bis 1980 noch einmal um 220.000 Mitglieder (also von 28.000 1950 auf 475.000 1980)!

Was begründet das unglaubliche Wachstum und was passiert in dieser fast erschreckend dynamischen Zeit mit dem Verband? Faktoren für das Wachstum lassen sich vorwiegend aus einer Veränderung von wichtigen Infrastrukturbedingungen sowie der Entwicklung der Angebote durch den Verband herleiten. Im Rahmen des ersten Symposiums »Schwimmen« (2001) hat Prof. F. Roskam die Entwicklung der Bäderlandschaft in Deutschland aufgezeigt. Im Zeitraum von 1955 bis 1985 wächst die Zahl der Hallenbäder in Deutschland sprunghaft von 198 auf rund 3.000! Eine Folge des nationalen Sportstättenprogramms »Goldener Plan« (1959). Damit verändert sich die Arbeitsbasis der DLRG nachhaltig positiv.

Durch diesen Katalysator-Effekt entstehen überall neue Gliederungen und diese können in erheblich erweitertem Umfang ihrem Ausbildungsauftrag nachgehen. Die Ausbildungszahlen dieser Jahre weisen laut der DLRG-Chronik »Humanität und Sport« zwischen 400.000 und 900.000 Schwimmausbildungen und um die 100.000 Rettungsschwimmausbildungen pro Jahr aus. Zahlen, die sich erst in den 80er-Jahren wieder zurückentwickeln (Vergleich 2000: 200.000/50.000).

In dieser Zeit entstehen zudem zwei neue große Angebotsbereiche, die sich in den Folgejahren schnell flächendeckend durchsetzen: die Jugendarbeit und der Rettungssport (Retten als Wettkampfsport). Neben den erheblich verbreiterten Ausbildungsaktivitäten, die mit Sicherheit wesentliche Basis der Mitgliedergewinnung waren, bilden diese beiden neuen Angebote einen attraktiven Zugangsanreiz über die Ausbildung und die Prüfungen hinaus sowie einen hohen, nachhaltigen Bindungsfaktor im Kindes- und Jugendalter. Die Mitgliederstruktur der DLRG verändert sich. Bis heute zählt sie sowohl im Bereich der Hilfs- als auch der Sportorganisationen zu den Verbänden mit dem höchsten Anteil an Kindern und Jugendlichen.

Mit der Entwicklung verändert sich zwangsläufig der Charakter der Gliederungen. Sie werden verstärkt zu Dienstleistungszentren ihrer Mitglieder sowie durch offene Kursangebote auch für Dritte. Neben dem altruistischen Ansatz der humanitären »Bewegung« tritt nun deutlich der egoistisch ausgerichtete Ansatz individueller Bedürfnis- und Interessenbefriedigung. Die Gliederungen und ihre Funktionsträger geraten darüber zwangsläufig in einen Prioritäts- und Interessenkonflikt. Die sukzessive veränderte Rolle der Vereine als Dienstleister und Zentrum der Bündelung von Mitglieder- und Nutzerinteressen und sozialer Rahmen für Kommunikation und Interaktion überlagern teilweise sogar das zentrale Anliegen der »Bewegung«.

Mit der Satzungsänderung 1966 erhält der Satzungszweck das Gesicht, an dem bis heute lediglich kosmetische Änderungen vorgenommen worden sind. Der Überschrift des § 6 der Satzung 1966 sowie aus dessen Inhalt ist das Erstarken und die Individualisierung der Landesverbände gegenüber dem Präsidium zu entnehmen. Die Überschrift lautet: Verhältnis Präsidium – Landesverbände. Das Wort Verhältnis deutet auf zwei unterschiedliche Partner mit unterschiedlicher Interessenlage hin. Nach wie vor müssen zwar die Satzungen der Landesverbände mit der Bundessatzung in Einklang stehen, sie bedürfen aber jetzt der Zustimmung des Präsidiums (vorher Genehmigung). Interessant ist folgende Formulierung: Die Landesverbände halten sich an diese Satzung gebunden und verpflichten sich, die dem Präsidium zukommenden Rechte einzuräumen. Diese Formulierung gilt bis 1977.

Die Vorkommnisse und Entwicklungen, die zu dieser Formulierung geführt haben könnten, bleiben natürlich spekulativ. Es drängt sich allerdings auf, dass sie im Zusammenhang mit der erläuterten Verbandsentwicklung stehen und ein gewachsenes Selbstverständnis der Untergliederungen widerspiegeln. Da die Rechte eines Organs üblicherweise in der Satzung bestimmt werden, ist das Einräumen von Rechten durch eine Untergliederung zumindest recht eigenartig. Die gewählte Formulierung lässt einerseits auf Interessengegensätze schließen, zeugt andererseits aber auch von Akzeptanz des Organs Präsidium.

Neu ist, dass die Landesverbände eigene Rechtsfähigkeit erwerben können. Diese Strukturentwicklung wird in der folgenden Zeit dann auch fast durchgängig auf die unteren Ebenen übertragen.

Mitgliedschaft und Autonomiestreben

Die Mitgliedschaft in der DLRG wurde seit jeher in der örtlichen Gliederung wahrgenommen, unabhängig von der Frage, welche Ebene für die Aufnahme zuständig war.

Die Mitgliedschaft im Gesamtverband, die individuelle Ausübung der entsprechenden Rechte in seiner örtlichen Gliederung und die Vertretung in den überörtlichen Gliederungen durch Delegierte sind Eckpfeiler der Organisation, die alle Wandlungen und Veränderungen unbeschadet über Jahrzehnte überstanden haben. Betrachtet man die Entwicklung der Mitgliedschafts- und der Gliederungsvorschriften über den gesamten Zeitraum des Bestehens der DLRG, so lautet das Fazit, dass die DLRG immer ein Gesamtverein und ein Verein der Mitglieder gewesen ist und auch unter der Satzung von 1998 zur Zeit des Organisationsentwicklungsprozesses (intern auch Strukturprozess genannt) noch ist.

Der Gründungsansatz von 1913 hat sehr viel mit den damaligen Überlegungen des Strukturprozesses gemein, der ja ebenfalls alle Handlungsstrategien, Aufgaben und Strukturen auf eine zentrale Leitidee zurückführte und damit den Gedanken einer nationalen Bewegung gegen das Ertrinken praktisch wiederbelebt.

Die von der Bundestagung 2001 beschlossene Leitidee »Die jährliche Zahl der Ertrinkungstoten in Deutschland wird bis zum Jahr 2020 halbiert«, knüpft inhaltlich unmittelbar an den ursprünglichen Aufruf (»5.000 Menschen ertrinken jährlich in Deutschland!«) an.

Dagegen können wir andererseits unterstellen, dass die seit den 60er-Jahren aufgezeigte Entwicklung der Gliederungen und ihrer Interessen zu mehr Autonomie, Egozentrik und Mitgliederorientierung weiter deutlich zugenommen hat. Hinzu kommen die gewachsene Größe der Vereine, die damit einhergehende Verantwortung für diese Gliederungen und das mit der Führung einer solchen rechtlich selbstständigen Einheit automatisch verknüpfte Selbstbewusstsein. Der allgemeine gesellschaftliche Trend zur Individualisierung, Selbstverwirklichung, Priorisierung eigener Interessen, Materialismus und sinkendes Wertebewusstsein forcierten dies zudem. Selbstverständlich verstärkten neue rechtliche Rahmenbedingungen die Bedeutung des e.V.-Status in der DLRG weiter, genauso, wie die verschärften steuerrechtlichen Anforderungen. Außerdem nehmen mit dem Wachstum der Gliederungen ihre Aktivitäten erhebliche Umfänge an, die sich natürlich auch finanziell auswirken. All dies bedingte eine autonomere und selbstständigere Rolle der einzelnen Gliederungen im Gesamtsystem.

Auswirkungen des Strukturprozesses im Übergang zum 21. Jahrhundert

Die Vorstellung, eine Satzungsstrukturveränderung könnte den beschriebenen, mit dem Grad der Selbstständigkeit wachsenden Rollen- und Interessenkonflikt in Gliederungen und Verband auflösen, muss als Überforderung derartiger formaler Anpassungen angesehen werden. Wie der Prozess nachgewiesen hat, waren über die verbandsweite Diskussion bestenfalls stringentere Regeln zu vereinbaren, um das Neben- und Miteinander dieser Interessengegensätze besser zu steuern. Problembewusstsein und Handlungsdruck hatte spätestens die gescheiterte Durchsetzung eines Pflichtbezugs des Verbandsorgans »Delphin« erzeugt. Der Faktor der Konfliktregelungsfähigkeit stellt zwar im Falle eskalierter Auseinandersetzungen ein rechtlich einsetzbares Instrument dar, bildet aber kaum den entscheidenden Ansatz und die richtige und ausschließliche Entscheidungsbasis für sich von Zeit zu Zeit entwickelnde Strukturprobleme.

Satzungsrechtlich wäre nahezu jede Regelung möglich. Wie schon angerissen, wird sich auch die Bundestagung 2013 erneut mit dem Thema einer rechtlich engeren Verknüpfung der Gliederungsebenen untereinander befassen. Dort soll erstmals über eine Form eines ergänzenden Mitgliedsstatus der Landesverbände beim Bundesverband beschlossen werden, ohne dass die bisherige unmittelbare Anbindung der Mitglieder an den Gesamtverband verlassen würde und eine Struktur eines Verbandes der Verbände impliziert wäre.

Die Probleme, die es für die DLRG im Spannungsfeld zwischen Verbandsphilosophie und Strukturen zu lösen gilt, waren und sind in erster Linie verbandspolitischer Natur und erst in zweiter Linie juristisch zu beantworten. Die DLRG könnte wohl kaum ihr spezifisches Profil und ihren typischen Charakter beibehalten, wenn die Satzung die aufgezeigte Entwicklung von einer »Bewegung« zum »Sammelbecken vergleichbarer Interessen« nachvollziehen würde. So ist es vielleicht 1966 versucht worden, jedoch hat sich die Untauglichkeit dieses Ansatzes bezogen auf die Gesamtaufgabe des Verbandes erwiesen.

Die Fortsetzung der Idee der »Bewegung« mit einer von allen Gliederungsebenen und Mitgliedern getragenen Vision (Satzungszweck/Leitidee) – als die (eine) unverwechselbare, nach außen und innen als Einheit identifizierbare DLRG – bleibt das über nun 100 Jahre bestehende Erfolgsrezept und damit auch die Grundlage jeder strukturellen Regelung.

Die bisherige Gesamtvereinsstruktur hat über diese lange Zeit – mal besser, mal schlechter – gehalten und ausgehalten, und zwar aufgrund der nachfolgenden Klammern, die die Jahrzehnte, immer wieder in Nuancen geändert und angepasst, aber im Kern doch gleichbleibend und dem Ziel der »Bewegung« verhaftet überdauert haben:

- Mitgliedschaft in der DLRG (zeitgleich auf allen Ebenen),
- Rechteausübung in der örtlichen Gliederung,
- Vertretung in den überörtlichen Gliederungen durch Delegierte,
- Hauptversammlung/Bundestagung als oberstes Organ der Mitgliedervertretung
- Einvernehmen zu Satzungszweck und Leitidee,
- Erfordernis der Übereinstimmung der DLRG-Satzungen,
- Bindung der Landesverbände und Untergliederungen an die Bundessatzung,
- Verpflichtung der Untergliederungen zur satzungsgemäßen Aufgabenerfüllung,
- solidarische Grundfinanzierung der DLRG durch Beiträge und Abführung von Beitragsanteilen,
- einheitliche Ordnungen wie Prüfungsordnungen usw.

Auslöser der gesamten Strukturdiskussion mit dem ausgehenden 20. Jahrhundert war zwar letztlich der in Zusammenhang mit der fehlgeschlagenen Umsetzung des »Delphinbeschlusses« (Konflikt um den verbindlicher Bezug der Verbandszeitschrift für alle Mitglieder) entstandene (scheinbar) kurzfristige Regelungsbedarf. Tatsächlich sind es jedoch vor allem die vielschichtigen dynamischen Veränderungsprozesse im Verband, unabhängig, ob durch interne Entwicklungen bedingt, oder von gesellschaftlichen oder politischen Veränderungen getrieben, die unregelmäßig Handlungsbedarf zwangsläufig entstehen lassen. Da jedoch aufzuzeigen ist, dass die Satzungsstrukturlösung nur oberflächliche Kosmetik bedeutet, müssen immer wieder notwendige grundlegende Vereinbarungen und Festlegungen vorab auf einer höheren Regelungsebene erfolgen und sich die Satzungsstruktur diesen – soweit überhaupt nötig – im Nachgang anpassen.

Die DLRG als moderne Hilfsorganisationen im Spannungsfeld zwischen Idealen und Ökonomie

Wenn die moderne Rolle der DLRG im jüngeren gesellschaftlichen Umfeld zu beschreiben ist, bedarf es einer Typisierung bestimmter Grundstrukturen in der modernen gesellschaftlichen Aufgabenteilung. Hieraus kann dann die Rolle der DLRG abgeleitet und beschrieben werden.

Heute ist sie als arriviertes Mitglied im Kreis der fünf großen deutschen Hilfsorganisationen neben ASB, DRK, MHD und JUH anerkannt, die Teil des gesellschaftlichen Bereiches sind, der oft mit den Bezeichnungen »Dritter Sektor« oder auch »Non-Profit-Sektor« belegt wird. Sie fügen sich damit idealtypisch in das anfangs beschriebene, historisch gewachsene und bedeutende sozial-humanitäre Feld unseres Gemeinwesens ein.

Soziale Dienstleistungen auf ideeller Grundlage

Der dritte Sektor ist eingebunden in das Bedingungsgefüge zwischen politischem System (Staat, erster Sektor), ökonomischen System (Markt, zweiter Sektor) und dem sozio-kulturellen System (Familie, Gesellschaft). Letzteres bildet quasi auch den Gesamtrahmen für alle anderen vorgenannten Systeme.

Die modernen Organisationen und Einrichtungen des dritten Sektors sind vor allem in den Bereichen Kultur, soziale Wohlfahrt, Bildung, Forschung und internationale (Entwicklungs-)Hilfe aktiv. Ihnen ist insbesondere gemein, dass sie aus eigenem Antrieb, freiwillig und subsidiär öffentliche, (z. T.) gesetzlich vorgeschriebene soziale Aufgaben wahrnehmen, bzw. soziale Aktivitäten abdecken, bei denen zum Nachteil betroffener Mitbürger Angebots- oder Leistungsdefizite bestehen.

Bezugspunkt für die jeweiligen spezifischen Ziele und Aufgaben ist insofern der Mensch mit seinen sozialen Bedürfnissen. Konzentriert zuallererst auf diejenigen, die schwach und hilfsbedürftig sind oder lebensnotwendige Leistungen auf dem freien Markt aus wirtschaftlichen Gründen nicht erwerben können oder die sich in einer sonstigen Notsituation befinden, etwa rettungsdienstliche Hilfe brauchen. Die Leitideen bestimmen sich dabei sowohl nach den besonderen Inhalten des selbst gestellten Auftrags jeder Hilfsorganisation als auch nach ihrer Differenzierung nach weltanschaulichen oder religiösen Motiven und Antrieben.

Für die DLRG kommt daneben die Spezialisierung auf den Bereich der Wasserrettung hinzu, die ihr auch das unverwechselbare Profil gibt, während die anderen Akteure ein erheblich breiteres Aufgabenspektrum abdecken.

Den dritten Sektor kennzeichnen drei Prinzipien:

1. Subsidiarität als Vorrang privaten, bürgerschaftlichen Engagements gegenüber Leistungen der öffentlichen Hand bei der Erstellung sozialer Dienstleistungen,
2. Autonomie und Selbstverwaltung als Steuerungs- und Organisationsgrundlage der Arbeit und damit Unabhängigkeit von staatlicher Lenkung,
3. Gemeinnützigkeit/Gemeinwirtschaft als Handlungsmaxime und Absicherung nicht primär gewinn- und individualinteressenorientierten Handelns. Dies bedeutet Vorrang der sozial-humanitären Aufgaben vor wirtschaftlichen Interessen.

Ein weiteres gemeinsames Merkmal des dritten Sektors, allerdings in unterschiedlicher Ausprägung, ist das Ehrenamt, heute in der Fachdiskussion zumeist durch den Begriff »Bürgerliches Engagement« ersetzt. Die altruistische Bereitschaft und das Interesse zum Helfen, das Bekenntnis bürgerschaftlicher Verpflichtung, aber auch die Erfahrung sozialer Anerkennung sind nach wie vor wirksame Motive für die Gewinnung, Mitwirkung und Bindung ehrenamtlicher Kräfte. Ehrenamtlichkeit ist somit für den dritten Sektor sowohl eine adäquate Arbeitsweise vor dem Hintergrund seiner ideellen Ziele als auch die Möglichkeit, die spezifischen sozialen Dienstleistungen unter günstigen ökonomischen Bedingungen für die Zwecke/Kunden zu erbringen.

Für die DLRG bleibt dieses Merkmal bis heute konstitutiv und prägt immer noch über alle Ebenen die Arbeitsorganisation und Kultur des Verbandes. Weitergehender als bei anderen Hilfsorganisationen verbleibt der Einsatz hauptberuflicher Kräfte immer noch nur den Bereichen, die aus unterschiedlichen Gründen nicht ehrenamtlich besetzt werden können, oder wo es um die Grundsicherung der Strukturen als Basis der Verbandsarbeit geht.

Eine Abkehr von der »reinen« Lehre deutet sich jedoch immer stärker bei der Frage der Unentgeltlichkeit an. Zwar lauten die Beschlüsse der DLRG-Gremien auch in Zeiten, wo der Gesetzgeber eine Ehrenamtspauschale für Vorstandmitglieder nicht nur gesellschaftsfähig gemacht hat, sondern auch steuerlich begünstigt, immer noch gegen eine Inanspruchnahme dieser Option, jedoch brechen die früher festgefügten Reihen allmählich auf.

Seit vielen Jahren nutzen DLRG-Gliederungen bereits die Möglichkeit der Übungsleiterentgelte, wobei zweitrangig ist, dass diese häufig rückgespendet werden, also de facto nur der Steuervorteil der Spende genutzt wird. Dennoch entsteht auf diese Weise ein geldwerter Vorteil für die Betroffenen, der sie von anderen Aktiven abhebt. Gleiches gilt im Grunde für die eingesetzten Kräfte im Zentralen Wasserrettungsdienst Küste (ZWRD-K). Auch wenn bei den absoluten Beträgen niemand nur im Entferntesten an eine Bereicherung der Betroffenen denken mag, erhalten diese über die Erstattung tatsächlichen Aufwands (Reisekosten, Unterkunft, Verpflegung) einen Gegenwert für jeden Einsatztag und sind damit ebenfalls besser gestellt als andere Helfer in der DLRG. Soweit also der Staat von sich aus die Tore zu weiteren Regelungen öffnet, darf es nicht verwundern, wenn auch die DLRG-Gliederungen erwarten, diese offiziell legitimierten und öffentlich als positive Optionen verkauften staatlichen Geschenke ebenfalls in Anspruch nehmen zu können. Gleichermaßen verschwimmt so immer weiter die Grenze zwischen freiwilligem Engagement und Erwerbsarbeit.

All diese Kriterien finden sich in unterschiedlicher Ausprägung bei den o. g. fünf privaten Organisationen, die mit ihren tradierten Strukturen ihre Wurzeln in zwei Fällen bereits in vorindustrieller Zeit (Orden) bzw. die anderen im Zuge der beschriebenen Entwicklung des dritten Sektors gegen Ende des letzten/Anfang dieses Jahrhunderts nachweisen können. Ihre Basis fußt auf sozial-humanitären Überzeugungen, auch wenn sich die praktische Arbeit durchaus differenziert darstellt und damit letztlich auch individuelle Verbandsprofile begründet.

Strukturbesonderheiten des dritten Sektors

Struktur und Rechtsform der Hilfsorganisationen sind trotz individueller Ausprägungen zumindest im Kern vergleichbar. Sie sind bundesweit tätige und dem Grunde nach auch flächendeckend präsente Verbände, die formalrechtlich strukturiert sind – als organisatorisch unabhängige, private Vereine mit (unterschiedlich) begrenzter, hierarchischer Verknüpfung und Durchgriffsrecht zwischen ihren Gliederungsebenen. Ihr Aufbau ist angepasst an staatliche bzw. kirchliche Gliederungsformen, ein Nachweis für die bestehenden Verknüpfungen.

Arbeitsweise und Entscheidungswege sind typischerweise demokratisch, partizipatorisch und prozessual orientiert. Damit passen ihre Strukturen und Arbeitsverfahren zu ehrenamtlichen und freiwilligen Führungs- und Arbeitsweisen.

Ziele und Aufgaben der Hilfsorganisationen sind auf Dauer angelegt. Sie entsprechen damit dem Prinzip der Nachhaltigkeit und sind nicht überwiegend auf zeitlich begrenzte Projektaktivitäten konzentriert, die sich aber als ein Arbeitsverfahren u. a. dennoch wiederfinden. Neben einer verbindlichen Absicherung und Bewältigung von Aufgaben und Zielen steht so korrespondierend auch der dauerhafte Erhalt der strukturellen Grundlagen als Verpflichtung im Raum.

Diese Rahmenbedingungen zeigen einen möglichen Konflikt auf, wenn – wie wissenschaftliche Erkenntnisse der jüngeren Zeit aufzeigen – sich die ehrenamtlich Beteiligten zunehmend für kürzere Zeiten verpflichten wollen.

Ein besonderer Bereich, der eine Langfristigkeit widerspiegelt, ist die systematische Jugend- und Nachwuchsarbeit der Hilfsorganisationen. Sie führen junge Bevölkerungsteile an die humanitären Aufgaben heran, bilden damit neue ehrenamtliche Personalpotenziale und stellen im Sinne der Sozialisation positive gesellschaftliche Lern- und Entwicklungsfelder dar.

Der Aspekt altruistisch, nicht vor dem Hintergrund von Individual- und Eigeninteressen zu handeln, bringt Vorteile für die Gesellschaft insgesamt, für Staat, Wirtschaft und die einzelnen Bürger.

Ob diese Feststellung jedoch generell tragfähig ist, muss spätestens aufgrund des Jugendprojekts der DLRG-Jugend ausgangs der 80er-Jahre teilweise bezweifelt werden. Die wissenschaftliche Untersuchung über Motivation und Hintergrund der jugendlichen Mitglieder im Verband deutet vordergründig auf wesentliche individuelle Interessenlagen hin. Gemeinsame (altersgerechte und attraktive) Aktivitäten und Kommunikation mit Gleichaltrigen bilden neben sportlichem Engagement in Training und Wettkampf mehr als gleichwertige Anreize (Karriere, Aktion ...).

Hilfsorganisationen im Spagat zwischen Sozialeinrichtung und Dienstleister

Der dritte Sektor im Allgemeinen und die hier angesprochenen Hilfsorganisationen im Besonderen weisen die oben beschriebenen Charakteristika auf, die sie von den anderen beiden Sektoren Staat und Markt unterscheiden. Dennoch verbleiben Überschneidungen, scheinbare Widersprüche und Konfliktfelder.

So steht die Unabhängigkeit des zivilgesellschaftlich eingebetteten Vereinswesens in einem möglichen Gegensatz zu seiner Funktion als sozialstaatlicher Dienstleister qua eigener Festlegung. Der Einsatz für sozial Benachteiligte und ihre Interessen oder für eine spezifische humanitäre Aufgabe machen die Hilfsorganisationen zu Lobbyisten in der notwendigen Kooperation mit dem Staat. Dennoch ermöglicht ihnen gerade ihre auf Freiwilligkeit und Selbstverwaltung basierende Struktur, aber auch ihre Größe, flächendeckende Vernetzung und tradierte Etablierung, die erforderliche Distanz und Unabhängigkeit zu halten.

Eine weitere aktuelle Diskussion befasst sich mit der Frage der Abgrenzung von der postindustriellen Selbst- und Fremdhilfebewegung (Initiativbewegungen). Hier liegt die Differenzierung vorrangig im Prinzip der Nachhaltigkeit und der Breitenwirkung sowie den dazu unabdingbaren festen organisatorischen und strukturellen Voraussetzungen begründet.

Zunehmend müssen sich die Hilfsorganisationen zudem auf dem freien Markt der erwerbswirtschaftlichen Konkurrenz stellen. Bekannte Beispiele sind der Pflegebereich sowie Rettungsdienst und Krankentransport, jedoch – zumindest bereits im europäischen Umfeld – punktuell auch der Wasserrettungsdienst. Da sich durch verändernde gesetzliche Rahmenbedingungen und politische Zielsetzungen die Erwartungen an Leistungen, Einstellungen und Verhalten der Verbände in Richtung Marktkonformität entwickeln, verändert sich in Teilen auch das Profil und die Strukturen der Hilfsorganisationen.

Ein Beispiel, an dem sich die Entwicklung hin zu einem sozialen Dienstleister für die DLRG besonders gut aufzeigen lässt, ist der ZWRD-K. Die Bündelung dieses Einsatzdienstes in eine Gesamtstruktur erhöht die Handlungsfähigkeit gegenüber den Kurverwaltungen und bei der Disposition der bundesweit generierten Einsatzkräfte. Gleichzeitig lassen sich so Angebotsformen entwickeln, die den Erwartungen der Partner, Verantwortung auszugliedern, entgegenkommen. Der Trend geht zu den sogenannten »Full-Service-Verträgen«, wo die DLRG nicht mehr nur die qualifizierten Einsatzkräfte stellt, sondern Rettungsmittel und Betriebsmittel zusätzlich mitbringt. Da hier vertraglich Rechtsverpflichtungen (Verkehrssicherungspflichten) von (kommerziellen) Betreibern übernommen werden, müssen sich diese speziellen Angebote zwangsläufig wirtschaftlich rechnen lassen.

Der zentrale Wasserrettungsdienst Küste

Zur wirtschaftlichen Effizienz verpflichtet

Klassische Finanzierungsgrundlagen der Hilfsorganisationen sind der Mix von Beiträgen, Spenden, Sponsoring, öffentlichen Mitteln und Leistungsentgelten.

Entgegen vielfacher Auffassung ist eine institutionelle Förderung als Existenzbasis kein Charakteristikum der Hilfsorganisationen, die Finanzierung aus öffentlichen Mitteln ist nicht dominant, für die DLRG fast ausnahmslos über alle Ebenen sogar zu vernachlässigen.

Allerdings zwingt selbst die punktuelle Verwendung öffentlicher Mittel, die häufig als Projekt-Fehlbedarfsfinanzierung fließen, die Spielregeln der öffentlichen Hand auf (durch Zuwendungen und deren Nebenbestimmungen vorgegeben). Dazu zählen Subsidiaritätsprinzip, Haushaltsjährlichkeit (keine freie Übertragbarkeit der Mittel), kameralistisches Prinzip, formale Antrags- und Verwendungsnachweisverfahren.

Der Status der Gemeinnützigkeit der Hilfsorganisationen basiert auf dem zentralen Stellenwert ihrer ideellen, humanitären Ziele. Typische Produkte ihrer sozialen Leistungspalette sind: soziale Einstellungen, Ideen, Konzepte, immaterielle Produkte und Dienstleistungen. Ihr Handeln richtet sich daran aus und eifert nicht vordergründig marktwirtschaftlichen Prinzipien nach. Dennoch sind eine Reihe ihrer Aktivitäten zweifellos als Betätigungen am Markt zu charakterisieren. Eine Tatsache, die sowohl daraus resultiert, dass gewerbliche Unternehmen plötzlich bestimmte, in der Regel aus ihrer Sicht lukrative Arbeitsbereiche für sich entdecken (s.o.) und damit dieser offene Markt erst entsteht, als auch aufgrund nationaler und europäischer gesetzlicher Neuregelungen, die bestimmte Aktivitäten entsprechend typisieren.

Die Hilfsorganisationen treten allerdings gemäß Satzungsauftrag nur in dem Rahmen auf dem Markt auf, wo sie so Aufgaben ihrer sozialen Dienstleistungen oder Unterstützungs-/Betreuungsangebote für benachteiligte/betroffene Bevölkerungsgruppen erfüllen. Sie erbringen diese Angebote oft auch unabhängig von deren Wirtschaftlichkeit und für wirtschaftlich Schwache in unserer Gesellschaft, im Bedarfsfall unterhalb des Marktpreises und sichern die Beschäftigung von Personen mit unterdurchschnittlicher Qualifikation oder Produktivität. Basis des Handelns ist vorrangig die ideelle Mission. Dagegen hat der Aspekt wirtschaftlicher Gewinne/Überschüsse nur zweite Priorität, und ein Ertrag wird im Erfolgsfall ohnehin wieder in die humanitäre Aufgabe reinvestiert.

Von der DLRG erst verhältnismäßig spät – auf Initiative ihres Präsidenten Dr. Klaus Wilkens – systematisch erschlossen worden, ist der Aufbau eines dauerhaften Förderstamms. Lange Zeit wurde das mit der Frage des internen Wettbewerbs um Spender verbundene Problem zentraler, professioneller Ansprache und Betreuung, bei gleichzeitiger flächendeckender finanzieller Beteiligung der DLRG-Gliederungen als nicht lösbar angesehen.

Die Folge war im Vergleich zur Verbandsgröße und -bekanntheit nur ein geringes Volumen von Spontanspenden auf allen Ebenen. Erst eine sehr erfolgreiche Initiative Mitte der 90er-Jahre hat die DLRG hier an den Stand anderer gemeinnütziger Organisationen herangeführt. Im Jubiläumsjahr kann sich die DLRG auf rund 650.000 Förderer bei der Finanzierung ihrer humanitären Aufgabe verlassen.

Auch diese ideell geprägten Finanziers (Mitglieder, Spender, Stifter) erwarten berechtigterweise von den Hilfsorganisationen eine sachgerechte und ökonomische Verwendung der von ihnen zur Verfügung gestellten finanziMittel. Obwohl die Hilfsorganisationen auch deshalb heute die Kosten- und Leistungseffizienz ihrer Tätigkeiten unter kaufmännischen Gesichtspunkten betrachten und organisieren, entscheiden sie sich spätestens bei einer Gefährdung der sozialen Bedürfnisse ihrer Kunden für diese und gegen die reine Wirtschaftlichkeit. Sie garantieren im Übrigen auch Flächendeckung in ihren Leistungen außerhalb von Ballungsgebieten, treten in Angebotslücken ein, wo mangels Wirtschaftlichkeit die privaten Unternehmen keine Verantwortung übernehmen wollen oder können und vernetzen ihre Potenziale aufgabenübergreifend (Rettungsdienst/Katastrophenschutz). Dass sich gesamtgesellschaftlich betrachtet aus diesem System ein ganz erheblicher sozialer Nutzen ergibt, lässt sich wegen der nur bedingten Evaluierbarkeit nur schwer nachweisen.

Die DLRG – Anpassung ohne Profilverlust?

Im Verlauf ihrer Geschichte war die DLRG aus eigenem Antrieb und aufgrund der vielschichtigen äußeren Einflüsse diversen Veränderungsprozessen, ja sogar harten Zäsuren unterworfen.

Eine ganz wichtige, jedoch auch sehr differenziert zu betrachtende Zäsur, die Gleichschaltung des Verbandes im Dritten Reich, war wegen seiner Komplexität nicht Gegenstand dieses Aufsatzes. Unabhängig von der zweifelsfrei frühen und recht widerstandslosen Annäherung an das Regime, die dort zu beklagende personelle Verflechtung von DLRG-Funktionsträgern mit dem nationalsozialistischen Apparat auf allen Ebenen, eine konsequente Umstellung der Strukturen auf das sogenannte »Führerprinzip« sowie die Aufnahme von dessen Gedankengut in Schrift und Handeln des Verbandes, kümmerte sich die DLRG im Kern weiterhin um dass, was sie als ihre ureigene Verpflichtung ansah und ansieht, der Prävention gegen den Ertrinkungstod.

In gewisser Weise instrumentalisierte die DLRG die nationalsozialistischen Strukturen umgekehrt für ihre Ziele. Wehrmacht und »Kraft durch Freude« wurden zu den effektivsten Ausbildungsplattformen für das Rettungsschwimmen. Natürlich kann ein solcher Faktor nicht ansatzweise für eine Rechtfertigung herhalten.

Deshalb muss es vermessen klingen, in einer historischen Zeit, die von der Ermordung und dem kriegsbedingten Tod von vielen Millionen Menschen geprägt ist, derart (in diesem Zusammenhang) profane Antriebe in den Blickpunkt zu rücken. Unter dem zeitgenössischen Blickpunkt sahen die für die DLRG handelnden Personen nach wie vor den selbst gestellten Auftrag zur Ausbildung der Bevölkerung im Rettungsschwimmen weiter als zentrale Aufgabe an.

Der Blick auf die Geschichte der DLRG hat insgesamt deutlich gemacht, dass sich ein klarer inhaltlicher Bogen von den Überlegungen und Antrieben der Gründer der DLRG bis hin zur modernen Rolle als sozialer Dienstleister bei der Prävention gegen das Ertrinken spannt. Dabei stellt sich der Verband strukturell flexibel auf und verändert sich bei Bedarf, ohne jedoch bestimmte Grundprinzipien, z. B. hinsichtlich der Mitgliedschaft oder der Durchgängigkeit, von Kernbereichen der Satzung aufzugeben. Seine Einbindung in das gesellschaftliche Umfeld entspricht der jeweiligen zeitgeschichtlichen Tendenz, was natürlich für den Zeitraum des Nationalsozialismus höchst kritisch und verwerflich war.

Der aktuelle Status und die bestehende Verbandsstruktur knüpfen immer noch an die Vorstellungen der Gründungsinitiative an und lösen die eigentlich unveränderten Aufgaben mit den gegebenen Mitteln der Zeit.

Martin Janssen

100 Jahre
Öffentlichkeitsarbeit

I. Die Öffentlichkeitsarbeit der ersten Jahrzehnte

Die Entstehung der Deutschen Lebens-Rettungs-Gesellschaft (DLRG) und die Verwendung des Begriffs Öffentlichkeitsarbeit (seit 1917), der im Weiteren als Entsprechung für Public Relations verwendet wird, fallen beide in das zweite Jahrzehnt des 20. Jahrhunderts. Prof. Dr. Günter Bentele, Lehrstuhlinhaber für Öffentlichkeitsarbeit/PR an der Universität Leipzig, datiert die ersten Presseabteilungen und die Entstehung des Berufszweiges auf die Zeit bis 1918.

Bereits im Aufruf zur Gründung der DLRG, am 5. Juni 1913, und auch in ihrer ersten Satzung finden sich Elemente der Öffentlichkeitsarbeit, mit denen die Gründer die Menschen bewegen wollten, das Rettungsschwimmen zu erlernen. Das Ziel des Aufrufs lautete: Retten lernen. Die 13 Unterzeichner waren allesamt Mitglieder im Deutschen Schwimm-Verband (DSV). Sie wussten, dass in jener Zeit im Deutschen Reich mit seinen 65 Millionen Einwohnern etwa 5.000 Menschen pro Jahr ertranken und auch nur wenige schwimmen konnten. Der Gründungsaufruf in der illustrierten Wochenschrift »Der deutsche Schwimmer«, dem offiziellen Organ des Deutschen Schwimm-Verbandes, bestimmte zunächst als Zielgruppe die Mitglieder und Vereine des DSV. »Die Lebensrettungs-Gesellschaft soll eine lose Vereinigung werden, die jedoch nur innerhalb des Deutschen Schwimmverbandes besteht …«, heißt es im weiteren Textverlauf. In den Punkten zwei und drei werden auch öffentlichkeitswirksame Aufgaben wie die Veranstaltung von Vorträgen, Vorführungen, Wettbewerben und die Einrichtung einer Auskunftsstelle (u. a.) sowie die Schaffung von billigen Plakaten, Merkblättern und Lichtbildern (u. a.) aufgeführt. Aber bereits in der Ausgabe 42 des Jahres 1913, also noch vor dem Gründungskongress in Leipzig, ändern die Initiatoren die Zielgruppe. Auf Seite 1182 des offiziellen DSV-Organs heißt es unter der Überschrift »Von der Deutschen Lebensrettungs-Gesellschaft« in §4: »Mitglieder des Vereins können alle unbeschränkt geschäftsfähigen natürlichen Personen beiderlei Geschlechts werden, ferner Behörden, Körperschaften, Vereine, sonstige Personenvereinigungen, Gesellschaften und Firmen, soweit sie selber Rechtsfähigkeit haben, sonst deren Einzelmitglieder, vertreten durch ihre satzungsmäßig oder besonders bestimmten Vertreter.« Die DLRG öffnete sich für alle.

DLRG-Adler: Entwurf von Walter Brunner 1914   Erstes Logo von 1914

In den Jahren 1913 und 1914 erscheinen in »Der deutsche Schwimmer« mehrere Beiträge über die DLRG. Autoren sind der zweite Geschäftsführer der DLRG nach Walter Bunner, Emil Günther, und Fritz Peter aus Cannstatt. Der Gründungsaufruf stammt aus der Feder von Walter Bunner, ebenso der erste Entwurf des DLRG-Adleremblems im Jahr 1914.

Die Öffentlichkeitsarbeit hatte bereits in der Gründungszeit erhebliche Bedeutung. Dass sie indirekt Eingang in die Satzung gefunden hat, ist wahrscheinlich dem Umstand geschuldet, dass Walter Bunner und Walter Mang zu den engagierten Persönlichkeiten bei der Gründung der DLRG gehörten. Bunner war zur damaligen Zeit zuständig für die Werbung des Deutschen Schwimm-Verbandes, Mang arbeitete als Journalist. Beide hatten also einen Zugang zur Öffentlichkeitsarbeit.

Erst nach der Gründung veröffentlichte die DLRG einen ausführlichen Aufruf zur Mitgliedschaft, der von 48 Persönlichkeiten aus Politik, Wissenschaft, Industrie, Wirtschaft und Sport unterschrieben worden war und sich an alle Deutschen, insbesondere die jungen, aber auch an amtliche und private Korporationen sowie Anstalten mit der Bitte um Beitritt wendete. Wie beim kurzen Gründungsaufruf vom 5. Juni 1913 lautete auch bei diesem Text die Überschrift »5.000 Menschen ertrinken jährlich in Deutschland!«. Diese Langfassung wird in Verbindung mit den 48 namhaften Unterzeichnern in zahlreichen Veröffentlichungen der DLRG fälschlicherweise als der eigentliche Gründungsaufruf bezeichnet.

Am Nürnberger Pulversee fand am 6. Juni 1913 ein Schau- und internes Wettschwimmen statt.[1] Unter Veranstaltungspunkt 13 wurde eine Rettungsschwimm-Demonstration vorgeführt. Fritz Peter hielt bereits im Sommer 1913 Rettungsschwimmkurse in Cannstatt ab. 21 Teilnehmer unterzogen sich im August des Jahres einer Prüfung. Die an die Absolventen ausgegebenen Urkunden trugen die Überschrift: Deutsche Lebens-Rettungs-Gesellschaft. Auf eine einzige Ankündigung in einer lokalen Zeitung hatten sich 34 Interessenten zu dem Prüfungskurs angemeldet, der in einer Flussbadeanstalt stattfand.

In der Gründungsphase konzentrierten sich die Werbung und Öffentlichkeitsarbeit auf die Ansprache von Personen, die mit dem Schwimmen und der Rettung von Menschenleben zu tun hatten, um freiwillige Mitarbeiter zu gewinnen. Ärzten, die geeignet waren, wurde prüfungsfrei der Lehrschein – die Lizenz zur Abnahme von Prüfungen – verliehen, Rettungswarte des DSV sowie Lehrer der Schwimmvereine wurden Ansprechpartner der »Gesellschaft«. Walter Bunner, erster Geschäftsführer der DLRG, gehörte dem Vorstand der Zentralstelle für das Rettungswesen an Küsten- und Binnengewässern mit Sitz in Berlin an. Die preußische Zentralstelle unterstützte die Deutsche Lebens-Rettungs-Gesellschaft mit 50 Nothelferbüchern sowie 100 Rettungstafeln.[2]

---

[1] Stoltze, Werner, 1913 gegründet … Chronik der DLRG, September 2011, unveröffentlichtes Manuskript, Seite 41
[2] ders. Seite 49

1914 entstanden – oft initiiert von den Gründungsmitgliedern – lokale DLRG-Gruppen, so in Hamburg, Hannover, Hildesheim, Stuttgart, Dresden, Berlin, u.a. Auch am Ort des Seebrückenunglücks in Binz auf Rügen formierten sich die Lebensretter, wie ein Foto aus dem Jahr 1914 belegt.[3] Mit dem Ausbruch des Ersten Weltkrieges wird die Aufbauarbeit unterbrochen und auch die Kommunikationsarbeit der Lebensretter kommt weitgehend zum Erliegen.

Geschäftsführer Emil Günther startete 1919 eine Werbereise durch Deutschland. Im Rheinland fanden sich Männer zur Mitarbeit bereit. In seinem Bayernurlaub gründete er zusammen mit Otto Schleyer die Ortsgruppe Straubing. An vielen Orten entstanden neue DLRG-Gliederungen. Bei Schwimmwettkämpfen und Schwimmfesten gehörten Vorführungen im Rettungsschwimmen zum Werbeprogramm. Die »Schau« der Rettungsschwimm-Demonstrationen war oft recht »volkstümlich«.[4]

Zur Bekämpfung der hohen Ertrinkungszahlen wurde amtlich so gut wie nichts unternommen. Das Reichsversicherungsamt brachte deshalb den Bestrebungen der Deutschen Lebens-Rettungs-Gesellschaft das größte Interesse entgegen und unterstützte sie.[5]

Das Gründungsmitglied Walter Mang berichtete im »Lebensretter« 11/1960 von seiner Initiative beim Leiter der Unterhaltungsabteilung der Universal Film AG (UFA), Dr. Zürn, die eine neue Sparte im neu entstehenden Medium Film, den Kulturfilm, herausgegeben hat. Es entstand ein Wochenschaufilm. Sein Inhalt war die Rettung Ertrinkender. Er wurde gedreht in der Saukuhle, einem einsam gelegenen Teich an der Stadtgrenze Charlottenburgs. »Dieser gut gelungene Kulturfilm fand bald weite Verbreitung (in den Kinos), geriet aber später in Vergessenheit. Er stammt aus dem Jahr 1920 und ist das erste filmische Zeugnis über die Arbeit der DLRG.«[6] Der Film ist aber weder im Archiv der UFA noch in anderen Filmarchiven auffindbar.

Adler mit DLRG-Wortmarke auf Titel des ersten Lebensretters von 1923

---

[3] Stoltze, Werner, 1913 gegründet … Chronik der DLRG, September 2011, unveröffentlichtes Manuskript, Seite 51
[4] ders. Seite 55
[5] ders. Seite 56

Im Mai 1922 veranstaltete die DLRG einen ersten Kongress des Schwimmrettungswesens in Bonn. Er hatte auch das Ziel, der deutschen Öffentlichkeit die DLRG-Arbeit vorzustellen. Der Kongresserfolg verhinderte jedoch nicht, dass inflationsbedingt die Arbeit der DLRG auf Reichsebene nahezu zum Erliegen kam. Die Geschäftsstelle in Dresden war nicht mehr in der Lage, die immens gestiegenen Kosten für Porto und Unterhalt sowie die laufenden Geschäfte zu tragen.

Trotz der katastrophalen Finanzlage erschien im Mai 1923 die erste Ausgabe der späteren Verbandszeitschrift »Der Lebensretter«. Es bleibt aber bei dieser Erstausgabe. Ein Exemplar mit einem Umfang von vier Seiten im Format DIN A5 kostete 150 Reichsmark zuzüglich der Versandkosten. Kaum jemand war damals in der Lage, diese Preise zu bezahlen. Erst 1947 greift der Landesverband Niedersachsen den Titel auf und begründet die Tradition eines Verbandsorgans unter diesem Namen.

Veröffentlichungen der DLRG und Berichten über den Verband erfolgen nach wie vor im Verbandsorgan des DSV, denn die personellen und verbandspolitischen Verbindungen zwischen dem Schwimmverband und der DLRG sind weiter sehr eng.

Am 15. März 1925 findet im Berliner Rathaus eine außerordentliche Hauptversammlung der DLRG statt. Die Lebensretter nehmen ihre Arbeit nach Überwindung des inflationsbedingten Stillstandes wieder auf. Erster Schirmherr der DLRG wird der Staatssekretär a.D. Dr. Theodor Lewald. Zum ersten Vorsitzenden wählt die Versammlung Georg Hax. Fünf Leitsätze im neuen Programm führen zu einer Politisierung der Verbandsarbeit: 1. Für alle Schulen verbindlicher Schulschwimmunterricht. 2. Heranbildung von Schwimmlehrern. 3. Gewinnung aller Studenten für die Gedanken der DLRG. 4. Schaffung zweckmäßiger Bade- und Schwimmgelegenheiten für Schulen und Allgemeinheit. 5. Gründliche Ausbildung der Lehrerschaft im Schwimm- und Rettungswesen.

§1 der Satzung von 1925 legt eine neue Schreibweise des Verbandsnamens fest: Deutsche Lebens-Rettungs-Gesellschaft. In der Satzung erscheint die Wortmarke D.L.R.G., damals noch mit Punkten hinter den Buchstaben geschrieben. In den umfangreichen Ausführungsbestimmungen wird auf die Worttrennung im Verbandsnamen verwiesen, damit die Abkürzung ersichtlich wird.

Gustav Putzke, Sportredakteur der Berliner Morgenpost, und Bruno Mau werden 1925 zu Geschäftsführern gewählt. Putzke organisierte im Namen der Zeitung Schwimm- und Rettungsschwimmlehrgänge, die bei der Bevölkerung sehr beliebt waren.

---

[6] Stoltze, Werner, 1913 gegründet ... Chronik der DLRG, September 2011, unveröffentlichtes Manuskript, Seite 56

Die Satzung von 1925 sagt in den Ausführungsbestimmungen zu §4, Nr. 2 zur Lobbyarbeit: »Die Bezirke haben die Aufgabe, in enge Verbindung mit den Schulen, der Schutzpolizei und dem Heer zu treten, um das Rettungswerk auf eine möglichst breite Grundlage stellen zu können. Weitere Zusammenarbeit mit den Verbänden und Vereinigungen, die keinerlei politische oder religiöse Sonderbestrebungen verfolgen, ist anzustreben.«[7]

Die Lobbyarbeit bekommt nach 1925 einen hohen Stellenwert. In der Folge findet die DLRG Unterstützung durch Reichs-, Staats-, Provinzial- und Gemeindebehörden, Reichswehr und Reichsmarine, Polizei, Schulen, die preußische und die deutsche Hochschule für Leibesübungen, den Deutschen Reichsausschuss für Leibesübungen, die Berufsgenossenschaften, das Deutsche Rote Kreuz, die Feuerwehren, die Sportverbände und andere.

In den 1920er-Jahren erreichte die Presselandschaft nach Bentele mit über 4.000 Titeln ihre größte Verbreitung bis zum heutigen Tag. Georg Hax berichtete 1938 über das Verhältnis der DLRG zur Presse: »Die Presse tat, das sei hier ganz besonders festgehalten, für die Gesellschaft (gemeint ist die DLRG), gern und jederzeit fördernd das ihrige.«[8]

Während aus der Zeit zwischen 1925 und dem Ende des Zweiten Weltkrieges zahlreiche Pressebeiträge über die DLRG bekannt sind und sich in den DLRG-Archiven finden, existieren keine Originale von Presseinformationen der DLRG aus jener Zeit mehr.

Das Gründungsmitglied Fritz Peter, Stuttgart, erhält 1925 die Gelegenheit, über das neue Medium Hörfunk einen Vortrag über »Schwimmen und Retten« zu halten.

Die Lobbyarbeit trägt weitere Früchte: Der Kampf gegen den nassen Tod muss in das Arbeitsprogramm der Kommunen aufgenommen werden, der Deutsche Städtebund empfiehlt die Unterstützung der DLRG und zahlreiche Städte erwarben die korporative DLRG-Mitgliedschaft.[9] Mit der Westdeutschen Binnenschifffahrts-Berufsgenossenschaft entwickelte sich eine enge Zusammenarbeit. 1925 erschien eine Broschüre, in der auf die Rettungsschwimmausbildung in zahlreichen deutschen Städten hingewiesen wird. Allein in der Stromschiffer-Schule legten 18 Stromschiffer die Rettungsschwimmprüfung ab.[10]

Die Bedeutung der DLRG nimmt in den Folgejahren weiter zu. Als Ganzes schließen sich die Reichswehr, Polizei und der Feuerwehrverband im Jahre 1928 der DLRG an. Die DLRG-Arbeit in den Landesverbänden wird auf eine volkstümliche Öffentlichkeitsarbeit konzentriert und die Jahreshauptversammlungen der Landesverbände haben nach dem Vorbild der Reichstagungen in Dessau und Mannheim eine starke öffentlichkeitswirksame Ausprägung.

---

[7] Stoltze, Werner, 1913 gegründet … Chronik der DLRG, September 2011, unveröffentlichtes Manuskript, Seite 71
[8] ders. Seite 72
[9] ders. Seite 85
[10] ders. Seite 87

II. Von der Öffentlichkeitsarbeit zur Propaganda der NSDAP

Franz Breithaupt, seit 1925 zweiter Vorsitzender der DLRG, referierte auf der Reichstagung 1929 in Würzburg über das Thema »Die DLRG – eine Volkssache« und Prof. Karl Broßmer hielt einen Vortrag über »Führung und Führer in der DLRG«. Obwohl diese beiden Themen scheinbar spätere Entwicklungen vorwegzunehmen schienen, beherrschten doch ideelle, humanitäre und moralische Fragen sowie Fachvorträge von Medizinern, Hochschullehrern und Pädagogen die Tagung.[11] Von einer nationalsozialistischen Einflussnahme auf die DLRG-Arbeit ist 1929 aber noch nicht auszugehen.

In der 1929 gültigen Satzung von 1925, § 3, heißt es: »Aufgabe der Deutschen Lebens-Rettungs-Gesellschaft (DLRG) ist die Verbreitung sachgemäßer Kenntnis und Fertigkeit im Retten Ertrinkender und deren Wiederbelebung, sowie die Pflege und Vertiefung des Rettungsgedankens im Allgemeinen.«

§ 3 der Satzung von 1933 hingegen lautet: »Die D.L.R.G. ist eine selbständige, nationale, gemeinnützige Wohlfahrts-Einrichtung zur Erhaltung und Stärkung der deutschen Volkskraft und Wehrfähigkeit. Sie bekämpft den Ertrinkungstod.«[12] Es folgen gleichlautende Ausführungen aus der Satzung von 1925 (s. o.). Weiter heißt es dann im § 3: »Sie wirkt im Sinne einer wahren Volksgemeinschaft und arbeitet im Geiste des nationalsozialistischen Volksstaates.«

Während der DLRG-Vorsitzende (ab 1933 DLRG-Führer) Georg Hax noch 1932 die DLRG als unpolitisch bezeichnete, bekannte sich der stellvertretende Führer Franz Breithaupt zum Nationalsozialismus.

Offiziell wird die DLRG im September 1933 gleichgeschaltet. Sie untersteht dem Reichssportführer Hans von Tschammer und Osten und ist im Fachverband V für Schwimmen des Deutschen Reichsbunds für Leibesübungen eingegliedert: Das Führerprinzip (§ 5 der Satzung) und der »Arierparagraph« (§ 18 der

Erstes Farblogo im Handbuch Rettungsschwimmen

---
[11] Stoltze, Werner, 1913 gegründet … Chronik der DLRG, September 2011, unveröffentlichtes Manuskript, Seite 98
[12] ders. Seite 98

Satzung) hätten eigentlich erst ab dem Zeitraum der Gleichschaltung Anwendung finden müssen. Ihre Anordnung bereits im Frühjahr 1933 zeigt deutlich, dass eine Mehrheit in der DLRG-Führung hinter dem Nationalsozialismus steht.[13] Diese Einstellung findet sich in § 3 der Satzung wieder (s. o.). Er ist ein Bekenntnis der DLRG-Führung zum nationalsozialistischen Staat.

Die allgemeine Sprache der DLRG in ihren Veröffentlichungen in »Der Schwimmer« und später den »Mitteilungen der Deutschen Lebens-Rettungs-Gemeinschaft« hat sich der nationalsozialistischen Propagandasprache angepasst. In einem Sonderdruck der DLRG aus »Der Schwimmer«, Nr. 47/1935 heißt es: »Die DLRG und in ihr die Lehrscheininhaber können dann das Recht für sich in Anspruch nehmen, im Sinne Adolf Hitlers an der allgemeinen Volksgesundung mitgewirkt zu haben, indem man die Volksgenossen vor dem Tode des Ertrinkens bewahrt und den Lieben daheim und unserem Vaterlande erhalten hat.«

Im Sonderdruck Nr. 49/1935 über »Führertum und Rettungsschwimmen« ist zu lesen: »Wir müssen durch das Rettungsschwimmen das stahlharte Geschlecht schaffen, das den Schwierigkeiten des Lebens unbeugsam entgegentritt und mit eigener Kraft sie meistert, den Typ, der sich jederzeit mit allen seinen Kräften und allem Können für eine selbstgestellte Aufgabe einsetzt und damit der aktive Träger wird auch der politischen Zukunft unseres Staates. Rettungsschwimmen ist mehr als sportliche Leibesübung. Rettungsschwimmen ist die Krone allen körperlichen Könnens.«

In Nr. 51/1935 über »Schwimmen und Rettungsschwimmen als notwendiges Rüstzeug im Wehrsport« wirbt die DLRG für sich bei den uniformierten Verbänden.

»Kämpfer der DLRG« – unter dieser Überschrift schreibt der Referent im Führerbeirat der DLRG, Karl Löhr, Mitglied der NSDAP, der SA und des Nationalsozialistischen Lehrerbundes, im Sonderdruck aus »Der Schwimmer«, Nr. 12 von 1936: »Die DLRG kämpft um die Erhaltung und Stärkung der Volkskraft und Wehrfähigkeit. Diese wertvolle Arbeit für Volk und Vaterland bedingt die selbstverständliche Zusammenarbeit mit der NSDAP, die ja die gleichen Ziele verfolgt. Die Partei arbeitet Hand in Hand mit der DLRG und unterstützt ihre Bestrebungen tatkräftig.«

Die nationalsozialistische Presse beurteilt die DLRG positiv. So titelt das Nationalblatt am 11./12. Juli 1936 über eine große Werbeveranstaltung der DLRG: »Generalangriff im Moseltal gegen den nassen Tod«. In einer Zwischenzeile wird die DLRG als eine segensreiche Einrichtung bezeichnet. Militärische und euphemistische Begriffe sind fester Bestandteil der Sprache im Nationalsozialismus.

---

[13] Stoltze, Werner, 1913 gegründet ... Chronik der DLRG, September 2011, unveröffentlichtes Manuskript, Seite 41

Die Deutsche Lebens-Rettungs-Gesellschaft überschreibt den Sonderdruck-Beitrag aus »Der Schwimmer«, Nr. 49/1936 mit »Das DLRG-Werk – eine nationale Tat«. Die Forderungen, die an den Einzelnen gestellt werden, die als das Einigende zwischen Sport und DLRG bezeichnet werden, sind: Mut, Entschlossenheit, Willenskraft Ausdauer, Einsatzbereitschaft, Selbstzucht, Genauigkeit, Pflichtgefühl, Freiwilligkeit, Wehrhaftigkeit und Gemeinschaftssinn. Von einem Rettungsschwimmer wird darüber hinaus noch Selbstlosigkeit, Hingabe und Aufopferungswille erwartet.

Aufgabe und Arbeit der DLRG nutzen die Nationalsozialisten für ihre Propaganda. Die Rettung von Volksgenossen vor dem Ertrinken ist Nationalsozialismus der Tat.

1938 wird die DLRG in Deutsche Lebens-Rettungs-Gemeinschaft umbenannt. Der Begriff Gemeinschaft entspricht den Grundsätzen der nationalsozialistischen Propaganda. Der Begriff Volksgemeinschaft ist ein Leitmotiv der NS-Ideologie.

Zwei Monate nach Kriegsbeginn veröffentlicht die Deutsche Lebens-Rettungs-Gemeinschaft einen weiteren Sonderdruck aus »Der Schwimmer« (Nr. 41/1939) mit der Überschrift: »Wir wollen helfen!« Adressiert ist er an die Kameraden der Front und der Heimat. Der Text beginnt mit folgenden Sätzen: »Mehr als zwei Monate sind vergangen seit dem Tage, an dem der Führer das deutsche Volk aufrief, einem größenwahnsinnig gewordenen Raubstaat zu zeigen, daß sich über 80 Millionen gleichausgerichteter, auf ihre Kraft vertrauender deutscher Menschen sich und ihren Führer nicht ungestraft herausfordern lassen. Gestrichen ist der polnische Staat des Versailler Vertrages für immer aus der Karte Europas.« Der mit »Heil Hitler!« endende Text wurde unterzeichnet von Georg Hax, DLRG.-Führer, Franz Breithaupt, stellvertr. DLRG.-Führer, SS-Brigadeführer, und Gustav Putzke, DLRG.-Pressewart. Es ist davon auszugehen, dass Franz Breithaupt der Initiator des Textes ist.

Weiteres Farblogo im Kleinen Handbuch

Mit fortschreitender Kriegsdauer bestimmen zunehmend Durchhalteparolen auch die Publikationen der DLRG. »Die DLRG – Mitteilungen der Deutschen Lebens-Rettungs-Gemeinschaft«, Nr. 6/1943 tragen die Überschrift »… und nun erst recht!«. Auf der Titelseite ist ein Wort Adolf Hitlers abgedruckt. Die Bedeutung des Rettungsschwimmers in diesem Krieg wird klar benannt: »Die Rettungsschwimmer werden nicht nur die besten Kameraden sein, sondern auch die besten Soldaten sein.«

Obwohl immer mehr DLRG-Mitglieder in den Krieg ziehen und viele Bäder durch die Luftangriffe der Alliierten zerstört werden, bildet die DLRG auch in den späteren Kriegsjahren weiter Rettungsschwimmer aus.

Die veröffentlichte Ausbildungsbilanz der DLRG weist in der Zeit von 1925 bis 1943 1,2 Millionen Rettungsschwimmprüfungen aus. Dabei ist zu berücksichtigen, dass ein großer Teil der abgelegten Prüfungen für die Verbände der NS-Organisationen verpflichtend war. Ende des Jahres 1943 zählte die DLRG 60.000 Mitglieder.

In den Mitteilungen Nr. 3/1944 berichtet der Pressereferent der DLRG, Gustav Putzke, über die Presse und das Rettungsschwimmen. Er schreibt: »Der deutschen Presse verdankt die D.L.R.G. zum großen Teil mit ihren Aufschwung, war es doch erst durch die Unterstützung der deutschen Zeitungen und Zeitschriften möglich, den Gedanken des Rettungsschwimmens in die entferntesten Winkel unseres großdeutschen Vaterlandes und darüber hinaus zu tragen.«

Die historische Quellenlage, die sich im Wesentlichen auf Dokumente der Reichsführung und ihrer Veröffentlichungen konzentriert, zeigt eine DLRG, die durch enge Zusammenarbeit mit der NSDAP und ihren Organisationen zumindest in der Verbandsspitze bis zur Kapitulation ein nationalsozialistisch geprägter Verband war, der die Anforderungen der nationalsozialistischen Machthaber erfüllte und in ihrem Geist wirkte.

Die ideologische und politische Unterstützung durch die Machthaber machten es der DLRG möglich, den Rettungsgedanken in weiten Teilen der Bevölkerung zu verbreiten und die Ziele der DLRG nahezubringen. Die Bekämpfung des Ertrinkungstodes aber hat sie nie aus den Augen verloren.

III. Der Neubeginn und die goldenen Jahre

Der »totale Krieg« hatte auch in Reihen der DLRG viele Opfer gefordert. Die Verbandsstrukturen der DLRG haben sich mit dem Ende des Zweiten Weltkrieges weitgehend aufgelöst, insbesondere sind hier die institutionellen in den Streitkräften zu nennen. Für das Jahr 1950 weist die DLRG-Statistik 28.504 Mitglieder aus, ein Verlust von mehr als

50 Prozent im Vergleich mit den Mitgliederzahlen von 1943. Es darf angenommen werden, dass ein weiterer Grund für die Abnahme DLRG-Mitglieder gewesen sind, die in der NSDAP oder einer ihrer Organisationen höhere Positionen bekleidet hatten und aus diesem Grund nach Kriegsende nicht mehr in Erscheinung traten. Weiter ist davon auszugehen, dass ehemalige Mitglieder durch persönliche Notlagen wie Verlust der Wohnung, Tod von Familienmitgliedern, Gefangenschaft oder Arbeitslosigkeit nicht mehr den Weg zur DLRG gefunden haben.

Mit der Kapitulation verboten die Alliierten alle Presseerzeugnisse. Auch für die Presse begann 1945 ein Neuanfang, der als Lizenzpresse oder Lizenzzeitung überschrieben werden kann und der bis 1949 andauerte. Die Besatzungsmächte vergaben auf Antrag Lizenzen für die Herstellung von Zeitungen, Zeitschriften und anderer Verlagserzeugnisse. Die Kontrolle der Druckerzeugnisse erfolgte in den Besatzungszonen auf unterschiedliche Weise. Während in der französischen Zone die Zeitungen vor Veröffentlichung genehmigt werden mussten, bewerteten Engländer und Amerikaner die Publikationen nach dem Erscheinen.

1947 wurde aus der »Gemeinschaft« wieder die Deutsche Lebens-Rettungs-Gesellschaft. Im August desselben Jahres gab der Landesverband Niedersachsen die erste Ausgabe der Zeitschrift »Der Lebensretter« (LR) heraus. Schriftleiter war Ernst Kesselhut. Im Laufe der Folgejahre schlossen sich der Zeitschrift immer mehr Landesverbände an und veröffentlichten Nachrichten und Berichte aus ihren Regionen. Ab Mai 1952 erscheint »Der Lebensretter« erstmalig mit dem Untertitel »Fachzeitung der Deutschen Lebens-Rettungs-Gesellschaft« für den Gesamtverband. Im Oktober 1950 wählt die DLRG Carl Hüttebräucker einstimmig zum Werbewart. Er veröffentlicht in den Folgejahren viele Beiträge unter dem Kürzel Hüko, unter anderen »Wir und die Tagespresse« (Der Lebensretter, April 1951, S. 47–48) sowie »DLRG-Werbewarte und ihre Arbeit« (LR, August 1952, S. 97–99), »Unsere Werbung muss positiv sein« (LR, Januar 1953). Zudem entwickelte er »Richtlinien für die Werbung der DLRG« (LR, Juni 1953, S. 98–101) und in der darauffolgenden Ausgabe »Richtlinien für die Werbung von Drucksachen und Werbewoche der DLRG« (LR, Juli 1953, S. 120–124). Im Mai 1953 stellt »Der Lebensretter« die neuen Werbemittel mit drei Abbildungen vor.

Logo der 1940er-Jahre

Werbung aus dem Jahr 1968

Am 15. September 1951 gründet sich der Deutsche Werbeausschuss (DWA) Schwimmen und Retten auf Bundesebene als Interessengemeinschaft. Ihm gehören an der Deutsche Sportbund, der Deutsche Schwimm-Verband, die DLRG, der Deutsche Turner-Bund, der Aufklärungsdienst für Jugendschutz, die Deutsche Gesellschaft für das Badewesen und der Verein deutscher Badefachmänner. Vertreter der DLRG sind Ernst Kesselhut und Karl Löhr (LR, Oktober 1951, S. 106). Der DWA bezeichnet sich auch als Hilfswerk Schwimmen und Retten und sieht seine Aufgaben nicht nur in der Werbung, sondern vor allem in der Förderung des Schwimmbadbaus und des Schulschwimmunterrichtes.

In der Lebensretter-Ausgabe 10/1968 erscheint auf Seite 3 ein Beitrag von Bernd Klein mit dem Titel: »Public Relations in der DLRG?« Er grenzt darin die PR klar von der Werbearbeit ab. Eine Trennung von Werbung und Öffentlichkeitsarbeit – wie in vielen Unternehmen üblich – erfolgt in der DLRG aber nicht. Beide Aufgaben fallen in die Verantwortung des Presse- und Werbewartes des Präsidiums. Sowohl die Entwicklung von Werbemitteln, die Konzeption von Werbeveranstaltungen – wie sie damals genannt wurden, die heute eindeutig der Public Relations zugeordnet werden – als auch die Kommunikation mit der Presse und Medien sowie die interne Kommunikation obliegen dem Ressort. Gleiche oder ähnliche Funktionsbezeichnungen finden sich auch in den Vorständen der Landesverbände und deren Untergliederungen wieder. Im Bereich der Werbung stellt sich für alle Verbände des Rettungswesens, die vielfach Non-Profit-Organisationen sind, ein grundsätzliches Problem: Werbung kostet viel Geld. Dem traditionellen humanitär-karitativen Verständnis widerstrebt es jedoch, die meist knappen Finanzmittel, die in der aktiven Tätigkeit der Organisationen angelegt werden könnten, für Werbemaßnahmen zu verwenden. Die DLRG beschränkt ihre Werbeaktivitäten primär auf die Information über ihre Tätigkeiten durch Plakate, Faltblätter, Broschüren u. Ä., die den Gliederungen über die Materialstelle zur Verfügung gestellt werden. Anzeigen in Printmedien werden aufgrund der hohen Kosten gar nicht oder nur im Rahmen von Goodwill-Anzeigen genutzt.

Die 1950er- und 1960er-Jahre sind bestimmt vom Aufbau der DLRG. In zahlreichen Landesverbänden erweitern die Vorstände ihre Funktionen um die eines Presse- und Werbewartes. Nur in wenigen Gliederungen wird die Öffentlichkeitsarbeit aber mit Entscheidungskompetenzen ausgestattet. Die Einschätzung über die Bedeutung von Öffentlichkeitsarbeit für den Verband oder deren Teile ist in jener Zeit noch sehr unterschiedlich. Allerdings gewinnt diese Aufgabe zunehmend an Bedeutung. Seit den 1960er-Jahren finden regelmäßig jährliche Treffen der Presse- und Werbewarte der Landesverbände mit dem Vertreter des Präsidiums statt. Berichte über die Aktivitäten des Präsidiums, Informationen aus der PR-Arbeit der Landesverbände und Fortbildungsveranstaltungen stehen im Mittelpunkt der Tagungen. 1963 erscheint der erste DLRG-Wandkalender, der zusammen mit dem Verlag WDV-Wirtschaftsdienst in Bad Homburg vor der Höhe entwickelt wurde.

1963 begeht die DLRG ihr 50-jähriges Bestehen. »Für das Jubiläumsjahr werden umfangreiche Werbevorbereitungen getroffen (Plakat, Briefsiegelmarke, Ansichtskarte, Pressemappe, Chronik, Wanderausstellung, Wandteller, Briefmarkensonderstempel, Einschaltung von Rundfunk und Fernsehen).«[14] Diese Aufzählung zeigt, dass die DLRG Werbung und Maßnahmen der Öffentlichkeitsarbeit weiterhin zusammen betrachtet.

Die DLRG bemüht sich wieder um die Ausbildung von Rettungsschwimmern in Bundeswehr und Bundesmarine (LR, Juni 1963, S. 211f.). 1964 wird der vom Bundeswehrverband gestiftete Wanderpokal im DLRG-Schwimm- und Rettungsschwimmwettbewerb für Bundeswehreinheiten zum ersten Mal verliehen. Die DLRG konzipiert zahlreiche neue Werbemittel. Zum ersten Mal veröffentlicht die DLRG Baderegeln für ausländische Mitbürger in Deutschland. Es erscheint der Werbefilm »Im Zeichen des spähenden Adlers«. Er ist das »Abfallprodukt« einer Fernsehsendung, die in Schwarz-Weiß ausgestrahlt wurde.

Von 1914 bis 1965 erscheint der DLRG-Adler in verschiedenen, zunächst schwarz-weißen, aber immer naturalistischen Formen. Die erste Farbvariante des DLRG-Adlers wird 1929 gedruckt. 1965 erscheint der stilisierte Adler auf einem Plakat und einem Faltblatt.[15] Neben der stilisierten Adlerform bleibt auch nach 1965 der »Traditionsadler« weiter erhalten. Am 28. April 1978 beschließt der Präsidialrat die Einführung eines neuen Mitgliedsabzeichens. Es zeigt den DLRG-Adler in stark stilisierter Form. Mit der minimalistischen Formgebung soll ein zeitgemäßes Erscheinungsbild vermittelt werden und insbesondere die Jugend stärker als bisher angesprochen werden. Die progressive Gestaltung bringt dem neuen Emblem bald den Spitznamen »halbes Hähnchen« ein. Der stilisierte Adler – auch in Kombination mit der Wortmarke DLRG in einer Outline-Schrift verwendet – wird zum DLRG-Symbol der 80er-Jahre.

Auf der Bundestagung 1989 in Frankfurt am Main wird der Antrag des Landesverbandes Westfalen mit großer Mehrheit angenommen, bei Zeitehrungen auf Urkunden und Anstecknadeln das Traditionsemblem wieder einzuführen. Mit Beginn der 1990er-Jahre hat der stilisierte Adler ausgedient. Die DLRG besinnt sich auf alte Werte und kehrt zur traditionellen Adlergestalt zurück.

Stilisierter Adler 1970er-Jahre bis 1983

---

[14] Jatzke, Harald: Die Geschichte der DLRG im Spiegel ihrer Abzeichen und Urkunden, DVV, Bad Nenndorf, S. 106
[15] Fischer, Claudia, Öffentlichkeitsarbeit einer Nonprofit-Organisation: Die Deutsche Lebens-Rettungs-Gesellschaft, Universitätsverlag Dr. N. Brockmeyer, Bochum, 1995

1970 beschließt der Präsidialrat der DLRG eine Kleiderordnung. Im selben Jahr erscheint eine DLRG-Briefmarke im Rahmen der Sonderpostwertzeichenserie »Freiwillige Hilfsdienste«. Sie hat einen Wert von 70 Pfennig.

Ein Jahr später erblickt der DLRG-Talisman »Swimmy« das Licht der Welt. Für das Kleinkinderschwimmen gibt die DLRG 1971 auch den »Frühschwimmer« als neues Abzeichen heraus und es erscheint eine zeitgemäß gestaltete Plakatserie.

Traditionsemblem seit den 1990er-Jahren

Anlässlich des 60-jährigen Jubiläums der DLRG finden in vielen Landesverbänden Jubiläumsfeiern statt, beispielsweise in Berlin zusammen mit der Einweihung der Bundeslehr- und Forschungsstätte (BLFS) am Pichelsee und in der baden-württembergischen Landeshauptstadt Stuttgart. Das Präsidium entwickelt dazu eine umfangreiche Pressekampagne.

1976 wirbt DLRG-Präsident Prof. Dr. Josef N. Schmitz für eine einheitliche Ausrichtung in Kleidung und Gerät sowie eine öffentliche, wirksame Repräsentation. In einem ersten Schritt wird für die gesamte DLRG ein einheitlicher Briefbogen geschaffen. Große Aufmerksamkeit bei Besuchern und Fachpublikum findet die DLRG auf den Messen boot in Düsseldorf sowie Boot-, Sport- und Freizeitausstellung in Berlin. Im Juni wird sie Vollmitglied im Deutschen Sportbund. Im darauffolgenden Jahr gibt das Präsidium Richtlinien für die werbliche Darstellung der Einsatzfahrzeuge und ein Handbuch für die Öffentlichkeitsarbeit heraus.

Im selben Jahr veröffentlicht der langjährige Presse- und Werbewart im DLRG-Präsidium, Klaus Barnitzke, sein Buch »Humanität und Sport im Dienst am Mitmenschen«. Die erste Auflage erscheint mit dem stilisierten Adler als DLRG-Logo. Bis ins 21. Jahrhundert gilt es als Standardwerk der DLRG-Geschichte.

1978 und 1979 setzt das Präsidium seine Werbe- und PR-Offensive fort: Es entstehen ein neues Mitgliedsabzeichen mit dem stilisierten Adler, eine neue Faltblattserie, ein Swimmy-Aufkleber, mehrere Plakate und Anzeigenvorlagen sowie die Broschüre »Pressearbeit in der DLRG«, ein Leitfaden für die PR-Verantwortlichen in den Gliederungen. Mit »Warum denn nicht mal schwimmen gehen? – Schwimm mit!« beginnt die PR-Kooperation mit der Barmer Ersatzkasse, die über ein Jahrzehnt Bestand hat. Der Präsidialrat beschließt neue Klubabzeichen mit dem stilisierten Adler.

Der Präsident Prof. Dr. Josef N. Schmitz bezeichnet die Dekade der 70er-Jahre als die »goldenen Jahre« der DLRG. Die Lebens-Rettungs-Gesellschaft profitiert seit den 1960er-Jahren vom goldenen Plan der Deutschen Olympischen Gesellschaft. Überall in der Bundesrepublik werden neue Bäder, vornehmlich Hallenbäder für den Ganzjahresbetrieb, gebaut, die Schwimmausbildung kommt in Mode, viele neue DLRG-Ortsgruppen entstehen. 1976 registriert das Präsidium 904.309 Schwimm- und 139.564 Rettungsschwimmprüfungen.

Die Mitgliederzahl wächst in einem Jahrzehnt von 254.539 (1969) um fast 230.000 auf 483.583, ein Anstieg um 90 Prozent.

Seit den 60er-Jahren des 20. Jahrhunderts finden regelmäßig einmal im Jahr Sitzungen der Presse- und Werbewarte der Landesverbände auf Einladung des Leiters der Öffentlichkeitsarbeit des Präsidiums statt. Schwerpunkte der Sitzungen sind die Vorstellung neuer Werbemittel, Informationen aus der Presse- und PR-Arbeit der Landesverbände und ihrer Gliederungen, die Berichte des Präsidiums und der fachliche Gedankenaustausch. Später firmieren die Wochenendveranstaltungen als Referententagung für Öffentlichkeitsarbeit. Auf Einladung eines Landesverbandes wechseln die Veranstaltungsorte bis 1994 jährlich. Seit 1995 finden sie im neuen Bundeszentrum der DLRG in Bad Nenndorf statt und seit Ende der 1990er-Jahre werden auf Einladung des Leiters der Öffentlichkeitsarbeit im Präsidium in unregelmäßigen Abständen externe PR-Fachleute eingeladen.

1981 sendet das ZDF im Sportspiegel eine 45-minütige Dokumentation über die DLRG. Erstmalig finden Seminare für Öffentlichkeitsarbeit statt. Für ihre Verdienste um Ausbildung und Sicherheit zeichnet die Deutsche Gesellschaft für das Badewesen die DLRG mit der Goldmedaille aus.

Der DLRG-Kalender erreicht 1982 mit 233 lokalen Ausgaben seine weiteste Verbreitung. Im Verlag des WDV-Wirtschaftsdienstes erscheint zudem eine 16-teilige Plakatserie in einer Auflage von 100.000 Exemplaren. Der Leiter der Öffentlichkeitsarbeit im DLRG-Präsidium stellt den Gliederungen einen mobilen Informationsstand zur Verfügung, um die lokale PR-Arbeit zu erweitern.

»Spiel – Spaß – Fitness« heißt der Titel einer neuen Konzeption, die das DLRG-Präsidium und die Barmer Geschäftsführung verabschieden. Während des Jahres 1985 werden zahlreiche Breitensportaktionen wie Volksschwimmen, Wassergymnastik, Schwimm mit – bleibt fit und Badepartys als PR-Aktionen in der gesamten Bundesrepublik veranstaltet.

1986 begehen DLRG und WDV das 25-jährige Jubiläum der Partnerschaft. Aus diesem Anlass

Deutsche Lebens-Rettungs-Gesellschaft e.V.

Aktuelle Bildmarke

erscheint das Jahrbuch »Wasserfreizeit 86« als neues Werbemittel der DLRG. Es ist anzeigenfinanziert und hochwertig in der Papierqualität und Gestaltung. Es findet allerdings bei der werbetreibenden Wirtschaft keine Resonanz. So bleibt es bei dieser Erstausgabe. Die langjährige Zusammenarbeit mit dem Bad Homburger Verlag ist eine Erfolgsgeschichte aus der der humanitären Organisation nahezu 1,3 Millionen DM zugeflossen sind.

Die Werbung neuer Mitglieder und die Pflege des Mitgliederbestandes sowie ein einheitliches Auftreten der DLRG nach innen und außen waren zwei von fünf Schwerpunkten der Antrittsrede des neuen Präsidenten Hans-Joachim Bartholdt. DSB-Präsident Willi Daume legt nach langen Jahren die Schirmherrschaft über die DLRG nieder. Als erster Bundespräsident der Bundesrepublik übernimmt Carl Carstens die Schirmherrschaft über die Lebensretter.

IV. Professionalisierung der Öffentlichkeitsarbeit

Bis 1987 erfolgte die Öffentlichkeitsarbeit des Verbandes ausschließlich auf ehrenamtlicher Grundlage, in der Bundesgeschäftsstelle lediglich unterstützt von einer Verwaltungskraft. Die anstehenden Großprojekte machten aber eine professionelle Unterstützung erforderlich. Zu diesen Großveranstaltungen gehörten die 23. Weltmeisterschaften im Rettungsschwimmen nach Version der FIS, 1987 in Warendorf, die Projekte mit den Wirtschaftspartnern NIVEA und Barmer, Strandfeste und Badeparty, und die kommunikative Vorbereitung des 75-jährigen Bestehens der DLRG im Jahr 1988 in Berlin. Das Präsidium entscheidet sich auf Vorschlag des Leiters der Öffentlichkeitsarbeit, Bernd Schäfer, einen PR-Berater einzustellen. Bernd Schäfer leitete das Ressort von 1983 bis 1998. Er gab der Öffentlichkeitsarbeit des Verbandes neue Impulse und weitete das Aufgabengebiet der Public Relations aus.

Das Medienpaket zum 75. Geburtstag im Jahr 1988 enthielt auch eine 30-seitige PR-Zeitung mit dem Titel »Wasserfreizeit«. An der Pressekonferenz, die anlässlich des Jubiläums und der Bundestagung stattfand, nahmen über 40 Journalisten teil. Der Festakt zum Jubiläum fand im Reichstag statt. Am Wasserklops vor der Gedächtniskirche präsentierte sich die DLRG mit einer großen Werbeaktion, die allerdings bei strömendem Regen ins Wasser fiel.

Eine neue Plakat- und Postkartenserie für die Gliederungen ergänzt 1989 die Angebote des Präsidiums. Die damalige Bundesgesundheitsministerin Prof. Dr. Ursula Lehr verleiht erstmalig den von der Beiersdorf AG gestifteten Deutschen Wasserrettungspreis NIVEA-Delphin. Mit ihm werden DLRG-Mitglieder und Nichtmitglieder für Lebensrettungen aus Wassergefahr ausgezeichnet. Der Förderpreis wird an DLRG-Ortsgruppen verliehen, die besondere Leistungen im Wasserrettungsdienst erbracht haben.

Als Ehrengast besucht Bundespräsident Richard von Weizsäcker das DLRG-Strandfest auf Amrum. Seit 1989 veranstaltet die DLRG gemeinsam mit ihrem ältesten Wirtschaftspartner, der Beiersdorf AG, Hamburg, die DLRG-NIVEA Strandfest-Küstentournee mit einem Bühnenprogramm und vielen Spielstationen für Jung und Alt. Im Mittelpunkt stehen die überwiegend spielerisch gestaltete Aufklärung über Wassergefahren und familienorientierte Fitnessprogramme. 2013 gingen die ehrenamtlichen Animateure zum 25. Mal auf die zweimonatige Tournee entlang der Küsten von Nord- und Ostsee.

Am 9. November 1989 wird die Wiedervereinigung der beiden deutschen Staaten Realität und bereits am 5. Februar gründet sich in Stralsund die erste DLRG-Ortsgruppe in den neuen Bundesländern. Ein Jahr später ist die DLRG wieder in allen ostdeutschen Ländern mit Landesverbänden vertreten. Gemeinsame PR- und Werbemaßnahmen unterstützen den Aufbau.

In erster Linie gibt es zwei Ziele:
1. Die DLRG nach 42 Jahren Verbot in der DDR wieder bekannt zu machen und
2. die Menschen zum ehrenamtlichen Engagement in der DLRG zu motivieren.

Das »DLRG-Magazin Für sichere Wasserfreizeit« wird neues Zentralorgan der DLRG. Es löst nach 43 Jahren den »Lebensretter« ab. Die erste Ausgabe hat einen Umfang von 40 Seiten und erscheint mit fünf Regionalausgaben. Erst wird das Magazin im Verlag Ehrlich und Sohn herausgegeben, danach bei Gruner & Jahr. Aber bereits die Doppelnummer 8/9/1990 bedeutet das frühe Aus, weil die vom Verlag erwartete, wirtschaftlich erforderliche Auflage nicht erreicht wurde. Ein halbes Jahr nach dem Ende des DLRG-Magazins erscheint im Verlag WDV-Wirtschaftsdienst, Bad Homburg vor der Höhe, im März der »Delphin« als neues Zwei-Monats-Magazin.

Die Rescue 90 in Lübeck-Travemünde ist der Höhepunkt des Jahres. 300 ehrenamtliche Helfer sind erforderlich, um den Weltkongress und die WM im Rettungsschwimmen durchzuführen.

Das Präsidium unterstützt die neuen DLRG-Landesverbände mit PR-Aktionen: Michael Groß übergibt als Botschafter für den NIVEA-Delphin in Graal-Müritz die erste von 18 DLRG-Wachstationen ihrer Bestimmung. Voran geht eine Pressekonferenz, in der die DLRG ihre Aufgaben und Ziele vorstellt. Im gleichen Jahr präsentiert sie sich auf der Messe Touristik und Camping in Leipzig mit einem 120-m²-Stand.

Zur 80. Wiederkehr des Seebrückenunglücks 1912 in Binz auf Rügen weiht die DLRG einen von Bernhard Markwitz gestifteten Gedenkstein ein. Michael Groß tauft die NIVEA-Boote 5 –11 in Graal-Müritz. »Die DLRG – der Verein für alle« ist der Titel der neuen Imagebroschüre und auch das Motto der Bundestagung in Friedrichshafen

Zur weiteren Unterstützung des Strukturaufbaus der fünf neuen Landesverbände wird am 16. Januar 1993 an der Storkower Straße in Berlin das DLRG-Bundesbüro eröffnet.

Im Marinemuseum in Stralsund weiht Mecklenburg-Vorpommerns damaliger Innenminister Geil eine ständige DLRG-Sonderausstellung ein. Initiator dieser Ausstellung war der erste DLRG-Landesverbandspräsident in Mecklenburg-Vorpommern, Peter Griese.

Ein Nilpferd ist die neue Sympathiefigur des DLRG-Barmer-Baderegelplakates. Es informiert Schülerinnen und Schüler auch auf Stundenplänen über sicheres Baden.

1993 gibt das Präsidium zum ersten Mal einen ausführlichen Geschäftsbericht mit den Leistungen und Erfolgen des vergangenen Jahres sowie einem Finanzbericht heraus.

Seit den 30er-Jahren des 20. Jahrhunderts organisiert die DLRG erstmalig wieder eine bundesweite Werbekampagne für das Rettungsschwimmen gemeinsam mit NIVEA und Michael Groß. »Jetzt bist Du dran. Mit den Rettungsschwimmabzeichen der DLRG« ist das Motto (1993/1994). Der erste Rettungsschwimmwettbewerb wird erfolgreich abgeschlossen, der erste Preis geht an die Ortsgruppe Kleve. Die Kampagne erreicht 64 Millionen Leser, Hörer und Zuschauer. Hans Meiser stellte in seiner Notruf-Sendung im Privatsender RTL die Aktion vor.

Das Präsidium stellt den ostdeutschen Landesverbänden zwei verschiedene Werbepakete und vier verschiedene Medienpakete zur Verfügung.

Die DLRG feiert das 80-jährige Bestehen am Gründungsort in Leipzig. Die Außenveranstaltung fällt dem Dauerregen zum Opfer. Im historischen Rathaus nehmen mehrere Hundert Mitglieder an der zentralen Feier teil. Im »Delphin« erscheint eine achtseitige Sonderbeilage »Von Leipzig bis Leipzig« von Klaus Bartnitzke und mit einem Beitrag von Manuela Rousseau »Über 30 Jahre Partnerschaft zwischen DLRG und der Marke NIVEA«.

Die DLRG verfügt inzwischen auf dem Gebiet des Social Sponsorings über bewährte Partner über viele Jahre hinweg: Die Barmer Ersatzkasse (Wassergymnastikkurse, Baderegeln, u.a.), NIVEA (Strandfeste, Wassersicherheit im Heidepark Soltau, NIVEA Delphin, u.a.), Gothaer Versicherungen (Hilfen beim Aufbau Ost), WDV (DLRG Wandkalender, Magazin Delphin, u.a.), Langnese Iglu (Badeinseln an der Ostseeküste, 1. Langnese-Rescue-Cup in Warnemünde).

Die zweite Rettungsschwimm-Kampagne wendet sich an Mädchen und Frauen: »Jetzt sind die starken Frauen dran mit den Rettungsschwimmabzeichen der DLRG«, lautet der Titel. Bettina Lange, siebenfache Weltmeisterin im Rettungsschwimmen, und Michael Groß, dreifacher Olympiasieger im Schwimmen, stehen als Werbeträger Pate.

Die Broschüre »Waterkant« wirbt für den Wasserrettungsdienst an den Küsten Norddeutschlands. Der Zentrale Wasserrettungsdienst Küste (ZWRD-K) ist seit 1973 eine Gemeinschaftsleistung aller Landesverbände der DLRG. Jahr für Jahr machen mehrere Tausend Rettungsschwimmerinnen und Rettungsschwimmer aus dem ganzen Bundesgebiet die Strände von Borkum im Westen bis Usedom im Osten sicherer.

»Öffentlichkeitsarbeit einer Nonprofit-Organisation: die Deutsche Lebens-Rettungs-Gesellschaft« lautet der Titel einer Forschungsarbeit von Claudia Fischer, erschienen in der Reihe »Bochumer Studien zur Publizistik- und Kommunikationswissenschaft«, zum Thema »Bekanntheitsgrad und Image der DLRG«. Grundlage der Arbeit ist eine anonymisierte Befragung von 250 deutschen Journalisten. Das Fazit: 96 Prozent der Journalisten wissen, welche Organisation sich hinter der Abkürzung DLRG verbirgt. Knapp 97 Prozent verorten sie als Wasserrettungsorganisation, 94,4 Prozent wissen, dass sie Schwimmen und Rettungsschwimmen unterrichtet und 71 Prozent kennen auch die Erste-Hilfe-Ausbildung. Journalisten wissen über die DLRG und ihre Aufgaben noch besser Bescheid als die Gesamtbevölkerung. Sie attestieren den Lebensrettern insgesamt ein gutes Erscheinungsbild.

1995 haben sich die PR-Aktivitäten des Präsidiums derart ausgeweitet, dass die Stabsstelle in der Bundesgeschäftsstelle um eine zweite hauptberufliche PR-Fachkraft erweitert wird.

So dynamisch sich die externe Public Relations auch entwickelt, bleibt die Verbandszeitschrift als Hauptträger der verbandsinternen Kommunikation das Sorgenkind. Nach drei Jahren wird der »Delphin – das DLRG Magazin« 1998 eingestellt. Wieder ist es die niedrige Auslage, die dieses Mal den WDV Wirtschaftsdienst veranlasst, das Objekt einzustellen. Eine außerordentliche Bundestagung stellt 1999 die Weichen für einen Nachfolger, der im März des Folgejahres als Quartalszeitschrift erscheint. Sein Name: »Lebensretter – Wir in der DLRG«. Das Präsidium stattet die Verbandszeitschrift mit einem neuen Finanzkonzept aus, dass das Objekt weitgehend unabhängig macht von externen Einflüssen wie verlegerischen Erwartungen und Anzeigeneinnahmen. Eine Grundversorgung für alle DLRG-Gliederungen und die Redaktion, finanziert aus dem Präsidiumshaushalt und ohne Selbstbeteiligung der Ortsgruppen, sichert dieselben Informationen für alle Gliederungsebenen. Der »Lebensretter« erscheint mit einer Startauflage von 20.000 Exemplaren und einem Umfang von 24 Seiten. Verleger ist die DLRG-Verlag und Vertriebsgesellschaft (DVV), eine 100-prozentige Tochter der Landesverbände des Idealvereins, Herausgeber ist die Deutsche Lebens-Rettungs-Gesellschaft e.V., vertreten durch den Leiter Verbandskommunikation, Achim Wiese. Der Programmdirektor und Chef vom Dienst eines niedersächsischen Bürgerradios ist seit 2000 bis heute Ressortleiter Verbandskommunikation im DLRG-Präsidium.

In den Jahren 2003 bis 2012 erschienen nach und nach sechs Landesverbandsausgaben mit eigenem Regionalteil. Ende des Jahres 2012 hat die Zeitschrift eine Auflage von 44.000 Exemplaren und einen Umfang von 84 Seiten. 2010 erhält die Verbandszeitschrift einen neuen Namen. Fortan heißt sie wieder »Lebensretter«. Der Zusatz »Wir in der DLRG« entfällt.

Die Landesverbandsausgabe Nordrhein erscheint mittlerweile im zehnten Jahr und hat ihre Auflage kontinuierlich auf 18.000 Exemplare erhöht. Weitere Regionalausgaben erscheinen in den Landesverbänden Hamburg, Berlin, Westfalen, Niedersachsen und Hessen. Eine anfangs als Aufbauhilfe erstellte vierseitige Regionalausgabe Ost wird in den Mantelteil des Lebenretters integriert und erhält damit eine bundesweite Verbreitung.

2008 beauftragte der Verlag Axel Vensky mit der Anzeigenverwaltung. Er hatte bereits in der Zeit von 1982 bis 1990 das Anzeigengeschäft der alten Verbandszeitschrift »Der Lebensretter« betreut. Seitdem der erfahrene Lübecker die Aufgabe übernommen hat, stiegen die Anzeigenerlöse bis 2012 stetig an und tragen zunehmend zur Finanzierung bei. Sie ermöglichen zusätzliche Veröffentlichungen zu aktuellen Themen, die beispielsweise als »Lebensretter spezial« erscheinen. Der Lebensretter ist auch im 21. Jahrhundert ein wichtiger Träger verbandsinterner Kommunikation und eine anerkannte Informationsquelle für Politik, Behörden, Sport- und Fachverbände.

Die externe Verbandskommunikation setzt mit Beginn des 21. Jahrhunderts verstärkt wissenschaftliche Ergebnisse ein und erzielt dabei in doppelter Hinsicht

Lebensretter, Ausgabe 1/2013

Erfolge. Sie erschließt einerseits neue Themenfelder für die Kommunikation und erweitert andererseits ihre Kompetenzfelder. Die jährliche Erhebung statistischer Daten über das Ertrinken in Deutschland auf der Basis systematischer Medienanalysen ist ein Beispiel für den erfolgreichen Einsatz empirischer Daten in der externen Kommunikation. Seit dem Jahr 2000 kommuniziert sie die Ergebnisse zunächst in einer Jahresbilanz, die den Medien im März vorgestellt wird. Später wird die Statistik um eine Sommerbilanz erweitert, die es den Medien ermöglicht, zeitnah über die aktuellen Ergebnisse der Sommermonate zu berichten. Die Kommentierung der Ergebnisse, die Beurteilung der Ergebnisveränderung im Vergleich mit den Vorjahren und die Ursachenbeurteilung liegen bei der DLRG. Die Kommunikation erfolgt durch Pressekonferenzen, Presse- und Bildinformationen und Interviews gegenüber den klassischen Medien sowie über alle Kanäle der neuen Medien.

Mit dem gewachsenen hauptberuflichen Potenzial entwickelt sich die PR-Arbeit des Bundesverbandes. Im Jahr 2000 erstellt die Agentur Fischer-Appelt ein PR-Konzept für die humanitäre Organisation. Andreas Fischer-Appelt, geschäftsführender Gesellschafter der deutschen Top-Ten-Agentur und zurzeit die Nummer drei im deutschen PR-Agentur-Ranking, war damals Vizepräsident der DLRG. Er veranlasste die Konzeption.

Das Ressort Verbandskommunikation arbeitet seit Beginn des 21. Jahrhunderts in der Presse- und Öffentlichkeitsarbeit nach einem Rahmenthemenplan. Die wissenschaftlich gestützte Kommunikationsarbeit wird erfolgreich erweitert. Empirische Studien über die Schwimmfähigkeit der Bevölkerung und insbesondere die der Schülerinnen und Schüler werden ein zentrales Thema der Kommunikation. Die Emnid-Studie (2004), die Forsa-Umfrage (2010) sowie eine DLRG-eigene Schulbefragung (2009) zeigen eine deutlich abnehmende Schwimmfähigkeit bei der jungen Generation. Dieses Thema wird auch in der Politik gehört und führt in der Folge zu zahlreichen kleinen und großen Anfragen im Bundestag und den Landesparlamenten. In diesem Kontext untersucht der Bundesverband seit 2007 auch die Infrastruktur der Bäder. Die Analysen weisen eine steigende Zahl von Bäderschließungen aus, die die Gesellschaft im politischen Raum und in ihrer Kommunikation verwertet.

Drei wissenschaftliche Symposien der DLRG zur Situation des Schwimmens in Deutschland lieferten dem Ressort weitere verbandspolitisch verwertbare Kommunikationsansätze, mit dem Ziel, die Kompetenz und Meinungsführerschaft des Verbandes speziell in den Fachöffentlichkeiten zu erhöhen. Neben den bereits genannten Symposien veranstaltet der Bundesverband zahlreiche nationale und internationale Großveranstaltungen. 2005 richtete er die Europameisterschaften im Rettungsschwimmen und drei Jahre später die Rescue 2008, die Weltmeisterschaften mit dem Weltkongress für Wasserrettung, aus.

Zur Aufklärung der Kleinsten veranstalten DLRG und NIVEA in Kooperation mit kommunalen und konfessionellen Kindergärten in vielen Hundert Vorschuleinrichtungen einen Kindergartentag. Diese frühe Aufklärungsarbeit hatte zum Ziel, die am Jahrtausendwechsel hohe Todesrate bei Kindern bis zum 15. Lebensjahr zu senken. Im darauffolgenden Jahrzehnt gingen die Todesfälle in diesen Altersklassen deutlich zurück. Die begleitende Pressearbeit wurde konsequent auf die lokale Berichterstattung ausgerichtet und erreichte mit ausführlichen Berichten und Bildbeiträgen die Bürger vor Ort.

Seit dem Jahr 2003 wertet das Ressort Verbandskommunikation die Ergebnisse der Pressearbeit zumindest quantitativ aus. Die Analyse liefert Erkenntnisse darüber, welche Themen für die zukünftige Kommunikationsplanung geeignet sind. In den Jahren 2006 und 2007 wies das Medienergebnis jeweils eine Milliarde Kontakte aus.

Jede der 2.000 DLRG-Gliederungen kommuniziert mit der Öffentlichkeit, in der überwiegenden Mehrzahl geschieht dies ehrenamtlich. Der Bundesverband beschäftigt seit 2006 vier hauptberufliche Kommunikatoren. Die Verantwortung für das Ressort im Präsidium liegt aber weiterhin beim Ehrenamt, beim Leiter Verbandskommunikation. Auf der Ebene der Landesverbände beschäftigen nur wenige hauptberufliches Personal zur Unterstützung des Ehrenamtes. Bezirke und Ortsgruppen verzichten weiterhin ganz darauf. Allerdings engagieren sich zunehmend mehr ehrenamtliche aus unterschiedlichen Berufsfeldern in der Kommunikationsarbeit und vom Anbeginn ihrer Geschichte hat die DLRG auch immer wieder Fachleute gewinnen können, ihre Kompetenz freiwillig und unentgeltlich einzubringen, wie das Beispiel des Journalisten und Mitbegründers der DLRG, Walter Mang, zeigt. So war und ist es möglich, die vielfältigen Aufgaben auf mehrere Schultern zu verteilen und die individuelle zeitliche Belastung zu begrenzen.

2003 hat der Bundesverband einen quantitativen Test über ein Gesamtergebnis der Presse- und Öffentlichkeitsarbeit erstellen lassen. Das Ergebnis der Medienbeobachtungsagentur ergab nahezu 15.000 Beträge in der Presse und im Rundfunk. Nicht beobachtet wurden dabei die neuen elektronischen Medien. Die Ergebnisse zeigen, dass die DLRG in der Gesellschaft und den Medien präsent ist. Einen weiteren Anhaltspunkt, der diese Aussage unterstreicht, liefern vier Untersuchungen über Image und Bekanntheitsgrad der DLRG, die die DLRG seit 1983 in Auftrag gegeben hat. Demnach kennen knapp 85 Prozent (Forsa-Studie 2007) der Bevölkerung die DLRG und wissen auch, was sie macht. Sie identifizieren sie als eine Wasserrettungsorganisation, deren Mitglieder auf ehrenamtlicher Basis arbeiten.

Der Leiter Verbandskommunikation im DLRG-Präsidium, Achim Wiese, Programmdirektor eines niedersächsischen Bürgerradios, forcierte die kommunikationsrelevante Bildung für ehrenamtliche Mitarbeiter in den Gliederungen. Im Bildungswerk der DLRG bietet der Bundesverband Grundlagenseminare und Seminare für Fortgeschrittene an, eine Schreibwerkstatt sowie spezielle Angebote wie Krisenkommunikation und Interviewtrainings vor der Kamera ergänzen das umfangreiche Programmangebot.

Das Ressort richtet ein Referententeam ein, dessen Schwerpunkt die Weiterentwicklung der Öffentlichkeitsarbeit ist. Zudem wird eine Fachgruppe eingesetzt, deren Mitglieder den Kontakt zu den anderen Fachressorts des Präsidiums intensivieren und deren Kommunikationspotenziale entwickeln helfen.

Die Mitglieder der DLRG wirken als Multiplikatoren und Träger der Öffentlichkeitsarbeit, die ihr Bild von der Organisation in die Öffentlichkeit tragen. Um diesen Imagetransfer im Sinne des Selbstverständnisses der DLRG zu gewährleisten, müssen die Mitglieder auf das Selbstverständnis eingestimmt werden. Dies geschieht unter anderem durch ein einheitliches Erscheinungsbild (Corporate Design). Dieses Bild unterliegt einem stetigen Wandel. In den letzten zehn Jahren wurde es zweimal in Teilen aktualisiert, zuletzt in den Jahren 2011 und 1012.

Mitte der 1990er-Jahre beginnt für die DLRG ein neues Zeitalter. Mit dem Einzug der neuen Medien erhalten die interne und externe Kommunikation eine zusätzliche Dimension. 1996 startete die DLRG ihren ersten Internetauftritt, die Speicherkapazität betrug damals gerade 20 MB. Zwei Jahre später erfolgt der erste Design-Relaunch. Jede Gliederung erhielt 5 MB Speicher und eigene E-Mail-Adressen. 2002 erfolgte ein Provider-Wechsel zu inter.net und im darauffolgenden Jahr wechselte die DLRG noch einmal zu tal.de 2004 änderte sich das Internet-Design zum dritten Mal und TYPO3 löste das HTML-Format ab. Am 9. Januar 2013 startete der DLRG-Internetauftritt mit einem völlig neuen Layout und einem Farbwechsel vom traditionellen Blau zu Rot-Gelb.

Über die Homepage www.dlrg.de erreichen die Nutzer mittlerweile 80 Prozent der 2.000 DLRG-Gliederungen. Hinter der Homepage verbergen sich etwa 22.000 Seiten. Die DLRG ist trotz des 100-jährigen Bestehens ein junger Verband. Nahezu zwei Drittel seiner Mitglieder sind 26 Jahre und jünger. Dementsprechend hoch ist das Nutzerpotenzial des Internets im Verband. Ein ehrenamtlicher Arbeitskreis Internet besteht aus Administratoren, die für den reibungslosen Betrieb sorgen und bei Störungen eingreifen.

Logo anlässlich des Jubiläums 2013

Seit 2012 ist die DLRG auch in den sozialen Netzwerken präsent und kommuniziert aktiv über Facebook und andere Netzwerke.

Ein weiterer Baustein der internen Kommunikation ist der Newsletter. 1998 startet er als Brennpunkt in einer Vorläuferversion im Internet. Ab 2003 folgt eine neue Fassung mit der Überschrift: »Der Lebensretter« informiert. Im Jahr darauf erscheint der Newsletter zunächst für zwei Jahre in unregelmäßigen Abständen. 2006 beginnt der regelmäßige monatliche Versand des Newsletters via E-Mail. Zum Ende des Jahres 2012 beziehen etwa 40.000 Leser den Newsletter jeweils zur Monatsmitte. Die alltägliche interne Kommunikation zwischen dem Bundesverband und den Gliederungen, aber auch die externe Kommunikation mit den Medien erfolgt zu 90 Prozent über die elektronische Post.

Klaus Daniel

Der Rettungssport in der DLRG – Chancen und Widerspruch

I. Schwimmen und Retten – eine Bildungseinheit

Der Bewegungsraum Wasser ist Stätte für Entspannung, für freizeitliche und sportliche Aktivität, aber auch Gefahrenquelle und somit Ausbildungs- und Übungsstätte für das umfangreiche Aufgabenspektrum der DLRG.

Menschen aus Gefahrensituationen am, im und auf dem Wasser zu retten als ureigenste Aufgabe der DLRG und Rettungssport – ein Widerspruch?!

Diese z. T. kritische, aber wohlwollende Betrachtung zweier scheinbarer Extreme soll einleitend Schwimmen und Rettungsschwimmen als unverzichtbare Bildungseinheit belegen. Allerdings sind die Abstufungen für die Lernziele, deren Lerninhalte und der jeweilige Leistungsanspruch deutlich.

Die Sinnperspektiven des Schwimmens für Freizeit und Sport sind sehr vielschichtig und individuell unterschiedlich ausgeprägt. Für die DLRG gilt Schwimmenkönnen vorrangig als Basis zur Selbstrettung und für unterschiedliche Aktivitäten im Wasser.

Die Sinnperspektiven des Rettungsschwimmens enthalten die Wesenszüge sozialen Engagements und beziehen sich auf alle Inhalte und Ausbildungsmaßnahmen zur Fremdhilfe inklusive der Dienstleistungen im Rettungswachdienst, der Leistungssteigerungen zur Fremdhilfe einschließt.

Die Sinnperspektiven des Rettungssports betreffen Fitness, Leistung, Wettkampfsport und Bestätigung des eigenen Leistungsvermögens. Der mögliche Transfer einer absolut erbrachten Leistung auf die Dienstleistungen der DLRG gegenüber Dritten wird dem Wettkampfsportler zunächst wohl nur nachrangig bewusst sein.

Somit sind Schwimmen und Rettungsschwimmen untrennbar verknüpft – von den Anfängen der Selbst- und Fremdrettung bis sie im internationalen Spitzensport gipfeln. Gemeinsam sind nicht nur das Element Wasser als Bewegungs- und Rettungsraum, sondern auch alle Kompetenzen für die Fortbewegung im Wasser und notwendige Übungs- bzw. Trainingsmaßnahmen. Folglich ist Schwimmen der fundamentale Zugang zum Rettungsschwimmen und Rettungssport.

Generell wird Schwimmen als nicht austauschbares Schulsportfach erklärt, weil lebenserhaltendes sowie lebensrettendes Verhalten gelehrt und gelernt werden und weil Schwimmenlernen für das Individuum und für die Gesellschaft ein relevantes Lernfeld ist. In diesem Zusammenhang dient Schwimmenkönnen sowohl der Instrumentalisierung des Rettungsschwimmens als auch dem Freizeitverhalten. Rettungsschwimmen ist auch hierfür ein unverzichtbarer Bestandteil.

Über den gesellschaftlichen Stellenwert des Schwimmens und Rettungsschwimmens bedarf es keinerlei Spekulationen. Seine Bedeutung in der schulischen Schwimmausbildung und seine gesellschaftliche Integration durch Fachverbände (z. B. Deutsche Lebens-Rettungs-Gesellschaft [DLRG], Deutscher Schwimm-Verband [DSV] und Deutsches Rotes Kreuz/Wasserwacht) sorgen für entsprechende öffentliche Anerkennungen durch erfüllte Ausbildungsaufgaben, Wachdienste und entsprechende Katastropheneinsätze. Zusätzlich mehren sich die Anerkennungen für die sportlichen Leistungen der DLRG bei internationalen Wettkämpfen im Rettungsschwimmen.

Allgemein betrachtet ist Schwimmen eine sogenannte »Kulturtechnik«, die es erlaubt, Erfahrungen zu sammeln, die bei landgebundenem Sport in dieser Form nicht möglich sind. In gleicher Weise kann man auch Rettungsschwimmen und Rettungssport als ein Handlungs-, Erfahrungs- und Experimentierfeld für erlebnis- und erkenntnislenkende Aktivitäten im Bewegungsraum Wasser betrachten. Ihm kommt also eine explorative Bedeutung zu. Letztlich bilden Schwimmen und Retten die existenziell notwendige Fertigkeit für Wassersport jeglicher Art.

II. Rettungssport in der DLRG – ein Rückblick

Die Anfänge

Die Wurzeln für die nun 100 Jahre alte DLRG und deren Aktivitäten im Sport liegen im leistungssportlich organisierten Deutschen Schwimm-Verband (DSV), der bereits 1886 gegründet worden war.

Einige Disziplinen des heutigen Rettungsschwimmens gehörten von Beginn an, also lange vor der Gründung der DLRG, zum Programm von Schwimmveranstaltungen (damals: Schwimmfeste), z. B. Tauchen und Schwimmen in Kleidern. Auch eine Ausbildung zum Rettungsschwimmer war für den Deutschen Schwimm-Verband von großer Bedeutung, da Schwimmenlernen noch nicht in dem Umfang selbstverständlich war wie heute.

Die 1891 in England gegründete Royal Life Saving Society (RLSS) führte bereits Wettkämpfe im Kleiderschwimmen und Rettungsschwimmen durch.

Der DSV rief nach ersten Kontakten zur RLSS mit Beginn des 20. Jahrhunderts zu einer stärkeren Berücksichtigung des Rettungsschwimmens bei Schwimmveranstaltungen auf (1904). Aus einem solchen Aufruf entwickelte sich auch das erweiterte Verständnis zum Zweck des Schwimmverbands, nämlich »1. Ausbildung der Mitglieder in allen Schwimmarten sowie Tauchen und Springen. 2. Unterweisung der Mitglieder im Retten und in der Wiederbelebung scheintoter Ertrunkener. . . .« (XX. Verbandstag 1906 in Breslau)[1]

So wurde auch noch vor dem Ersten Weltkrieg gefordert, dass auf jedem Schwimmfest Rettungsschwimmer zugegen sein müssten (1909).

Die inhaltliche Übereinstimmung mit den heute noch aktuellen satzungsgemäßen Aufgaben der DLRG ist unübersehbar. Auch bei derzeitigen Veranstaltungen für Wassersport sind Rettungsschwimmer zugegen. Die in dieser Epoche »regelrechten Wettkämpfe mit meßbaren Leistungen« haben auch in der Gegenwart noch ihre Anwendungen: Neben den Schwimmtechniken in Brust-, Rücken- und Seitlage wurden Spanischschwimmen ebenso wie Tauchen, Kopfweitsprung, Hindernisschwimmen und Rettungsschwimmen in das Wettkampfprogramm aufgenommen. Also Techniken, die in der gegenwärtigen Rettungsschwimmausbildung und z. T. im derzeitigen Rettungssport angewandt werden.

Die Bemühungen, das Rettungsschwimmen in den Schwimmsport zu integrieren, wurden intensiv weiter verfolgt und führten schließlich zur Gründung der DLRG im Oktober 1913.

Die internationalen Beziehungen wurden durch den Ersten Weltkrieg und in der Folgezeit zunächst unterbrochen. Sport im Zusammenhang mit Wettkampf hat die DLRG zunächst nicht weiterverfolgt. Im Gegenteil: In den 1930er-Jahren war in der Satzung der DLRG verankert, dass Sport in der DLRG verboten sei bzw. die DLRG keinen Sport treibt, was sich durch das Herauslösen aus dem Deutschen Schwimm-Verband mit entsprechender Abgrenzung ergab. Auch die politischen Unsicherheiten zwischen den beiden Weltkriegen verhinderten eine intensive internationale Beteiligung.

Chronologie erster Sport- und Wettkampfaktivitäten

Mit der Gründung der FIS (Fédération Internationale de Sauvetage[2]) im Jahre 1910 als Weltverband folgten internationale Wettkämpfe zwischen den Mitgliedsorganisationen, was bald durch den Ersten Weltkrieg unterbrochen wurde. Endlich erfolgte Anfang 1952 mit der Gründung der FISS (Fédération Internationale de Sauvetage et de Secourisme et de Sports Utilitaires) der Beitritt der DLRG, nachdem die Vorbereitungen hierfür – unter deutscher Beteiligung – bereits 1951 in einer Konferenz in Cannes getroffen wurden.

Eine erste Teilnahme an Internationalen Vergleichskämpfen folgte 1953 in Nantes (Frankreich). Die DLRG wurde durch eine Wettkampfmannschaft des Landesverbands (LV) Baden vertreten. Da Leistungs- und Spitzensport mittels Kaderbildung und Nationalmannschaften noch nicht etabliert waren, wurden bei allen internationalen Wettbewerben Auswahlmannschaften der unterschiedlichen Landesverbände als Vertreter der DLRG eingesetzt.

---

[1] Der Großteil der Angaben in diesem Kapitel erfolgte nach: DSV (Hg.) (1986). 100 Jahre Deutscher Schwimmverband. S. 17–18.
[2] FIS: Bis 1993 mehrfach geänderter Name, danach Zusammenschluss zur heutigen ILS.

Eine Auswahl der Beteiligungen an internationalen Rettungswettkämpfen mit Auswahlmannschaften der Landesverbände:

Die Anfänge bis 1963, dem 50-jährigen Jubiläum der DLRG	
1953 (Nantes)	LV Baden
1955 (Nogent-sur-Marne/Paris)	LV Württemberg
1956 (Mulhouse)	LV Bremen
1957 (Bordeaux)	LV Niedersachsen
1958 (Châlons-sur-Marne et Reims)	LV Westfalen
1959 (Wiesbaden)	LV Hessen
1960 (Madrid)	LV Schleswig-Holstein
1961 (Esch-sur-Alzette)	LV Nordrhein
1962 (Paris) Freundschaftstreffen zwischen Spanien, Frankreich, Deutschland	LV Württemberg (Damenmannschaft), LV Rheinland-Pfalz (Herrenmannschaft)
1963 (Paris)	erstmalig je eine Bundesmannschaft Damen/Herren

Ab 1963 nahmen Bundesmannschaften der DLRG an allen internationalen Rettungswettkämpfen der FIS[3] teil mit einer Vielzahl an Titelgewinnern bzw. bestplatzierten Mannschaften unter den teilnehmenden Nationen. Beispielsweise belegten 1964 in Algier die Damenmannschaft Platz 1 und die Herren Platz 3.

Im Jahre 1959 richtet die DLRG erstmalig internationale Rettungswettkämpfe als Veranstalter aus, denen bis heute einige bedeutungsvolle Ereignisse folgen sollten (1968 in Trier und 1976 Weltmeisterschaften in Berlin als Gastgeber). Ein Höhepunkt waren sicherlich die Weltmeisterschaften 1990 in Travemünde. Diese Rescue '90 wurde von einem umfangreich organisierten Fachkongress für Rettungsschwimmen und -sport begleitet.

Zuvor wurden im Jahr 1973 Rettungswettkämpfe als Bundeswettbewerbe für alle Gliederungsebenen ausgeschrieben. Diese bundesweiten Rettungswettbewerbe verfolgten das Ziel, die Kernaufgaben der DLRG breit gefächert durch Training und Leistungsvergleich zu intensivieren, die Rettungsfähigkeit in Mannschafts- und Einzelwettkämpfen für den Rettungswachdienst zu fördern und den Erfahrungsaustausch zwischen den Gliederungen zu verbessern. Die publikumswirksam gestalteten Wettbewerbe sollten in ihrer Außenwirkung die eigentlichen Aufgaben der DLRG für die Bevölkerung inklusive staatlicher Organisationen (Polizei, Bundesgrenzschutz, Bundeswehr) sichtbarer machen und Eingang ins Schulschwimmen finden.

---

[3] Ab 1994 mit dem Zusammenschluss der Internationalen Verbände FIS und WLS zu ILS und ILS-E (»International Life Saving Federation« weltweit und Europa).

Diese Bundeswettbewerbe gelten heute aufgrund ihrer Wettkampfdisziplinen und durch ihren organisatorischen Umfang als Übergang zu den bald offiziell durchgeführten »Deutschen Meisterschaften im Rettungsschwimmen«.

Den durchführenden Gliederungen wurde dafür ein Regelwerk (1973) vorgegeben, das sowohl die Wettkampfdisziplinen als auch die Wettkampfbestimmungen differenziert organisierte. Dieses Regelwerk stellt mit entsprechenden Fortentwicklungen die Basis für die konstitutiven und regulativen Bestimmungen heutiger Deutscher Meisterschaften im Rettungssport dar und findet sich auch im internationalen Regelwerk wieder.

Schleppen einer Rettungspuppe

Sportkonzeption

International gesehen ist Rettungsschwimmen in einem dualen System von Schwimmausbildung und Wasserrettungsdienst organisiert. Die für die Selbst- und Fremdrettung entwickelten Rettungstechniken stellen besondere Anforderungen an die Leistungsfähigkeit des Retters. Als motivationalen Anreiz für die ehrenamtlich tätigen Rettungsschwimmer wurden Wettkämpfe zum Leistungsvergleich organisiert. So erhielt die ursprünglich allein auf humanitäre Hilfeleistung ausgerichtete Ausbildung fortschreitend einen sportlichen Charakter.

Diese Überlegungen, das Aufgabenspektrum der DLRG durch den Rettungssport – der übrigens international schon verankert war – als satzungskonformes Betätigungsfeld einzuführen, entflammten in den 70er- und 80er-Jahren eine äußerst kontrovers geführte Diskussion.

Argumente kontra Rettungssport: Was hat Sport mit den ursprünglichen satzungsgemäßen Aufgaben zu tun? Es besteht die Sorge, dass der Rettungssport ein sogenannter »Selbstläufer« innerhalb des Verbandes wird, losgelöst von den zentralen Aufgaben und ohne Bezug zur eigentlichen Ausbildung. Ein Nutzeffekt wird infrage gestellt. Diese damals sehr skeptische Haltung gegenüber dem Leistungssport in großen Teilen des Verbandes konnte die Einführung des Rettungssports nicht verhindern.

Argumente pro Rettungssport: Die Einführung des Rettungssports als satzungsgestützte Aufgabe in der DLRG erfolgt nicht um seiner selbst willen, sondern dient als Medium für den eigentlichen Zweck: Ziel ist die Ausbildung junger Menschen zu Rettungsschwimmern. Der Rettungssport soll damit ein Mittel zum Zweck sein, um zumindest ein ausreichendes – besser sogar ein Höchstniveau – an Rettungsfähigkeit zu erreichen. Rettungssport mit seinem reglementiertem Wettkampfsystem ist zudem eine attraktive und motivationsfördernde Ausbildungs- und Trainingsmaßnahme mit Werbewert bei Wettkampferfolgen. Für die Nachwuchsgewinnung ist der Rettungssport ebenfalls geeignet. Im Übrigen hat die moderne DLRG lediglich die anfänglichen Rettungswettkämpfe des DSV aus ihrer Vorgründerzeit aufgenommen. Mit der erneuten Einführung des Rettungssports zeigte sie sich traditionsbewusst.

In den Jahren 1982/83 wurde eine Sportkonzeption für den Sport im Verband diskutiert und vorbereitet und dafür der Leistungsbegriff für die DLRG geklärt. Der Sportbegriff wird »zielgerichtet« für die Bewältigung der DLRG-Aufgaben definiert und gilt somit als »eng verbunden mit dem Humanitätsbegriff«.[4] Der Begriff des Trainings/der Leistungssteigerung wird als Erwerb der persönlichen Bestleistung definiert, um Ausbildungsmöglichkeiten und -inhalte für die Rettungsschwimmer anzubieten, die ihre Rettungsaufgaben auch als »Sporttreiben« mit entsprechendem Leistungsstreben berücksichtigt haben wollten. Dies schaffte gleichzeitig die Möglichkeit, sich neben den Rettungsdienstaufgaben auch an Rettungswettkämpfen zu beteiligen. Dabei bleiben die Grundprinzipien der Trainingsorganisation, der methodisch geplanten Belastungsdosierung und das dazugehörige fachtheoretische Konzept unberührt, aber adressatengerecht angepasst. Die Ausbildung wird durch ein vielseitiges Angebot an Übungen zur Leistungssteigerung und durch Übungsvariationen zur Verbesserung der Techniken im Schwimmen und Rettungsschwimmen bereichert. Dadurch werden Wachgänger auch befähigt, eine nächsthöhere Ausbildungsstufe aufgrund verbesserter Fitness zu erreichen.

---

[4] Sportkonzeption der DLRG von 1984.

Schließlich wurde 1984 eine Sportkonzeption veröffentlicht, die den Rettungssport den ureigenen Aufgaben der DLRG unterordnete.

In ihren Grundsätzen wird festgestellt:
- Die DLRG ist Spitzensportverband innerhalb des Deutschen Sportbundes (DSB, heute Deutscher Olympischer Sportbund, DOSB) und zugleich Mitglied der FIS (Fédération Internationale de Sauvetage et de Sports Utilitaires) und der WLS (World Life Saving Federation).
- Die Verbandsinteressen mit allen Erfordernissen der Wasserrettung bestimmen die rettungssportlichen Angebote in Inhalt und Umfang.

Das Sportkonzept gliedert sich in:
1. Freizeit- und Breitensport mit dem Ziel, breite Bevölkerungsschichten für die Wasserrettung zu interessieren bzw. zu gewinnen. Inhalte sind die Basiskompetenzen des Schwimmens und der Grundausbildung zur Fremdhilfe bei Wasserunfällen. Daneben sind sportliche Aktivitäten für gesundheitliche Zwecke und soziales Handeln Inhalt der Angebote.
2. Leistungs- und Spitzensport: Allgemein wird unter Leistungssport das Erreichen einer persönlichen Höchstleistung im ausgewählten Sport verstanden. Gemäß der Sportkonzeption sollen die Rettungsschwimmer durch leistungsorientiertes Training für ihre Hilfeleistung an »in Wassergefahr geratenen Menschen (…) eine weitgehende Leistungsfähigkeit« erreichen. Für die selbst gestellten Aufgaben der DLRG wird der Leistungssport somit zum Nutzsport. Darüber hinaus hat sich der Sport für den internationalen Leistungsvergleich zum Spitzensport weiterentwickelt und dient durchaus als »Erprobungsfeld« für die erworbene Leistungsfähigkeit

Rettungssport als Chance für wirksame Rettungsfähigkeit im Einsatz – Transfermöglichkeit auf die Ausbildung

Präambel zur Sportkonzeption der DLRG (1984):

»Die Schaffung und Förderung aller Einrichtungen und Maßnahmen, die der Bekämpfung des Ertrinkungstodes dienen, sind unveränderte Ziele und Aufgaben der DLRG seit 1913. Diesem zentralen Zweck dient auch der Rettungssport in der DLRG.«

Der Rettungssport soll also Anreize schaffen für die satzungsgemäßen Ziele der DLRG – soweit die Idee. Rettungsschwimmen an sich stellt bereits hohe Leistungsanforderungen im physischen wie im psychischen Sinne an den Rettungsschwimmer. Letzteres gilt insbesondere für den ernsthaften Rettungsablauf in einer Notsituation. Neben einer frühen

Aufklärung über Gefahren am und im Wasser unter Bezug auf die örtlichen Bedingungen muss der Rettungsschwimmer seine körperliche Leistungsfähigkeit durch wiederholendes Üben und Trainieren erhalten bzw. steigern.

Leistung im herkömmlichen Sinne muss nicht allein dem Leistungssport zugeordnet werden, sondern bedeutet auch eine Steigerung der allgemeinen Rettungsfähigkeit für eine stabile körperliche und psychische Qualität.

Der Rettungssport soll dabei durch seine spezifische Trainingsmethodik vorrangig die physischen Fähigkeiten optimieren helfen. Im Rettungssport vereinigen sich die Basiskompetenzen, die für die Ausbildung im Rettungsschwimmen sowie für den ernsthaften Rettungsvorgang erforderlich sind, mit seiner Ausrichtung auf Leistungsmaximierung.

Als Basiskompetenzen gelten:
- Minimalforderungen in den Schwimmtechniken, die für das Rettungsschwimmen erforderlich sind;
- Grundlagenausdauer in diesen Schwimmtechniken;
- Tauchfähigkeit mit kontrollierter Atemregulierung und Orientierung unter Wasser;
- Springen ins Wasser.

Die Bedingungen für Schwimm- und Rettungssport und das dafür notwendige motorische Grundverhalten sowie die (trainings-)methodischen Maßnahmen sind im Grunde identisch für alle Adressaten und Anwendungsfelder.

»Sportliches« Schleppen einer Rettungspuppe im Kraulstil

Die Gemeinsamkeiten für den Rettungssportler mit dem im Wachdienst sowie in der Ausbildung eingesetzten Rettungsschwimmer sind unverkennbar in den Inhalten und im Handlungsablauf eines Rettungsvorgangs zu finden.

Als Ausgangssituation kann das Ablaufschema einer Handlungskette für einen möglichen Rettungsvorgang zunächst im Hallen/Freibad angesehen werden:

- Dazu gehören unverkennbar gemeinsam zutreffende Überlegungen zu motorischen Konsequenzen daraus und zu entsprechenden Leistungsanforderungen mit dem Ziel, diese regelmäßig durch wiederholendes Üben zu erarbeiten bzw. zu festigen/sichern. Dieses »Üben« mit der Funktion der Könnenssicherung soll die notwendigen koordinativen Fähigkeiten herausarbeiten, soll eine entsprechende motorische Flexibilität gewährleisten und die rettungsspezifischen Fertigkeiten sichern helfen.
- Darin enthalten sind Grundkenntnisse in »Trainingslehre« zum Erwerb und Erhalt der Rettungsfähigkeit (Leistungsfähigkeit inklusive des angestrebten gesundheitsorientierten Fitnessschwimmens) in Fachtheorie und Praxis. Der Erwerb an Ausdauerfähigkeit hat hier einen besonders hohen Stellenwert.
- Erproben und Sicherstellen simulierter Rettungsvorgänge in der wahrscheinlichen Handlungskette sind probate Trainingsmittel für Sportler und Retter.
- Ebenso müssen Rettungssportler und Rettungsschwimmer ihre Kenntnisse und Fertigkeiten in der Herz-Lungen-Wiederbelebung und Erster Hilfe permanent aktualisieren und erfolgversprechend üben.

Da sich die konditionellen Fähigkeiten des Rettungspersonals nicht konservieren lassen, sondern sich ohne wiederholendes Üben und Trainieren zurückbilden, muss der Rettungsschwimmer genau wie im Rettungssport entsprechende Trainingsmaßnahmen und -zeiten ständig in den Ausbildungsplan einfügen.

Krafttraining außerhalb des Wassers

Allerdings kann für den Rettungsschwimmer eine altersgerechte Methodik gewählt werden, die durch freies oder angeleitetes Spiel in das Rettungsschwimmen einführt und dann übungsbetont fortgesetzt wird. Beim Rettungssportler dürfte dagegen das deduktive Verfahren, wie es in leistungssportlichen Trainingssituationen üblich ist (dem Sportleralter angemessen), im Vordergrund stehen.

Diese Überlegungen beabsichtigen, den eventuell vorhanden Interessenskonflikt von Rettungssportlern und Rettungsschwimmern – Selbstzweck oder Mittel zum Zweck – durch einen inhaltlichen Abgleich zu mildern oder gar zu vermeiden, indem Vergleichbares und im gemeinsamen Interesse Nutzbares herausgestellt und Differenzierungen verdeutlicht wurden.

Belastungsprofil beim Rettungssport – Konsequenzen für eine Trainingslehre

Der Mehrkampfcharakter beim Rettungssport erfordert im Trainingsprozess eine Mischform aus motorischen koordinativen und konditionellen Fähigkeiten und Fertigkeiten. Die außerordentliche Belastung ergibt sich aus der Dauer und Art eines Rettungswettkampfs: durch wechselnde Schwimm- und Tauchstrecken, gesteigerte Geschwindigkeit, Veränderungen in der Körperlage (erhöhter Wasserwiderstand) und der Bewegungstechnik sowie durch Zusatzlasten beim Schleppen (z. B. Retten mit Bekleidung, Schleppen eines Dummy). Derartige Belastungen machen den Rettungssport zu einer Ausdauersportart und erfordern zusätzliches Training zur Kraftverbesserung in der schwimmspezifischen Antriebsmuskulatur.

Für die Entwicklung eines Trainingskonzepts dafür war eine Datenerhebung für das Belastungsprofil notwendig, um den systematischen Aufbau koordinativer Fähigkeiten (in der Ausbildung) und konditioneller Fähigkeiten (im Training) als Leistungsfaktoren für den Rettungsfall zu erreichen. Aus den Belastungserfahrungen sollte das Training der Rettungsschwimmer und -sportler zur Optimierung der Rettungsfähigkeit führen. Eine propädeutische Betrachtung des Rettungsschwimmens mithilfe sportwissenschaftlicher Untersuchungen erfolgte in Kooperation mit der Deutschen Sporthochschule Köln.

Das Belastungsprofil erfasst mechanische, Stoffwechsel- und Herzkreislaufbelastungen für Rettungsschwimmen und Rettungssportler bei typischen Wettkampfdisziplinen.

Die Herzfrequenz als probates Beurteilungsverfahren der Leistungsfähigkeit und der Belastungsintensität ist u. a. ein Steuerungsmittel für das Ausdauertraining.

Die Herzfrequenz wurde alle fünf Sekunden permanent registriert, gemessen wurde der tatsächliche Belastungspuls.

Bei allen Disziplinen mit Tauchaufgaben wird die Wirkung des Tauchreflexes deutlich. Ein erster Maximalwert wird nach dem Anschwimmen erreicht, mit dem Tauchvorgang sinkt die Herzfrequenz um ca. 15 bis 20 Schläge/Minute, um nach dem Schleppen der ertauchten Puppe auf einen weiteren Maximalwert anzusteigen. Die Herzfrequenz steigt zwar permanent durch die Dauer der Belastung an, erfährt aber mit jedem Untertauchen eines Hindernisses eine Reduktion, die dadurch Einfluss auf den Mittelwert hat. Die Belastungen erreichen Werte zwischen 180 und 190 Schläge/Minute. Insgesamt trifft diese Aussage für Rettungsschwimmer und Rettungssportler gemeinsam zu, wobei die männlichen Sportler höhere Werte erreichen als die weiblichen. Die Herzfrequenzdaten sind somit ein Beleg für die Anstrengungsgrade für beide Gruppen. Jedoch ist der Erholungspuls bei den Sportlern aufgrund des besseren Trainingszustandes eher erreicht.

Als ein weiterer Indikator für die Belastungsintensität eines Rettungsvorgangs und auch für die Ausdauerfähigkeit des einzelnen Sportlers/Retters dient die Laktatkonzentration im Blut. Ein relativ gleichbleibendes Laktataufkommen im Blut bei geringen Belastungen lässt auf einen aeroben Stoffwechsel schließen, wie er in einer Ausdauersport vonnöten ist. Der beginnende Anstieg des Laktats im peripheren Blut während muskulärer Belastung kennzeichnet eine partiell anaerobe Energiebereitstellung.

Wenn bereits schon bei niedrigen Belastungen hohe Laktatwerte gemessen werden, bedeutet dies auch ein frühes Erreichen der maximalen Laktatkonzentration, was zum Abbruch der Muskelarbeit führt. Das heißt, mangels entsprechend schwimmspezifischem Grundlagenausdauertraining bleibt die sportliche Leistung gering.

Auch bei den Laktatmessungen erreichen die Männer aufgrund ihrer größeren Muskelmasse höhere Werte als die Frauen. Der Verlauf der Kurven war typisch und vergleichbar mit den Resultaten von Wettkampfschwimmern. Allerdings erreichen Schwimmer aufgrund ihres ausgedehnten Ausdauertrainings ein höheres Niveau an Blutlaktat und eine größere Fähigkeit, Laktataufkommen zu tolerieren.

Die Laktatmessungen belegen die bisherigen Aussagen und stellen nochmals heraus, wie grundlegend für beide Gruppen – Rettungssportler und Rettungsschwimmer – der Erwerb schwimmspezifischer bzw. rettungsspezifischer Ausdauer ist. Man beachte allerdings: Herzfrequenz und Laktatverhalten sind ein individuell zu betrachtendes Kriterium der Leistungsdiagnostik. Ein weiteres Indiz für das Belastungsprofil eines Retters/Sportlers sind biomechanische Parameter, nämlich die aufzubringenden Kräfte beim Schleppen.

Im Schleppversuch wird festgestellt, welche Größenordnungen an Kraft bei konstanter Geschwindigkeit der Rettungsschwimmer zur Überwindung der auftretenden Widerstände aufbringen muss und wie sich diese Größenordnungen durch angebrachte Zusatzlasten verändern.

Die großen Schwankungen im intrazyklischen Verlauf werden durch die Zusatzlast beim Schleppen der Puppe mit Kleidern durch hohe Widerstandskräfte verursacht.

Die größte Belastung ergab sich beim Schleppen mit Kleidern (19 Prozent Steigerung im Vergleich zur Badebekleidung). Beim zusätzlichen Transport der Puppe steigert sich der Kraftaufwand nur um weitere zehn Prozent, da die Puppe im Strömungsschatten des Körpers ruhig gehalten wird.

Im eigentlichen Rettungsvorgang ist die Geschwindigkeit nicht mehr konstant oder die abgeschleppte Person hat Eigenbewegungen, sodass Beschleunigungen auftreten. Somit wird der Kraftaufwand für den Retter deutlich höher einzuschätzen sein als für den Rettungssportler, der einen bewegungslosen Dummy abschleppt.

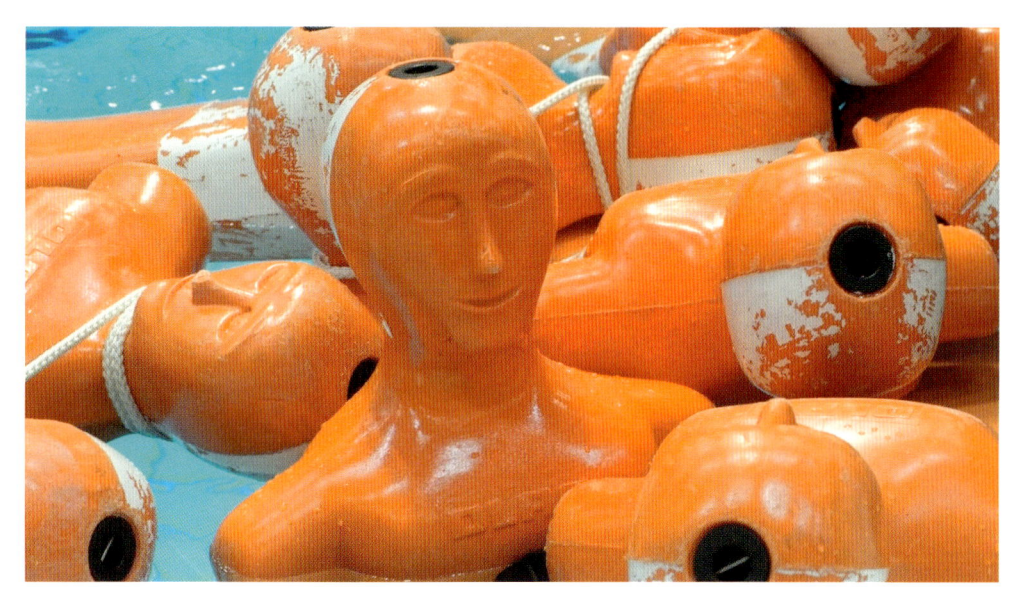

Rettungspuppen

Der Rettungsschwimmer ist durch seine Aufgaben konditionell stark gefordert, was er vorrangig durch die Trainingsleistungen im Rahmen des Rettungssport erarbeiten kann. Kenntnisse und Erfahrungen aus den Trainingsmethodik des Rettungssports sind hier in hilfreicher Weise auf die Vorbereitung des Rettungswachdienstes übertragbar.

Die Basis eines jeden Rettungssports respektive der Rettungsfähigkeit sind die optimale Schwimm- und Rettungstechnik sowie die schwimmerische Ausdauer. Denn ein Rettungsvorgang kann über mehrere Minuten mit wechselnden Schwimmstrecken ablaufen.

Eine Übertragungsmöglichkeit der Erfahrungen des Rettungssportlers auf die Möglichkeiten des Rettungsschwimmers ist in den verbesserten Technikparametern und den

Schwimmleistungen zu sehen. Für entsprechende Schleppvorgänge ist Kraftausdauer zu entwickeln, aber auch für das Anschwimmen die Schnelligkeitsausdauer. Zusätzlich sind Tauchfähigkeiten zu fördern, d. h. Leistung ohne ausreichende Sauerstoffzufuhr zu vollbringen.

Die Inhalte des Trainings können zunächst auch für beide Interessengruppen gemeinsam betrachtet werden: Ausdauertraining und wiederholendes Üben der Rettungstechniken. Dabei wird zunächst der Erwerb von Umfangs- und Intensitätsausdauer mit grundsätzlich gemeinsamer methodischer Vorgehensweise das angestrebte Ziel sein. Die Belastungsnormative werden dabei unter unterschiedlichen Qualitäts- und Quantitätsansprüchen zu betrachten sein.

Eine erste Differenzierung zwischen Sportler und Rettungsschwimmer wird sich daher in den Zahlenwerten der trainingsmethodischen Belastungsnormative zeigen.

Eine zweite Differenzierung in der Wahl der Lehrverfahren: deduktiv beim Training unter genauen Handlungsvorgaben (vorrangig ergebnisorientiert); induktiv bei der Rettungsschwimmausbildung mit erkenntnislenkenden und erlebnisorientierten Lerninhalten.

Die dritte Differenzierung liegt im angestrebten Ergebnis: Während der Rettungssportler vorrangig die Zeitminimierung in (s)einer Spezialdisziplin erreichen möchte und somit die sportive Zentrierung in den Vordergrund stellt, wird der Rettungsschwimmer als vielseitig ausgebildeter Könner seine Leistungsfähigkeit und Rettungsfähigkeit im Rahmen der für die Hilfeleistung erforderlichen Fähigkeiten und Fertigkeiten herausbilden.

Wettkämpfe und Erfolge

Neben den Aufgaben für Ausbildung im Schwimmen und Retten ist der Rettungssport das zweitgrößte Wirkungsfeld innerhalb der DLRG geworden. Die DLRG gehört mittlerweile zu den drei erfolgreichsten Verbänden weltweit.

Der Rettungssport benötigt daher ein gut strukturiertes Wettkampfsystem auf allen Gliederungsebenen innerhalb

Die Nationalmannschaft beim DLRG-Cup 2012

des Bundesverbands. Die Strukturebenen im regionalen Leistungsvergleich sind Ortsgruppen-, Kreis-, Bezirks- und Landesmeisterschaften.

Die Deutschen Meisterschaften werden von der DLRG-Jugend organisiert. Für die internationalen Wettkämpfe bzw. Meisterschaften werden Leistungskader gebildet (Kader A bis D).

Der Rettungssport untersteht zurzeit der fachlichen Verantwortung einer Bundestrainerin, die nicht nur die Trainingskonzeption für die nationalen Auswahlmannschaften entwickelt, sondern auch für die Ausbildung der Heimtrainer verantwortlich zeigt. In Anlehnung an die Rahmenrichtlinien von 1991 des damaligen Deutschen Sportbundes (heute DOSB) können unterschiedliche Fachübungsleiterlizenzen bis hin zur Trainer C-Lizenz erworben werden.

Rettungssport als Spitzensport unterliegt einem nationalen und internationalen Wettkampfprogramm mit fixiertem Regelwerk. Internationale Wettkämpfe werden wie bei anderen Sportarten als Europa- und Weltmeisterschaften (die sog. Rescue) sowie als World Games organisiert (= nicht olympische Sportarten).

Europa ist nicht zuletzt wegen der klimatischen Verhältnisse mit ausreichend Hallenbädern versorgt. Daher werden sowohl Wettbewerbe in Schwimmbädern (als »Pool« oder »Indoor pool«-Rettungswettkämpfe bezeichnet) als auch Vergleichskämpfe an offenen Gewässern, wie sie vor allem an den vielen Küsten z. B. von Australien und Neuseeland dominiert werden (sog. »Ocean/Surf«-Rettungswettkämpfe).

Die Schwimmbadwettbewerbe werden in verschiedenen Disziplinen[5] ausgetragen. Bei allen Disziplinen wird der beabsichtigte Bezug zur Rettung Ertrinkender deutlich: Jeder Wettbewerb beinhaltet das Antauchen, Bergen und Schleppen einer Puppe. Ein Dummy entspricht dem ungefähren Körpergewicht eines Erwachsenen. Er wird eingesetzt, um Chancengleichheit zwischen den Teilnehmern zu erreichen.

Neben den Einzelmeisterschaften werden Mannschaftswettkämpfe in Staffelform durchgeführt, die über 4 x 25 m und 4 x 50 m ablaufen.[6] Innerhalb der Wettbewerbe mit Strecken über 50 m, 100 m und 200 m und bei den Staffeln steht die Handlungsvielseitigkeit eines Rettungsaktes als ein wichtiges Kriterium dieses Nutzsports im Vordergrund.

---

[5] Angaben zu den Meisterschaften im Rettungsschwimmen unter: www.dlrg.de/sport;
200 m Hindernisschwimmen; 50 m Retten einer Puppe; 100 m Schwimmen und Retten mit Flossen und Antauchen einer Puppe, schleppen; 100 m Retten mit Flossen und Gurtretter zum Schleppen einer Puppe; 100 m kombinierte Rettungsübung; 200 m Super Life Saver mit wechselnden Aufgaben innerhalb der Strecke.
[6] Mannschaftswettbewerbe: 4 x 25 m Puppenstaffel; 4 x 50 m Hindernisstaffel; 4 x 50 m Gurtretterstaffel; Leinenwurf als Zwei-Personen-Disziplin.

Die Freigewässerdisziplinen[7] berücksichtigen in den Einzelwettbewerben wie in den Staffeln die außergewöhnlichen Verhältnisse bewegten Wassers: Neben dem Brandungsschwimmen werden Rettungsgeräte eingesetzt, die den Rettungsakt wegen besonderer Erschwernisse unterstützen und zugleich die Retter während des Einsatzes sichern.

Retten mit Gurtretter (Rescue Tube Rescue)

Vor allem in den Schwimmbadwettbewerben zählen die Rettungsschwimmer der DLRG zur Weltspitze mit zahlreichen Welt- und Europameistertiteln, z. T. mit Weltrekorden in einzelnen Wettkampfdisziplinen.

Rettungssport in den Leistungsebenen Breitensport und Leistungssport wird in der DLRG von rd. 60.000 Mitgliedern innerhalb aller Gliederungsebenen betrieben, z. T. als Fitnessalternative, z. T. als Leistungssport mit dem Ziel des Vergleichs untereinander (über 30.000 aktive Sportler). Sport ist dabei kein Selbstzweck, sondern der Rettungssport ist Nutzsport und sichert die Leistungsfähigkeit der Rettungsschwimmer, um bereit zu sein für den Ernstfall.

---

[7] Angaben zu den Freigewässerdisziplinen unter: www.dlrg.de/sport
Einzelwettbewerbe: Brandungsschwimmen; Rettungsbrettrennen; Rettungsskirennen; Rettungstriathlon (Ocean); Strandsprint; sog. Beach Flags, d. h. Strandrennen, der Letzte scheidet aus.
Staffeln: Retten mit Gurtretter; Retten mit Rettungsbrett; gemischte Rettungsstaffel; Strandsprintstaffel.

Fazit: Chancen und Widersprüche

Der Anspruch der DLRG, dass die humanitären Leitmotive die zentralen satzungsgemäßen Aufgaben für Schwimm- und Rettungsschwimmausbildung sowie Rettungsdienst am und im Wasser sind, gilt vorrangig. Er wird durch ein umfangreiches Programm im Rettungssport begleitet. Der Sport ist einerseits weltweit leistungsorientiert ausgerichtet und andererseits werden umfangreiche Breitensportprogramme durchgeführt. Die Sportangebote der DLRG treffen demnach die Interessen aller, gleichwohl, ob sie spitzen- oder breitensportlich orientiert sind. Sport und Rettungsdienst haben in der Ideologie des Verbandes eine gemeinsame Basis. Dabei kann der Rettungssport aufgrund seiner u. U. besseren Popularität als Werbefaktor für die DLRG-typischen Aufgaben dienen.

Feststellungen:

1. Rettungsschwimmer und Rettungssportler haben zunächst die gleiche Ausgangserfahrung durch das Schwimmen: Schwimmen und Rettungsschwimmen sind der fundamentale Zugang zum Rettungssport!
2. Rettungssport ist ein Feld exemplarischer Leistungserziehung mit unmittelbarer Rückmeldung über das Ergebnis (Erfahren der eigenen Leistungsentwicklung, also Erkenntnisgewinn als pädagogische Perspektive). Beide haben etwas zu verantworten im Rahmen ihrer Herausforderungen während der Hilfeleistung als Rettungsschwimmer und im Leistungsvergleich als Rettungssportler, der für das Ergebnis einer gesamten Mannschaft mit verantwortlich ist.
3. Rettungsschwimmen und Rettungssport haben die gleiche Basis des Grundlagentrainings zur Erfüllung rettungsspezifischer bzw. sportlicher Aufgaben. Beide erwerben emotionale Stabilität (psycho-physische Leistungsbereitschaft) durch regelmäßiges Üben und durch leistungssportliches Training.
4. Rettungsschwimmen ist »Medium zu sozialer Erziehung«. Aus der gemeinsam erlebten und bewältigten Handlungsdramatik kann sich ein Miteinander entwickeln.
5. Rettungssport kann zusätzliches »Medium zu sportiver und leistungsorientierter Erziehung« sein. Rettungsschwimmen bietet beste Möglichkeiten, seine Bewegungserfahrungen zu erweitern und die Wahrnehmungsfähigkeit im Wasser zu fördern.
6. Rettungssport ist ein Wettkampfsport mit regulativen und konstitutiven Regelvorgaben (nationales und internationales Regelwerk).[8] Rettungssport kann ein zwar reguliertes, aber auch zielgerichtetes Training auf einen möglichen – differenziert ablaufenden – Ernstfall sein.

---

[8] Konstitutive Regeln entscheiden die Sportidee und die Inhalte der Wettkampfdisziplin. Regulative Regeln schreiben den Ablauf des Wettkampfs, Räumlichkeiten, Mannschaftszusammensetzungen und den Umgang miteinander vor.

Man kann sicherlich nicht erwarten, dass die Erfolge der Wettkampfmannschaften die Leistungsfähigkeit in der Rettungsschwimmausbildung und im Rettungswachdienst absolut widerspiegeln. Das wäre vermessen. Aber man kann sich seinen Einfluss auf die Erarbeitung von Leistungsfaktoren innerhalb der Ausbildung erhoffen.

Ein Widerspruch ist in der starken internationalen Reglementierung des internationalen Leistungssports zu sehen. Regeln, die eine Handlung festzurren, können einen situationsgerechten Rettungsvorgang begrenzen. Hier ergibt sich u. U. ein Problem des Transfers. Der eigentliche Rettungsvorgang ist sehr vielschichtig und hängt von vielen äußeren Umständen ab. Jeder Rettungsvorgang ist nur bedingt vorausplanbar. Das Gelingen wird vom Beherrschen der Grundtechniken, der konditionellen Disposition des Retters gepaart mit einem gehörigen Anteil seiner Erfahrung und Flexibilität abhängen.

Der internationale Wettbewerbskatalog der ILS-E sieht für solche Bedenken einen Wettbewerb vor, der »Simulated Emergency Response Competition« (SERC) genannt wird. Diese Disziplin wird als Wettkampf für eine Notfallsituation durch eine Vierermannschaft gelöst. Die Leitung hat ein Mannschaftsführer. Dabei werden bei einer zuvor unbekannten Notfallbeschreibung nicht nur die körperlichen Fähigkeiten in den Rettungstechniken geprüft, sondern auch das initiative Eingreifen, Kenntnisse und Entscheidungsfähigkeiten beurteilt. Für die Lösung der Aufgabe stehen maximal zwei Minuten Zeit zur Verfügung.

Erfolge im Spitzensport verstärken die Motivation für weitere Leistungssteigerungen, aber sie bleiben nur einer kleineren Gruppe vorbehalten. Solche Kadereinteilungen für den Wettkampfsport sind notwendigerweise für seine Zielsetzungen üblich. Es muss jedoch bei dem erklärten Ziel bleiben, dass der Rettungssport nicht Selbstzweck werden sollte. Es muss das Ziel bleiben – trotz der besseren Popularität –, den Erkenntnisgewinn aus den Trainingsmethoden für den internationalen Rettungssport entsprechend adressatenorientiert in die Ausbildung zum Rettungsdienst zu übertragen.

Fazit: Die Rettung der Menschen, die zu ertrinken drohen, ist Wesenszug der DLRG und der vergleichbaren internationalen Gesellschaften. Ihnen allen obliegt dieser selbe Grundgedanke mit demselben Ziel. Der international organisierte Spitzensport kann diesem Ziel sicherlich gut dienen. Der Rettungssport der DLRG wird durch seine Vielfalt zumindest aus dem Blickwinkel der Rettungsorganisationen seiner multifunktionalen Bedeutung gerecht.

Literaturverzeichnis

Bartnitzke, Klaus (19964): Humanität und Sport im Dienst am Mitmenschen. Die Chronik der DLRG. Schorndorf: Verlag Karl Hofmann.

Daniel, Klaus (1982): Der Begriff der Leistungssteigerung im Rettungsschwimmen und praktische Anwendungsmöglichkeit im Ausbildungs- und Übungsabend. Protokoll eines Referats im Seminar für Ausbildungs- und Einsatzleiter der Bezirke des LV Nordrhein. Lehmen 3/1982.
Daniel, Klaus (1990): Belastungsprofil beim Rettungssport gemessen an Herzfrequenz, Blutlaktatkonzentration und biomechanischen Parametern. In: DLRG (Hg). Rescue ´90 – Dokumentation.
Daniel, Klaus (1990): Belastungsprofil beim Rettungssport. In: Delphin – Das DLRG Magazin, Heft 1/91, S. 8–9.
Daniel, Klaus (2003): Nutzen des Rettungssport für die Leistungsfähigkeit des Rettungsschwimmers. Referat beim DLRG-Symposium Wassersicherheit, Oktober 2003. Bad Nenndorf.
Deutscher Schwimm-Verband Wirtschaftsdienst GmbH (Hg.) (1986): 100 Jahre Deutscher Schwimm-Verband. Eine Dokumentation. Redaktion: Karl Adolf Scherer.
DLRG (Hg.) (1984): Sportkonzeption der Deutschen Lebens-Rettungs-Gesellschaft. In: Der Lebensretter. Verbandszeitschrift, Heft 5/1984.
MSWWF/NRW (Hrsg.) (1999): Grundschule, Richtlinien und Lehrpläne Sport. Schriftenreihe Schule in NRW Nr. 2009. RdErl. d. Ministeriums für Schule und Weiterbildung, Wissenschaft und Forschung v. 21.6.1999 – 732-36-32/=Nr. 3/99. Frechen: Ritterbach Verlag.
Schenk, Stefan (2006): Menschlichkeit und Sport. Ethische Überlegungen zum Programm der Deutschen Lebens-Rettungs-Gesellschaft. Dissertation Deutsche Sporthochschule Köln.

Dr. Tim Brinkmann/Klaus Groß-Weege

»Lasst doch der Jugend ihren Lauf!«

»Lasst doch der Jugend ihren Lauf!«

Mit diesem Volkslied aus dem 19. Jahrhundert, gesungen von den ersten 200 Delegierten eines Bundesjugendtreffens, wurde der damalige Präsident der DLRG, Prof. Dr. Wilhelm Thomsen, am 18. Oktober 1963 in der Jugendherberge in Stuttgart begrüßt. Spätestens an diesem Tag wurde allen Beteiligten klar, dass sich eine eigenständige Jugendarbeit in der DLRG nun nicht mehr aufhalten lassen würde.

Erstes Treffen des DLRG-Jugend-Bundesverbandes mit allen Landesjugendwarten in Stuttgart, 1963

Aber die Geschichte der DLRG-Jugend beginnt schon einige Jahre früher. Die DLRG reorganisierte sich nach der sogenannten »Stunde null« in der Bundesrepublik Deutschland mit einem beachtlichen Tempo. Erleichtert wurde ihr dies durch die Tatsache, dass ihr die sogenannte Gleichschaltung mit den Organisationen des nationalsozialistischen Terrorregimes erspart geblieben war.

Vor allem junge Menschen konnten sich nach Faschismus und im Weltkriegserbe besonders mit den humanitären Idealen der DLRG identifizieren und bildeten so eine große Gruppe in der sich neu formierenden Mitgliederstruktur. Es blieb nicht aus, dass die jungen Mitglieder auch nach Betätigungsfeldern suchten: Es gab den großen Wunsch, sich in seiner Freizeit außerhalb staatlicher Organisationen zu betätigen, seine Netzwerke neu aufzubauen und sich gerade im Kreis Gleichaltriger wieder zu orientieren – genau dazu bot die DLRG mit ihren humanitären Zielen und sportlichen Aktivitäten neben einem Sinn auch den notwendigen (Freizeit-)Spaß an.

Insbesondere in Schleswig-Holstein, Niedersachsen und Hessen – Bundesländer mit einer außergewöhnlich hohen Rate an Zuwanderern aus den vormals vom Nazideutschland besetzten Gebieten – wurde ein gesellschaftspolitischer Druck deutlich. Viele junge Menschen suchten nicht nur Ausbildung und Arbeit, sondern auch in ihrer Freizeit sinnstiftende Betätigungen. Die sich neu formierenden Verbände hatten vor allem in diesen Bundesländern einen hohen Zulauf junger Mitglieder.

Bereits 1951 wurden in den Tagungen der DLRG in diesen Landesverbänden erste Ansätze und Ideen einer eigenständigen Jugendarbeit diskutiert. Zentrale Frage war, ob die Jugendarbeit durch die Erwachsenen zu leisten sei und sich auf Schwimmen und Retten beschränken solle oder ob die Jugendarbeit aus der praktischen Arbeit der DLRG herauszunehmen und einer eigenständigen Organisationsform zu überlassen wäre.

Die DLRG-Jugend – eine Idee von wenigen nimmt Form an

In Schleswig-Holstein konnte bereits 1951 eine erste Jugendordnung beschlossen werden, jedoch wurde die hierin formulierte Eigenständigkeit der Jugend zum »Stein des Anstoßes«, sodass der gewählte erste Landesjugendausschuss schon 1955 wieder zurücktreten musste. Trotzdem wollte man an der Idee einer eigenständigen Jugendarbeit festhalten und setzte unter Führung von Harald Kracht als Landesjugendwart einen neuen Landesjugendausschuss ein, der eine Jugendordnung als Ergänzung zur Landesverbandssatzung formulieren und vor allem den Umgang mit Finanzen innerhalb der DLRG-Jugend neu regeln sollte.

Auf der Basis der ersten Erfahrungen in Schleswig-Holstein und vergleichbarer Ansätze in Niedersachsen und Hessen beschloss der Präsidialrat 1954 in Rodenkirchen:

»1. Der Präsidialrat hält die Jugendarbeit innerhalb der DLRG für wichtig und fördert sie in jeder Weise.
2. Das Präsidium wird bei Erörterung von Jugend-Fragen einen Beauftragten für das Jugendwesen zuziehen und sich bemühen, einen Sachbearbeiter für Jugend fragen in den Bundesjugendplan zu entsenden sowie diese Frage auf Bundesebene weiterhin zu klären.«[1]

Allerdings wollte man zunächst erst einmal die Erfahrungen mit der eigenständigen Jugendarbeit in den drei Landesverbänden abwarten. Erst im Sommer 1958 wurden Fritz Schultze, Landesjugendwart in Niedersachsen, und Harald Kracht vom Präsidenten der DLRG eingeladen, um über ihre Erfahrungen mit der eigenständigen Jugendarbeit zu berichten. Die Modelle Schleswig-Holstein und Niedersachsen sollten auf die DLRG im gesamten Bundesgebiet übertragen werden. Ein Antrag auf Satzungsänderung zur Einführung eines »Jugendparagraphen« wurde für die Bundestagung 1959 in Wiesbaden vorbereitet und scheiterte dort mit nur 40 Prozent der Ja-Stimmen deutlich.

---

[1] Im Zeichen des spähenden Adlers, 50 Jahre DLRG, 1963, S. 82.

Zwei Jahre später, Harald Kracht wollte gerade aus der aktiven Arbeit in der DLRG-Jugend Schleswig-Holstein ausscheiden, ernannte ihn das Präsidium unerwartet zum Jugendreferenten auf Bundesebene. Nunmehr Mitglied des Präsidiums hatte er die Möglichkeit, für die eigenständige Jugendarbeit zu werben, wobei ihn jedoch selbst im Präsidium nur wenige, wie Klaus Bartnitzke und Willi Pöppinghaus, unterstützten. Die übrigen Akteure beknieten ihn, mit dem »Status quo« doch nun zufrieden zu sein.

Zur Bundestagung 1962 in Travemünde, auf der erneut ein Antrag auf Aufnahme eines »Jugendparagraphen« gestellt wurde, veranstaltete die DLRG-Jugend ein Zeltlager, das von Delegierten besucht werden konnte. Zudem nahmen jugendliche Camp-Teilnehmer(innen) an der Tagung als Gäste teil. Die Chronik zum 50-jährigen Jubiläum der DLRG hält dazu fest: »Der Besuch des DLRG-Zeltjugendlagers auf dem Priwall überzeugte die Delegierten von dem Sinn und der Zweckmäßigkeit, der Jugend innerhalb der DLRG einen größeren Wirkungsraum zu schaffen.«[2] Die Strategie ging auf: Die Bundestagung beschloss die »Einführung einer DLRG-Jugend für das gesamte Bundesgebiet und die entsprechende Ergänzung der Satzung sowie die Schaffung des Amtes eines Präsidial-Jugendwartes« und wählte direkt Harald Kracht zum ersten Bundesjugendwart.

Aufbauarbeit mit Schaffung von Strukturen und einem ersten Grundsatzprogramm

Nun galt es, die Frage zu klären, wie die Arbeit der DLRG-Jugend innerhalb der DLRG aussehen könne. Harald Kracht formulierte: »Wenn wir eine erfolgreiche DLRG-Jugendarbeit wollen, dann muß zuerst und vor allem das Verhältnis zwischen Erwachsenen und Jugendlichen völlig intakt sein, muß jeder sein Arbeitsgebiet klar abgegrenzt haben und wissen, daß sein Partner in dem anderen Teil der DLRG-Arbeit dieses Arbeitsgebiet vorbehaltlos anerkennt und ihn

Harald Kracht wurde 1963 zum ersten Bundesjugendwart gewählt

---

[2] Im Zeichen des spähenden Adlers, 50 Jahre DLRG, 1963, S. 133.

selbständig und ohne Argwohn arbeiten läßt.«[3] Zunächst wurde eine Jugendordnung formuliert, der als Grundlage die Satzungen anderer Jugendverbände[4] diente. Im Jubiläumsjahr 1963 (50 Jahre DLRG) fand parallel zur Bundestagung in der Jugendherberge Stuttgart ein erstes Bundesjugendtreffen statt, gefördert durch das Bundesjugendministerium.

Zum »Aufstand« kam es, als erst am dritten Tag der Sitzung Präsident Prof. Thomsen sowie Vizepräsident Zimmermann überredet werden konnten, sich der Diskussion mit den Teilnehmer(inne)n des Jugendtreffens zu stellen. Die Stimmung blieb eisig und das im Titel angeführte und mit Inbrunst von den jugendlichen Teilnehmer(inne)n zur Begrüßung der beiden vorgetragene Volkslied trug nicht zur Entspannung zwischen den Vertreter(inne)n von DLRG und DLRG-Jugend bei.

Um die DLRG-Jugend weiter innerhalb der DLRG zu etablieren, musste dem formalen Rahmen auch eine inhaltliche Ausgestaltung folgen. Die Tätigkeitsfelder in der DLRG-Jugend, die Zusammenarbeit mit anderen Jugendverbänden und besonders das Verhältnis DLRG-Jugend – Gesamtverband wurden in einem Grundsatzprogramm zusammengefasst. Tenor dieses Grundsatzprogramms: »Das Wollen der DLRG-Jugend ist nur zu einem geringen Teil Selbstzweck, d.h., die Jugendarbeit der DLRG wird bewußt als ein Erziehungsauftrag an den jugendlichen Mitgliedern aufgefasst.«[5] Die Bundestagung 1965 beschloss dieses Grundsatzprogramm gemeinsam mit der Bundesjugendordnung, die 1963 in Stuttgart noch zurückgewiesen worden war.

Die Bundesjugendratssitzung 1964 in Dortmund brachte neben dem Grundsatzprogramm auch den ersten ordentlich gewählten Bundesjugendausschuss, dem neben Bundesjugendwart Harald Kracht, Fritz Schulze aus Niedersachsen, Werner Müller aus Hessen, Dr. Peter Pauly aus Rheinland-Pfalz als Ressortleiter für Finanzen und Präsidiums-Frauenwartin als Vertreterin des Präsidiums Marianne Schreiner angehörten.

Die Orientierung nach außen als Zeichen wachsenden Selbstbewusstseins

Seit 1963 liefen bereits Gespräche mit dem Deutschen Bundesjugendring (DBJR) mit dem Ziel einer Aufnahme der DLRG-Jugend, die sich für die DLRG-Jugend, die innerhalb der DLRG mittlerweile drei Fünftel aller Mitglieder ausmachte, sehr positiv zu entwickeln schienen. Als sich der Deutsche Sportbund 1965 aber eine neue Satzung gab, die alle Mitgliedsverbände zwang, ihre jeweiligen jugendlichen Mitglieder in der Deutschen Sportjugend zu organisieren, beendete der Deutsche Bundesjugendring daraufhin sofort

---

[3] Harald Kracht, Rede zum 25jährigen Jubiläum der DLRG-Jugend, Rendsburg, 1987.
[4] Bergmann, Maria: DLRG-Jugend – ein Jugendverband? Betrachtung zur Entwicklung der DLRG-Jugend zwischen Jugendverband und Fachverbandsjugend, Hrsg. Landesjugendausschuss der DLRG im LV Niedersachsen, Hannover 1981.
[5] Harald Kracht, Rede zum 25jährigen Jubiläum der DLRG-Jugend, Rendburg, 1987.

die Gespräche, da eine Konfrontation mit der Sportjugend, die mit dem Austritt aus dem DBJR drohte, »nur« wegen der DLRG-Jugend vermieden werden musste. Die Vertreter(innen) der DLRG-Jugend waren uneins bezüglich einer direkten Mitgliedschaft im DBJR, da etwa die Hälfte der Landesverbände mit einer Mitarbeit in der Sportjugend zufrieden war. So kam es am 15. April 1967 zu dem mit nur einer Stimme Mehrheit gefassten Beschluss, in der Sportjugend mitzuarbeiten. Aber aufgrund von Vorteilen für den Jugendverband sollte der Spitzenverbandsstatus für die DLRG im Sportbund forciert werden.

So wurde die DLRG-Jugend Fachverbandsjugend in der Sportjugend und erhielt wichtige Positionen in den Gremien der Sportjugend und erhebliche finanzielle Mittel. Aus den bewilligten Mitteln konnte der Bundesjugendtag 1968 in Berlin gestaltet sowie dauerhaft ein Bundesjugendsekretär beschäftigt werden.

Gesellschaftliche und jugendpolitische Einflüsse mit zunehmendem Gewicht

Finanziell durch die Sportjugend abgesichert, selbstbewusst durch Mitgliederstärke und Rolle innerhalb des Verbandes trat der junge Jugendverband in die nächste Phase seiner Geschichte ein. Gesellschaftspolitisch geprägt durch die Student(inn)enbewegung machten sich die Jugendvertreter(innen) erneut daran, die Rolle der DLRG-Jugend in Verband und Gesellschaft zu bewerten. Jugendordnung und Grundsatzprogramm sollten den neuesten pädagogischen, psychologischen und soziologischen Erkenntnissen angepasst und dem gestiegenen jugendpolitischen Engagement Rechnung getragen werden.

Vom Präsidialrat wurde 1970 ein deutliches Bekenntnis zur eigenständigen Jugendarbeit eingefordert. »Die DLRG-Jugend will die demokratisch engagierte und in diesem Sinne die für die Aufgaben, Ziele und Forderungen der DLRG praktisch tätige Jugend in der Gesamtorganisation sein«, formulierte der Bundesjugendrat 1970. Als Druckmittel für Präsidium und Präsidialrat, sich mit den Themen der DLRG-Jugend auseinanderzusetzen, werde die DLRG-Jugend sich der APO-Erscheinungsformen[6] bedienen und somit die Arbeit des Gesamtverbandes – bei drei Fünftel Mitgliederanteil sicherlich deutlich – erschweren. Daraufhin verabschiedete der Präsidialrat 1972 das »Programmatische

---

[6] APO = außerparlamentarische Opposition.

Erstes Logo des DLRG-Jugendverbandes

Papier der Jugendarbeit in der DLRG«, in welchem der DLRG-Jugend ein klarer Bildungsauftrag erteilt wurde.

Dieses programmatische Papier diente als Grundlage für ein neues Grundsatzprogramm, welches auf dem Bundesjugendtag in Wolfsburg 1974 beschlossen wurde. Die DLRG-Jugend entwickelte sich mit diesem hin zu einem wirklich eigenständigen Jugendverband, der sich vom Gesamtverband stärker lösen konnte, ohne dabei jedoch ein »Staat im Staate«[7] werden zu wollen.

Auch das Thema Mitgliedschaft im Deutschen Bundesjugendring wurde wieder aktuell. Der Bundesjugendtag beschloss, erneut die Aufnahme in den DBJR zu beantragen. Die Mitgliedsverbände des DBJR sahen dies durchaus positiv, machten jedoch das Einverständnis der Sportjugend zur Bedingung. Deren Vorstand lehnte dieses Vorhaben erwartungsgemäß Ende 1974 ab.

Zeltlager der DLRG-Jugend

---

[7] Dieses damals geflügelte Wort beschrieb das Verhältnis von Bundeswehr und Politik: Durch den »Bürger in Uniform« (also der allgemeinen Wehrpflicht) sollte eine von Politik und Gesellschaft losgelöste Armee wie zu Weimarer- und insbesondere Faschismuszeiten unbedingt verhindert werden.

Die Zeit der friedlichen Koexistenz zwischen DLRG und DLRG-Jugend ist nicht von Dauer

1976 wurde die DLRG Spitzenverband im Deutschen Sportbund (DSB). Dies ließ innerhalb der DLRG-Jugend weitgehend ablehnende Diskussionen aufkommen, da der Prozess einerseits nicht demokratisch durch die DLRG-Verbandsgremien legitimiert worden war[8], andererseits eine Veränderung des Verbandsprofiles weg von der ausschließlich humanitären Ausrichtung hin zu einem Schwimmsportverein befürchtet wurde. Im Folgejahr beschloss der Bundesjugendtag, erneut einen Aufnahmeantrag in den Bundesjugendring zu stellen und damit einen besonderen Kontrapunkt zur vorgenannten Entwicklung in der DLRG zu markieren. Mit diesem Beschluss stellte sich das höchste Organ der DLRG-Jugend gegen die Politik des Gesamtverbandes, der den Sport innerhalb des Aufgabenkanons der DLRG gänzlich neu gewichtet hatte und sich mit der Entscheidung des Bundesjugendtages nicht einverstanden erklären konnte: Das Präsidium erklärte den Bundesjugendtagsbeschluss für rechtsunwirksam, ließ sich diesen Schritt vom Präsidialrat bestätigen und einen eigenen Auftrag für die Verhandlungen zwischen Deutschem Sportbund, Sportjugend und DBJR erteilen. Im gleichen Zuge erfolgte auch eine Diskussion über den Finanzrahmen der DLRG-Jugend, was den erst 1977 neu gewählten Bundesjugendausschuss unter Leitung von Friedrich Marona veranlasste, zurückzutreten.

Manfred Hensel führte die Geschäfte der DLRG-Jugend als kommissarischer Bundesvorsitzender bis zum außerordentlichen Bundesjugendtag 1978, auf dem ein neuer Bundesjugendausschuss unter Jürgen Illing als Bundesvorsitzendem gewählt wurde. Der damalige Präsident, Prof. Dr. Josef Schmitz, versuchte, diese Zeit des Umbruchs in der DLRG-Jugend zu nutzen, die DLRG-Jugend in ihren bisherigen Kompetenzen einzuschränken. Harald Kracht wurde gebeten, wieder für das Amt des ständigen Vertreters der DLRG-Jugend im Präsidium zu kandidieren, lehnte jedoch mit einer persönlichen Erklärung ab, in der er dem Präsidenten zwar nicht absprach, sich nicht aus Überzeugung für die DLRG-Jugend einzusetzen, er selber jedoch unter Jugendarbeit etwas anderes verstehen würde.[9] Diese Erklärung verfehlte ihre Wirkung nicht, dazu kam die Beharrlichkeit und auf Zusammenarbeit ausgerichtete Arbeit des neuen Bundesjugendausschusses, sodass der Präsident doch noch umgestimmt werden konnte. Er nutzte mit Klaus Bartnitzke seine guten Kontakte in den DSB und erwirkte dort eine ruhende Mitgliedschaft der DLRG-Jugend in der Sportjugend, sodass der Weg für Verhandlungen mit dem DBJR endlich frei war.

Allerdings ließ sich die Sportjugend nur auf einen einmaligen Antrag der DLRG-Jugend auf DBJR-Mitgliedschaft ein. Man erhoffte sich, dass der Bundesjugendring eine

---

[8] Wagner, Angelika/Binding, Lothar: Wie Prof. J. N. Schmitz die DLRG zum Spitzenverband im DSB machte. Dokumentation, Hrsg. von der DLRG-Jugend Hessen, ohne Jahresangabe.
[9] Anlage 4 zum Protokoll (außer-)ordentlicher Bundesjugendtag 1978, Weinheim.

Aufnahme primär ablehnen würde, da durch einen derart großen Mitgliederzuwachs im DBJR die Finanzmittel in größerem Maß neu verteilt werden müssten. Im Gegenzug wurde vereinbart, sollte die Aufnahme im DBJR scheitern, neue Verhandlungen über die Mittel der Sportjugend zu führen.[10] So erhoffte man sich, die DLRG-Jugend »ruhig zu stellen«. Diese Rechnung hatte man allerdings ohne die Verhandlungsführer der DLRG-Jugend gemacht: Jürgen Illing, Manfred Krybus (Bundesjugendsekretär), Manfred Lötgering (stellvertretender Bundesvorsitzender) und Kurt Meyer (erster Bildungsreferent DLRG-Jugend Niedersachsen) führten die Verhandlungen mit dem Bundesjugendring, die schließlich nach vielen Vorgesprächen mit den anderen Mitgliedsverbänden Ende 1983 ohne eine Gegenstimme – ein Novum in der DBJR-Geschichte – zur Aufnahme der DLRG-Jugend in den Deutschen Bundesjugendring führten.

Die Diskussion um die richtige Richtung der DLRG zwischen Humanität und Sport hatte damit aber noch kein Ende gefunden, denn immer noch waren ein großer Teil der Landesverbände weiterhin in der Sportjugend aktiv und diskutierten in den Gremien der Bundesebene entsprechend. Diesem Thema widmet sich auch die 1981 erschienene erste wissenschaftliche Auseinandersetzung mit der Jugendarbeit in der DLRG.[11] Als Mitglied im Bundesjugendring verbesserte sich neben der politischen auch die finanzielle Situation der DLRG-Jugend langsam. So konnte 1985 der erste Bildungsreferent der DLRG-Jugend im Bundesverband, Michael Kneffel, eingestellt werden.

Mit der Mitgliedschaft im Deutschen Bundesjugendring entwickelt sich ein eigenständiges Profil der DLRG-Jugend

In den ausgehenden 70er- und den 80er-Jahren setzte eine Phase der Konsolidierung der DLRG-Jugend ein. Die jugendpolitische Heimat im DBJR war gefunden und an der Organisationsform einer eigenständigen Jugendverbandsarbeit gab es im Großen und Ganzen keinen Zweifel mehr. Die Gremien der DLRG-Jugend konnten sich nach Schaffung des neuen Grundsatzprogrammes und der neuen Jugendordnung auf jugendpolitische Themen inner- wie außerverbandlich stürzen. Das Bundesjugendtreffen wurde als Veranstaltung etabliert, auf der alle Teilbereiche der Arbeit der DLRG-Jugend gleichberechtigt nebeneinander ihre Inhalte darstellen konnten.

Das Ressort »Schwimmen, Retten und Sport (SRuS)« hatte neben der Ausrichtung der Deutschen Meisterschaften den Wasserrettungsdienst im Blick und nahm Einfluss auf Unterkunft, Verpflegung, Freizeitgestaltung sowie die Ausbildung der Wachgänger(innen)

---

[10] Protokoll 6. Bundesjugendtag 1981, TOP 5.
[11] Bergmann, Maria: DLRG-Jugend – ein Jugendverband? Betrachtung zur Entwicklung der DLRG-Jugend zwischen Jugendverband und Fachverbandsjugend, Hrsg. Landesjugendausschuss der DLRG im LV Niedersachsen, Hannover 1981.

und Wachleiter(innen). Inhaltlich orientiert wurde unter dem Motto »Wasserrettung heißt auch Wasser retten« erstmals der Bereich Natur- und Umweltschutz in der DLRG-Jugend an der Schnittstelle zum Wasserrettungsdienst im Kernbereich der DLRG bearbeitet.

In erster Linie waren es Personalprobleme, die in der Folgezeit dazu beitrugen, dass nicht alle Erwartungen, die man in die Mitgliedschaft im Bundesjugendring gesetzt hatte, erfüllt werden konnten. Besonders die Nichtbesetzung des Ressorts »Gruppenarbeit und politische Bildung (GruPoB)«, dessen Hauptaufgabe in der Bearbeitung jugendpolitischer, über das ureigene Verbandsinteresse hinausgehende Themen gewesen wäre, führte in der Folgezeit zu innerverbandlichen Nachfragen. In den 80er-Jahren zog sich die Personaldebatte wie ein roter Faden durch die Protokolle der Gremien. Dazu kam eine aus der Student(inn)enbewegung erwachsende politisch geprägte Diskussionskultur und in der Folge eine Lagerbildung, die auch die Nachwuchsförderung erschwerte. Der Bundesjugendtag 1984 endete lediglich mit der Bestellung eines geschäftsführenden Bundesjugendausschusses, der für ein Jahr im Amt bleiben sollte, da sich auf dem Bundesjugendtag kein arbeitsfähiges Leitungsgremium formieren konnte. Auch inhaltlich bereits beschlossene Themen und Aufgaben wie die Beteiligung der DLRG-Jugend am internationalen Jahr der Jugend oder an den Weltjugendfestspielen im Jahre 1985 konnten nur reduziert erfolgen, allerdings trotz alledem das umfangreichste Bildungsprogramm in der bisherigen Geschichte der DLRG-Jugend auf die Beine gestellt werden. Erst im Januar 1986 fand in Köln der erforderlich gewordene außerordentliche Bundesjugendtag statt, auf dem ein Bundesjugendausschuss um Dieter Schreiber als neuem Bundesvorsitzenden gewählt wurde.

Neue inhaltliche Fragestellungen münden in wissenschaftlichen Vorhaben

Das 25-jährige Jubiläum im Blick unternahm die DLRG-Jugend erste Schritte in Richtung der Aufarbeitung der Vergangenheit im Projekt »Spurensuche« vor allem vor dem Hintergrund der Rolle der DLRG im Nationalsozialismus, musste jedoch aus Personalgründen sowie aus mangelnder Unterstützung der Untergliederungen hinter den selbst gesteckten Erwartungen zurückbleiben. Den politischen Auftrag des Bundesjugendausschusses seiner Zeit formulierte Dieter Schreiber wie folgt: »Wir wollen den Jugendlichen in seiner Gesamtheit erreichen. Als gewählte Jugendvertreter ist es unsere Pflicht, die Interessen unserer Jugendlichen zu vertreten, auch wenn es manchmal unbequem wird.«[12]

Der neue Bundesjugendausschuss bekam vom Bundesjugendtag 1986 den Auftrag, sich um die Ausrichtung der Öffentlichkeitsarbeit zur Fokussierung der Zielgruppen zu kümmern

---

[12] Dieter Schreiber, »Perspektiven zur Jugendarbeit in der DLRG bis 1989«, Anlage 2 zum Protokoll des Bundesjugendrates, Oktober 1986 in Frankfurt.

und die Realisierung eines eigenen Jugendmagazins zu prüfen. Eine initiale Arbeitstagung unter dem Titel »Humanität und Sport« verdeutlichte erneut den weiterhin schwelenden Konflikt in den Köpfen der Handelnden. Die inhaltlichen Ressorts im Bundesjugendausschuss »Gruppenpädagogik und Bildungsarbeit« sowie »Schwimmen, Retten und Sport« spiegelten auch innerhalb des Bundesjugendausschusses die beiden Kontraparts wider.

Diese Arbeitstagung wurde in den kommenden Jahren zum jährlichen festen Bestandteil des Programmes und bis in die 90er beibehalten, als »zentrale Veranstaltung zu Fragen des Sports und der Technik«[13].

Weitere gesetzte Ziele für die ausgehenden 1980er-Jahre waren die Stärkung der internationalen Bemühungen, die Fokussierung der Bildungsarbeit auf Multiplikator(inn)en sowie eine Mitgliederbefragung. Diese wurde im Zeitraum 1987 bis 1990 durchgeführt mit dem Ziel, die Jugendverbandsforschung in der Bundesrepublik um den Aspekt des Stellenwertes der organisierten Jugend(verbands)arbeit im Alltag von Jugendlichen auf der Basis empirischer Daten und ergänzend durch die Darstellung ausgewählter Biografien von Jugendlichen zu bereichern. Die auch außerhalb der DLRG-Jugend viel beachteten Ergebnisse der Studie wurden unter dem Titel »Karrieren, Action, Lebenshilfe« 1992 veröffentlicht.[14]

Die DLRG-Jugendverbandsstudie verblüfft mit unerwarteten Ergebnissen

Da sich die Veranstaltung Deutsche Meisterschaften/Bundesjugendtreffen in eine Größenordnung entwickelt hatte, die insbesondere kleineren Landesverbänden die Ausrichtung erschwerte, wurde eine Trennung der Veranstaltungen beschlossen, die jedoch erst 1995 endgültig vollzogen wurde.

---

[13] Protokoll Bundesjugendrat 1993 Köln, TOP 12 »Seminar- und Bildungsprogramm 1993«.
[14] Susanne Reichwein/Thomas Freund: Jugend im Verband – Karrieren, Action, Lebenshilfe, Die Bedeutung der Mitgliedschaft und Mitarbeit in einem Jugendverband für den Alltag und die Biografie von Jugendlichen, Leske + Budrich, Opladen, 1992.

Neuer Pep für die kombinierte Großveranstaltung Deutsche Meisterschaften und Bundesjugendtreffen. Mit dem Adler Eddi gleitet die DLRG-Jugend in den folgenden Jahren durch ihre Publikationen.

Die DLRG-Jugend setzt politische Akzente

Im Laufe der Jahre gab es immer wieder gesellschaftspolitische Themen, zu denen die DLRG-Jugend Stellung bezog und inner- wie außerverbandlich Einfluss zu nehmen versuchte. In den 80er-Jahren verurteilte die DLRG-Jugend zum Beispiel das südafrikanische Apartheidsregime und erwirkte eine Einstellung des Austausches von Sportler(inne)n zwischen der DLRG und der südafrikanischen Wasserrettungsorganisation. Zudem positionierten sich die Aktiven klar gegen die Atompolitik der Bundesrepublik und unterstützten die Anti-AKW-Bewegung. Im Rahmen eines Empfangs für Präsidium und Politik zum Bundesjugendtreffen brachen zum Beispiel plötzlich durch einen imaginären »Super-GAU«[15] »verstrahlte« Teilnehmer(innen) öffentlichkeitswirksam zusammen[16] – sehr zum Leidwesen der anwesenden DLRG-Prominenz.

Zum Bundesjugendrat 1988 in Braunschweig trat Dieter Schreiber aus verbandspolitischen Gründen zurück, Helmut Gangelhoff wurde zum Bundesvorsitzenden, Maria Bergmann aus Niedersachsen zur stellvertretenden Bundesvorsitzenden gewählt. Themen wie Ökologie und Umweltschutz sowie Frauengleichstellung kamen auf die Tagesordnung der DLRG-Jugend.

Auch der neue Bundesjugendausschuss musste mit Personalproblemen kämpfen – viele Seminare fielen mangels Teilnehmer(inne)n aus, wichtige inhaltliche Themengebiete konnten mit den wenigen Mitarbeiter(inne)n in den Ressortstäben nicht bearbeitet werden. Der hohe professionelle Anspruch in Kombination mit den vielen anstehenden Terminen führte zu einer gesteigerten Arbeitsbelastung sowohl im Ehrenamt als auch im Hauptberuf und einer entsprechenden Frust-

Modellprojekt von ISS und DLRG-Jugend
Innovation und Sozialmanagement in der Jugendverbandsarbeit 1991-1993
Das neue Leitbild wird entwickelt

---

[15] GAU = Größter Anzunehmender Unfall im Bereich der Atomkraft, gleichzusetzen mit den Atomunfällen in Tschernobyl oder Fukushima.
[16] Das »Die-in« – eine Aktionsform aus dem Feld des gewaltlosen Widerstands. Dabei legen sich Demonstrant(inn)en öffentlich auf ein Signal hin plötzlich wie tot zu Boden, um zu demonstrieren, dass man einen bestimmten politischen Sachverhalt für lebensbedrohend oder unmenschlich erachtet.

ration. Kommunikation zwischen den Gliederungsebenen, reihenweise ausfallende Veranstaltungen und fehlende ehrenamtliche Mitarbeiter(innen) wurden als Problembereiche formuliert. Zudem existierte ein großer Dissens zwischen dem Anspruch einer hehren Programmatik und der sich abbildenden Wirklichkeit. Dies mündete in der Unfähigkeit zu klären, an welcher Stelle die wahrgenommenen Probleme in welcher Reihenfolge sinnvoll angegangen werden sollten.[17]

Dieser Formulierung und Analyse der Probleme folgte ein Workshop »Verbandsphilosophie (Zukunftswerkstatt)«, der den Beginn einer Leitbilddiskussion in der DLRG-Jugend markierte. Eine Arbeitsgruppe »Leitbild der DLRG-Jugend« formierte sich, die – durch das Institut für Sozialarbeit und Sozialpädagogik (ISS) in Frankfurt begleitet – einen Entwicklungsprozess für ein Leitbild der DLRG-Jugend einleitete. Das erste Leitbild wurde auf dem Bundesjugendtag 1992 in Duisburg verabschiedet.

Die erste eigene Verbandszeitschrift wird geboren

Der Bundesjugendtag 1989 in Würzburg wählte Helmut Gangelhoff erneut zum Bundesvorsitzenden. Nach der Aufgabe des »Kurswagen«, der ersten Publikation der DLRG-Jugend als Beilage im »Lebensretter« der DLRG und Umbenennung in »Prisma«, wurde Ende der 80er-Jahre immer wieder um die Ausrichtung, Zielsetzung und Zielgruppe einer Publikation der DLRG-Jugend gestritten.

In der Neukonzeption des »Lebensretter« fand das bisherige Prisma der DLRG-Jugend konzeptionell keinen Platz. Daneben bestand durch die Vakanz des entsprechenden Redaktionsteams keine Möglichkeit, das Magazin inhaltlich zu füllen, sodass dieses Kommunikationsmedium vorübergehend eingestellt wurde. Zeitlich in die hiermit verbundene Überarbeitung des Gesamtkonzeptes fiel das Scheitern des Magazins »Lebensretter«. Die Entscheidung für eine eigenständige Publikation nach vielen Jahren zäher Diskussionen fiel erst im Jahr 1990: Die Jugendzeitschrift »SPLASH« erschien im Sommer 1991, kurz nachdem sich 1990 die DLRG-Jugend ein neues Logo und damit auch neue Materialien zum Corporate Design gab. Leider blieb es zunächst bei dieser einen Ausgabe, bis sich schließlich auf dem Bundesjugendrat 1993 mit Christoph Georg aus Niedersachsen ein Projektleiter fand, der fortan für ein regelmäßiges Erscheinen mit einer inner- wie außerverbandlich guten Resonanz der »SPLASH« sorgte.

Die Umwälzungen durch die deutsch-deutsche Vereinigung Ende der 80er Anfang der 90er-Jahre brachten auch für die DLRG-Jugend erhebliche Veränderungen mit sich. Recht schnell wurde durch öffentliche Förderung eine hauptberufliche Stelle für die

---

[17] Über die Modernisierungsnotwendigkeit unserer Verbandsarbeit, Anlage zum Protokoll Bundesjugendrat 1989 in Lünen.

»Koordinierung der Aktivitäten auf dem Gebiet der ehemaligen DDR« geschaffen, die allerdings »auf dem Gebiet der ehemaligen DDR«[18] ausgeschrieben werden musste, so entstand das Koordinierungsbüro Berlin. Der erste Bundesjugendrat mit Vertreter(inne)n aus den fünf neuen Bundesländern fand im März 1991 in Wettenberg statt, der darauffolgende Bundesjugendrat im Herbst 1991 erstmals im »Beitrittsgebiet« in Bogensee. In der Folgezeit wurde recht schnell klar, dass im Bereich der Bildungsarbeit speziell für die neuen Landesverbände einiges neu entwickelt werden musste – das Bildungsprogramm der DLRG-Jugend auf Bundesebene sollte sich wieder auch direkt an Mitglieder im Verband, nicht nur an Multiplikator(inn)en wenden. Durch die Evaluationsergebnisse der entwickelten Maßnahmen im Rahmen des Bundesjugendrates 1993 konnte allerdings festgestellt werden, dass die Umsetzung der ursprünglich geforderten Inhalte oft an den regional geforderten Interessen der Verantwortlichen in den neuen Bundesländern vorbeiging.[19] Aus dieser Diskussion entwickelten sich die »Zwischen Bildung und Beratung-Seminare« (kurz ZwiBuB-Seminare), in denen explizit neben dem reinen Bildungsangebot auch Beratungsoptionen enthalten waren.

Sozialmanagement und Organisationsentwicklung ziehen bei der Jugend ein

Aufbauend auf die 1990 mit dem ISS durchgeführten Workshops zur Leitbildentwicklung entstand in der weiteren Kooperation das Projekt »Innovation und Management in der Jugendverbandsarbeit« (1991–1993): Hier sollte eine modellhafte Verknüpfung von Organisationsentwicklung des Jugendverbands und Qualifizierung ehren- und hauptberuflicher Mitarbeiter(innen) der DLRG-Jugend erreicht werden. Die 25 Teilnehmer(innen) qualifizierten sich nicht nur als Personen, sondern als Vertreter(innen) ihres Verbandes, die in ihren Ämtern und Funktionen auch Multiplikator(inn)enfunktion wahrnahmen. Hierdurch zielte das Projekt auf die Entwicklung eines zukunftsorientierten Verbandsprofils der DLRG-Jugend.[20] »Dieses wird in den zentralen Ergebnissen des Projektes deutlich. Mit den 23 Hausarbeiten, die von den Teilnehmer(inne)n zum Erwerb des Abschlusszertifikates erarbeitet wurden, liegen zu den unterschiedlichsten Bereichen der DLRG-Jugend Untersuchungen vor, die handlungsleitend die Grundlage für zahlreiche Überlegungen, Entwicklungen, weitere Innovationen und nicht zuletzt die praktische Umsetzung bieten können.«[21]

Der Bundesjugendtag 1992 in Duisburg verabschiedete neben dem neuen Leitbild der DLRG-Jugend als einem ersten Ergebnis der einsetzenden Organisationsentwicklung auch

---

[18] Protokoll Bundesjugendrat 1990, TOP 8 »deutsch-deutsche Jugendarbeit«.
[19] Protokoll Bundesjugendrat 1993, TOP 4 »Arbeit in und mit den neuen Bundesländern«.
[20] vgl. Klaus Groß-Weege, Sven Zylla: Zehn Jahre Organisationsentwicklung in der DLRG-Jugend. Eine Dokumentation des Organisationsentwicklungsprozesses für die Bundesebene; überarbeitete und ergänzte 3. Auflage, 1998, Bad Nenndorf, S. 6.
[21] ebenda, S. 5.

eine neue Bundesjugendordnung. Helmut Gangelhoff wurde erneut zum Bundesvorsitzenden gewählt. Der neu gewählte Bundesjugendausschuss führte vor dem Hintergrund der erkannten und formulierten deutlichen Arbeitsbelastung erstmals einen Zielvereinbarungsprozess durch und priorisierte so die anstehenden Aufgaben. Hierbei wurde erneut der Dissens zwischen Humanität und Sport durch eine gänzlich unterschiedliche »Auffassung von technischer Jugendarbeit«[22] deutlich, der sich insbesondere bei der Zielvereinbarung des Ressortstabes SRuS manifestierte. Klarer stellten sich die übrigen Ziele – Aufbau einer Jugendarbeit in den fünf neuen Bundesländern, Öffentlichkeitsarbeit und Arbeit an der Bundesjugendordnung durch eine BJO-Kommission – dar. Aus den bereits 1989 formulierten Problembereichen innerhalb des Verbandes erwuchs nun ab 1993 der nächste Schritt, der Beschluss zur Einsetzung eines Organisationsentwicklungsausschusses (OE).

Ein wichtiges Thema in den 90er-Jahren war die Umsetzung und innerverbandliche Bekanntmachung des Leitbildes mit dem Ziel, die hier formulierten Ideen in der Fläche mit Leben zu füllen. Dies gestaltete sich aufgrund der immer noch vorhandenen Unterschiede schon in den Landesverbänden als schwierig, Gleiches galt aber erst Recht für die weiteren Gliederungsebenen. So wurden »Leitbildpartys« oder ein »Leitbildwettbewerb« veranstaltet, koordiniert durch eine eigens ins Leben gerufene Arbeitsgruppe Leitbildumsetzung.

Auf dem Bundesjugendtag 1995 in Burg auf Fehmarn wurde Roland Fahl Bundesvorsitzender. Inhaltlich wurde die Intensivierung der Mädchen- und Frauenarbeit in der DLRG-Jugend beschlossen und das »rollierende System« (RoSy) eingeführt. Durch RoSy sollten die drei Großveranstaltungen (Bundesjugendtreffen, Bundesjugendforum und ein Bundeskindertreffen) der DLRG-Jugend nun abwechselnd und rollierend in vier geografischen Regionen Deutschlands durchgeführt werden. Allein die Deutschen Meisterschaften im Rettungsschwimmen sollten im Jahresrhythmus in Zusammenarbeit mit einem Landesverband stattfinden.

Die bereits lange angedachte Einführung einer Geschäftsordnung wurde umgesetzt und die Bundesjugendordnung angepasst: Neben der Geschlechtsneutralität in den Formulierungen innerhalb der Bundesjugendordnung wurde der Begriff »Bundesjugendausschuss« durch »Bundesjugendvorstand« ersetzt.

Zum Oktober 1995 zog mit der DLRG auch das Bundesjugendsekretariat von Essen nach Bad Nenndorf in das neue Bundeszentrum der DLRG, was neben der neuen räumlichen Situation auch erhebliche personelle Veränderungen zur Folge hatte, da die Mitarbeiter(innen) aus Essen nicht mit nach Bad Nenndorf folgten. Nach deren Ausscheiden bekam auch das vollständig neu besetzte Bundesjugendsekretariat mit Klaus Groß-Weege einen neuen Leiter.

---

[22] Protokoll 1. Bundesjugendrat 1992, TOP 4a »Ziele des BJA 1992–1995«.

Der erste in Bad Nenndorf tagende Bundesjugendrat trat im April 1996 zusammen, hier konnte der neue Bundesjugendvorstand von einer Klärung der festen Anteilsfinanzierung der DLRG-Jugend durch die Bundestagung der DLRG in Duisburg berichten. Hier erging die klare Empfehlung an alle Gliederungsebenen des Verbandes, verbindlich mindestens zehn Prozent der Beitragsanteile für die Jugendverbandsarbeit verfügbar zu machen.

Qualitätsmanagement ist wirklich neu für den Bereich der Jugendverbandsarbeit

Aus der Zusammenarbeit mit dem ISS im Organisationsentwicklungsprozess entwickelte sich als neues Projekt »Entwicklung und Vermittlung von Verfahren, Methoden und Instrumenten der (Selbst-)Evaluation und des Controllings in der Jugendverbandsarbeit«, das im Weiteren als Projekt »Eva C.« einen etwas griffigeren Kurznamen erhielt. Das Projekt wurde mit Mitteln des Bundesjugendministeriums gestaltet, was innerhalb des Bundesjugendrates zu kontroversen Diskussionen führte. Man hatte die Sorge, mit einem derartigen Projekt dem Ministerium eine Arbeitshilfe für die Kontrolle und eventuell späteren Beschneidung der Finanzmittel der Jugendarbeit an die Hand zu geben. Trotzdem wurde das Projekt initiiert und insbesondere außerverbandlich ein großer Erfolg, die Vorstudie zum Projekt wurde als Ausgabe der »Qualitätssicherung (QS)« vom Bundesministerium veröffentlicht und fand entsprechend Beachtung. Aus dem Projekt entwickelte sich in den folgenden Jahren neben vielen Bildungsveranstaltungen ein hoch professionelles inner- und überverbandliches Benchmarking unter dem Motto »Von den Besten lernen«.

Ausgehend von Bestrebungen in Niedersachsen, wo bereits mehrere Jahre zuvor ein Modellprojekt zum Thema »Mädchen in der Jugendarbeit« gestartet worden war, wurde nach dem Bundesjugendtag 1995 eine entsprechende Arbeitsgruppe gebildet. Sie widmete sich dem Thema »Mädchen und Frauen in der Jugend(verbands)arbeit« und beleuchtete dabei verschiedene Wege der Gleichberechtigung von Frauen und Mädchen, Jungen und Männern innerhalb der DLRG-Jugend. Ideen wie eine Doppelspitze, die Einführung einer Quote oder einer geschlechtsparitätischen Redner(innen)liste wurden diskutiert und im Bundesjugendrat zur Abstimmung gestellt. Klare Mehrheiten konnten jedoch für die wesentlichen Forderungen nicht erzielt werden.

Partizipation von Kindern und Jugendlichen in der Jugendverbandsarbeit

In der Diskussion um die Neufassung der Bundesjugendordnung begann 1997 die Auseinandersetzung um Altersbegrenzungen und Mitbestimmungsmöglichkeiten. Ein zähes Ringen um die richtige Altersformel für aktives und passives Wahlrecht sowie eine Altersdeckelung mit Wiederholung aller Pro- und Kontraargumente über die Jahre nahm seinen Beginn und hat vermutlich immer noch kein endgültiges Ziel erreicht. Hintergrund ist zum einen der Wunsch, schon frühzeitig bereits auf Bundesebene den Kindern und jugendlichen Mitgliedern eine umfassende Teilhabe zu ermöglichen, zum anderen aber auch rechtskonform zu bleiben und zusätzlich eine Überalterung der Gremien im Kinder- und Jugendverband zu vermeiden. Besonders der letzte Punkt war Gegenstand unzähliger, oft emotional geführter Diskussionen, waren doch bis Mitte der 90er-Jahre über 40-jährige Mitglieder des Bundesjugendrates keine Seltenheit. Seit dieser Zeit sank jedoch der Altersdurchschnitt der Bundesjugendräte kontinuierlich – ebenso wie die jeweilige Amtsdauer vieler Verantwortlicher in der DLRG-Jugend, eine Präsenz über Wahlperioden hinaus wurde zur Seltenheit.

Der Bundesjugendtag 1998 beschloss eine weitreichende Veränderung der Bundesjugendordnung, in der zum einen das Ressortprinzip aufgegeben wurde – der Bundesjugendvorstand bestand fortan aus dem Bundesvorsitzenden, drei Stellvertreter(inne)n und dem Schatzmeister/der Schatzmeisterin. Der Bundesjugendrat wurde durch eine Verdoppelung der Stimmen bei gleichzeitiger Verringerung der Bundesjugendvorstands-Mandate deutlich aufgewertet. Die inhaltliche Arbeit, die bisher in den Ressorts stattfand, wurde nun in verschedene Arbeitsgruppen delegiert, die vom Bundesjugendvorstand eingesetzt wurden. Die Leiter(innen) dieser Arbeitsgruppen bildeten mit dem Vorstand gemeinsam einen Bundesjugendbeirat. In dieser neuen Struktur wurde Sven Zylla zum Bundesvorsitzenden gewählt.

Mit der auf dem ersten Bundesjugendforum vorbereiteten und vom folgenden Bundesjugendrat zustimmend zur Kenntnis genommenen »Ludwigsfelder Erklärung« legte die DLRG-Jugend auf Bundesebene die Inhalte für den Start in das neue Jahrtausend fest. Neben der Stärkung der geschlechtsbezogenen Pädagogik wurde das Thema Gesundheit, Drogen und Sucht in den Vordergrund gerückt. Weitere Oberthemen waren die Weiterentwicklung der verbandlichen Arbeitsstrukturen sowie die Verbesserung der Zusammenarbeit von DLRG-Jugend und dem Gesamtverband. Zudem wurde ein Augenmerk auf die Weiterentwicklung der Bildungsarbeit, eine bessere finanzielle Ausstattung der DLRG-Jugend und eine intensivierte jugendpolitische Teilhabe der DLRG-Jugend gelegt. Der Organisationsentwicklungsprozess wurde ebenso wie das Projekt Eva C. nach über zehn Jahren 1998 mit einer abschließenden Dokumentation beendet.[23]

Bereits ein Jahr nach dem Bundesjugendtag trat Sven Zylla vom Amt des Bundesvorsitzenden zurück, der Bundesjugendrat wählte nach einer ausführlichen Kompetenzdiskussion Björn Springer (später Harder) aus der Stellvertreterposition zum neuen Bundesvorsitzenden.

---

[23] vgl. Kona Christina Demmer und Klaus Groß-Weege, »DLRG-Jugend – zwischen Präsidialsystem und Managementtheorien, Organisationsentwicklung und Qualitätsmanagement in der DLRG-Jugend«, in Wolfgang Kleemann/Gerlinde Schmidt-Hood, in: Einblicke riskieren – Ausblicke wagen. Konzepte und Praxisbeispiele zur Organisationsentwicklung in Jugendverbänden. Books on Demand, 2002.

Auf dem Bundesjugendtag 2001 in Duderstadt konnte, trotz vorheriger erheblicher Diskussionen und Problemen in der Personalfindung ein (fast) kompletter Bundesjugendvorstand unter Leitung von Carsten Brust gewählt werden.

Die Großveranstaltungen in der dauernden Umwälzung

Inhaltlich war 2001 erneut die Diskussion um den Sport in der DLRG-Jugend Thema: Eine Sportposition, die Klarheit in Bezug auf Sport und sportliche Jugendbildung in der DLRG-Jugend bringen sollte, wurde unter erheblichen Bedenken einiger Delegierter verabschiedet. Zusätzlich wurde unter dem Eindruck der bereits seit mehreren Jahren erkannten Personalnot eine Bildungs- und Personalentwicklungskonzeption verabschiedet.

Die Bestrebungen der DLRG-Jugend in Sachen Qualitätsentwicklung mündeten in der Berufung einer Projektgruppe des Bundesjugendrates – den Qualitätsbeauftragten (später Q-TiPPs), die die gewonnenen Erkenntnisse des Benchmarkingverfahrens auswerten und weitere Bereiche der Qualitätssicherung entwickeln sollten. 2002 wurde bereits das Benchmarking durch ein Mitarbeiter(innen)benchmarking ergänzt und ein »Quality Award« ins Leben gerufen, der als Preis auf den folgenden Bundesjugendtagen besondere Projekte im Bereich der Qualitätsentwicklung im Jugendverband honorierte. Das Jahr 2001 war optisch geprägt von den Veränderungen des Verbandslogos sowie der Wortmarke »DLRG«, aus denen sich auch eine Veränderung des Corporate Designs der DLRG-Jugend ergab: Der Adler »ließ ein paar Federn« und die Farben des Logos wurden angepasst.

Auf den Prüfstand kam auch das rollierende System der Großveranstaltungen auf Bundesebene, da das bisherige Konzept eigenständiger Veranstaltungen von den Kindern und Jugendlichen nicht ausreichend angenommen wurde. Auch das Bundesjugendforum fand bei den angesprochenen Multiplikator(inn)en im Verband nur beschränkte Nachfrage. Allein die Deutschen Meisterschaften im Rettungsschwimmen konnten als RoSy-Veranstaltung unter guter Teilnehmer(innen)beteiligung stattfinden. Die Idee eines Bundeskindertreffens wurde verworfen und ab dem Jahr 2003 die Bundeskampagne Kinder an dessen Stelle initiiert und in der Folge erfolgreich durchgeführt. Die Deutschen Meisterschaften wurden im Hinblick auf die Trägerschaft der DLRG-Jugend immer wieder äußerst kontrovers vor dem Hintergrund sich verändernder Sichtweisen der Teilnehmer(innen) diskutiert. Die Erwartungen an eine leistungsorientierte Wettkampfveranstaltung stiegen, ein jugendverbandsgemäßes Begleitprogramm mit inhaltlichen Angeboten geriet ins Abseits. Manifest wurde dieser Eindruck besonders während der Deutschen Meisterschaften 2002 in Uelzen, die offensichtlich eine andere Art der Diskussion um diese Veranstaltung in den Bundesjugendrat brachte und auch 2003 erstmals zur Diskussion um eine Rückgabe der Verantwortung für diese Wettkampfveranstaltung an das Präsidium führte.

Der Jugendverband lebt seine Technikbegeisterung aus

Nach einem ersten Vorläufer aus dem Jahr 1998 stellte der Bundesvorstand im Jahr 2003 die erste »GroupWare« der DLRG-Jugend vor und baute sie in den folgenden Jahren unter ständiger Verbesserung zu einem Kommunikations- und Planungsmedium aus. Jedes GroupWare-Mitglied konnte von nun an zentral und erstmals funktionsfähig mit dem Rechner auf Dateien und Informationen für seinen individuellen Arbeitsbereich zugreifen.

Die Ehrenamtsdiskussion erreicht die DLRG-Jugend

Nachdem die schon zu Beginn der 90er-Jahre in den Jugendringen beginnende jugendpolitische Diskussion um den Stellenwert ehrenamtlichen Engagements in der Gesellschaft und insbesondere dessen Förderung durch staatliche Strukturen geführt worden war, erreichte diese in den beginnenden 2000er-Jahren auch die DLRG-Jugend. Vermehrt kam die Diskussion um die Zukunft des Ehrenamtes im Hinblick auf sich ändernde gesellschaftliche Rahmenbedingungen auf. Schlagwörter wie Jugendarbeitslosigkeit, Kinder- und Jugendarmut und auch die Einführung der Ganztagsschule beeinflussten die Diskussion in der DLRG-Jugend in Anbetracht des bereits festgestellten Mitarbeiter(innen)mangels im ehrenamtlichen Bereich stark. Die DLRG-Jugend setzte daher auf die Qualifikation der Mitarbeiter(innen) und legte Wert auf die Kommunikation und Dokumentation dieser Qualifikationsmerkmale. Eine Arbeitsgruppe, die sich mit der Erstellung von Bescheinigungen für dieses ehrenamtliche Engagement beschäftigte, wurde ins Leben gerufen. Viele in Vorstandspositionen engagierte Jugendliche wurden immer häufiger mit der Bitte um ein »Zeugnis« für ihre jugendlichen Mitglieder konfrontiert, seitdem auch in den Schulen solche Zusatzzeugnisse oder Beiblätter erwünscht waren, hatten aber selbst wenige Erfahrungen mit dem Erstellen derartiger Schreiben. Diese Lücke konnte durch vorgefertigte Textbausteine und ein entsprechendes Tool zur Erstellung solcher vollständigen Zeugnisse für das Ehrenamt geschlossen werden.

Die inhaltlichen Herausforderungen wachsen

Der 14. Bundesjugendtag in Bad Homburg ging einen weiteren Schritt im Qualitätsentwicklungsprozess, verabschiedete das erste umfassende Qualitätsmanagementhandbuch der DLRG-Jugend und beschäftigte sich erneut mit den Ergebnissen des Benchmarkingprozesses und des Mitarbeiter(innen)benchmarkings. Zum neuen Bundesvorsitzenden wurde Dr. Tim Brinkmann aus Niedersachsen gewählt, erstmals in der neuen Vorstandsstruktur konnten auch alle Stellvertreter(innen)positionen im Bundesjugendvorstand besetzt werden.

Erstmalig wurde durch den Bundesjugendtag der Versuch unternommen, die Bildungslandschaft für die DLRG-Jugend insgesamt zu strukturieren, die vorgelegten Rahmenkonzepte für die Bildungsarbeit wurden mit überwältigenden Mehrheiten beschlossen. Von nun an sollte in der DLRG-Jugend arbeitsteilig daran gegangen werden, neben der obligatorischen JuLeiCa-Ausbildung schon für die unter 16-Jährigen eine grundlegende JuLei-Starter-Ausbildung in der Fläche zu realisieren. Dazu wurden Mindeststandards für die JuLeiCa-Ausbildung im Verband festgelegt.

Die Ausbildung von Teamer(inne)n und das Angebot von Fach- und innovativen Pilotseminaren sollten von nun an abgestimmt zwischen den Gliederungsebenen Bund und Land über die regelmäßig tagende, gemeinsam besetzte Bildungskonferenz stattfinden.

Einen besonderen Stellenwert nahmen auch die neuen Seminarangebote in der Zusammenarbeit mit der Arbeitsgemeinschaft der sieben Jugendverbände der Hilfsorganisationen und die Entwicklung des Coachingangebotes ein. Es sollten Coaches ausgebildet werden, die Verbandsgremien und Verantwortlichen auf Anfrage zur Verfügung stehen und außerhalb der hierarchischen Verbandsstrukturen Hilfestellungen im Problemfall geben können.

Teilnehmerinnen und Teilnehmer einer JuLei-Starter-Ausbildung

Inhaltlich gab der Bundesjugendtag dem neuen Vorstand die Idee des »Projekt 101« mit auf den Weg. Das Projekt hatte sich in der vorhergehenden Wahlperiode formiert und sollte der Politik nach den berühmten »100 Tagen im Amt« besonders zu jugendpolitischen Themenkomplexen »auf die Finger schauen«. Weitere vereinbarte Themenbereiche waren die Weiterentwicklung der »Mädchenarbeit« hin zu »gender mainstreaming« sowie die Intensivierung der Bemühungen um Partizipation von Kindern im Verband durch Fortsetzen der Arbeitsgruppe und der Kampagnen »Kinderwelten«.

Ein Aufmerksamkeit erregendes und die DLRG-Jugend bis heute begleitendes Projekt war die Wiederbelebung der Zusammenarbeit mit den Jugendverbänden der anderen Hilfsorganisationen. Initiiert durch eine Anfrage aus dem Bundesinnenministerium trafen sich die Spitzen der sieben Jugendverbände der Hilfsorganisationen erstmalig zu Beginn des Jahres 2003. Auch im Innenministerium war die unsichere Perspektive des Ehrenamtes nicht verborgen geblieben und daher der Dialog gewünscht. Zur Zukunftssicherung der Jugendverbände wurde eine gemeinsame Imagekampagne angeregt, die unter dem Motto »Was geht ab?« in der Folge zu einer imponierenden und nachhaltigen Kooperation führte, auch wenn das Bundesinnenministerium, als es um die Abforderung der zuvor zugesagten Mittel ging, nur einen Bruchteil der ursprünglichen Summe zur Verfügung stellte.

Die DLRG-Jugend ist ein Spiegel der Gesellschaft

Völlig unerwartet und für die DLRG-Jugend nachhaltig prägend war die Nachricht, dass aus den Reihen der Ortsgruppen eine Vorsitzende der DLRG-Jugend sich für eine rechtsextreme Partei in den Landtagswahlkampf begab. Dies gab der DLRG-Jugend einen Ruck, sich erneut und stark gegen undemokratische und extreme politische Richtungen zu positionieren. In der Folgezeit wurde versucht, in den Gremien die Kommunikation so zu lenken, dass sich Menschen mit rechtsextremem Gedankengut in der DLRG-Jugend nicht wohlfühlen dürfen, den Verband auf den ersten Blick als ungeeigneten Ort für ihre Aktivitäten sehen müssen.

Bei den Bemühungen um die Erkenntnis der eigenen Mitgliederstruktur fiel auf, dass sich die DLRG-Jugend zwar immer als »Querschnitt der Gesellschaft« betrachtete, aber insbesondere Menschen mit Migrationshintergrund sich in unserem Verband noch deutlich seltener im Verhältnis zur Gesamtbevölkerung wiederfinden. Hieraus ergab sich die Notwendigkeit, nach Gründen für diesen Umstand zu suchen und sich stärker Kindern und Jugendlichen mit Migrationshintergrund als interessanter Jugendverband zu präsentieren. Im Rahmen einer gemeinsamen Sitzung des DLRG-Präsidiums und des Bundesjugendvorstands konnte auch dem Präsidium die Notwendigkeit des Themas nahegebracht und eine entsprechende Arbeitsgruppe für den Gesamtverband etabliert werden.

Die DLRG-Jugend als Teil des Ganzen?

Auf der Bundestagung 2005 wurde die Satzung der DLRG im Bereich der Aufgaben der DLRG neu gefasst, indem eine Differenzierung zwischen »Kernaufgaben« und »weiteren Aufgaben« erfolgte. Die Jugend(verbands)arbeit rutschte hierbei aus den Kernaufgaben der DLRG heraus, was sehr kontrovers diskutiert wurde. Die Befürworter(innen) argumentierten, dass die DLRG ja eine Jugendorganisation habe, die die Jugendarbeit durchführe. Daher stehe die Jugendarbeit nicht auf einer Stufe mit der Lebensrettung, der Ausbildung und der Prävention. Die Gegner(innen) diskutierten, dass aber der eigenständige Jugendverband auch eine Legitimation in der DLRG-Satzung verankert sehen wolle und daher die Förderung der Jugend(verbands)arbeit eben nicht »unter ferner liefen« in der Satzung abgekoppelt werden dürfe. Ein Kompromissvorschlag führte zur Aufnahme eines gesonderten Punktes in die DLRG-Satzung, der als eine weitere, bedeutende Aufgabe der DLRG die Jugendarbeit und die Nachwuchsförderung beschreibt.

»Alle anders – alle gleich«

Initiiert durch mehrere Fälle übermäßigen Alkoholkonsums bei den Deutschen Meisterschaften bearbeitete die Arbeitsgruppe »Jugend braucht Gesundheit« das Thema Umgang mit Alkohol und Drogen im Jugendverband in einer neuen Kampagne »RISPEKT – Respekt vor Risiko«, aus deren Ergebnissen eine Zusammenfassung mit Handlungsempfehlungen und wissenschaftlich aufgearbeiteten Hintergrundinformationen ergab.

Insgesamt standen die nachfolgenden Jahre unter dem Stern der Entwicklung inhaltlicher Publikationen und deren praktischer Umsetzung in der außerschulischen Bildungsarbeit der in den Vorjahren formulierten und beschlossenen Grundsatzüberlegungen und Konzepte. Der Bundesverband legte jetzt großen Wert auf die Bündelung von »Know-how« und die Veröffentlichung dieser Arbeitshilfen – es galt, die in den Vorjahren beschlossenen Konzepte nun stärker mit Leben zu füllen.

Weichenstellungen: Das Leitbild der DLRG-Jugend wird runderneuert

Das Bundesjugendforum 2006 beschäftigte sich mit dem in die Jahre gekommenen Leitbild der DLRG-Jugend. Die Diskussionen während des Forums ergaben einen Ergänzungsbedarf an Inhalten im Leitbild. Vor allem in den Themenbereichen der interkulturellen Öffnung, der Positionierung gegen politischen Extremismus und des Gender-Mainstreamings bestand Überarbeitungsbedarf. Im Nachgang der bereits im Jahr 2000 durchgeführten Fachtagung »Bei uns doch nicht …! – Sexueller Missbrauch an Mädchen und Jungen in der DLRG und der DLRG-Jugend« wurde dieser Themenbereich ebenfalls im neuen Leitbild herausgestellt und damit deutlich gemacht, dass Täter(innen) in der DLRG-Jugend kein Umfeld für sexualisierte Gewalt geboten wird. Um dem sich über die Jahre gewandelten Selbstverständnis des Jugendverbandes im Bereich der Partizipation von Kindern zu entsprechen, wurde zudem in den Formulierungen des Leitbildes eine Neubestimmung hin zum Kinder- und Jugendverband vorgenommen.

Nachdem im Sinne der Vorbereitungen durch das Bundesjugendforum auf dem Bundesjugendtag 2007 in Osterburg über Leitbild und Bundesjugendordnung intensiv gestritten worden war, konnten aber in den beiden Grundlagenpapieren die zeitgemäßen Veränderungen beschlossen werden. Um den wiedergewählten Bundesvorsitzenden Dr. Tim Brinkmann formierte sich ein gänzlich neues Vorstandsteam, jedoch konnte eine gerade eingeführte vierte Stellvertreter(innen)position nicht auf dem Bundesjugendtag, sondern erst ein Jahr später auf dem Bundesjugendrat besetzt werden.

Der bereits zuvor beobachtete negative Trend der Mitarbeiter(innen)findung und -bindung setzte sich auch in diesem Jahrzehnt leider fort, sodass am Ende wieder die Umsetzung vieler guter Ziele mangels »Women- und Manpower« auf der Strecke bleiben musste.

Veranstaltungen erneut auf dem Prüfstand

Das bisherige Veranstaltungskonzept »RoSy« wurde erneut auf den Prüfstand gestellt und festgestellt, dass aus dem gesamten Konzept zuletzt nur noch die Deutschen Meisterschaften im Rettungsschwimmen durchgeführt werden konnten, wobei es auch hier in den letzten Jahren vermehrt zu Problemen bei der Ausrichtersuche kam. Dies führte zur Entscheidung, das RoSy-Konzept fallen zu lassen und Großveranstaltungen neu zu gestalten: Zum einen wurde eine Workshopveranstaltung unter dem Namen »let´s talk about« als jährliches Highlight der Bildungsarbeit eingeführt. Das Bundesjugendforum wurde zugunsten eines Arbeitstreffens der Landesjugendvorsitzenden mit dem Bundesjugendvorstand (»18+8«) aufgegeben. Zur besseren Kommunikation zwischen dem Vorstand und den Landesverbänden sowie der Landesverbände einer Region untereinander wurden Regionalkonferenzen als jährliche Veranstaltungen in Nord, West und Süd eingeführt.

Da die Durchführung einer reinen Wettkampfveranstaltung nicht mehr mit dem Verständnis von Kinder- und Jugendverbandsarbeit und dem humanitären Gedanken vereinbar war, wurde beschlossen, wieder ein Bundeskinder- und Jugendtreffen durchzuführen, das »BuKiJuDM« war geboren. Unbewusst wiederholte sich in dieser Diskussion der alte Streit um die richtige Richtung im Spannungsfeld zwischen Humanität und Sport, jedoch positionierte sich die DLRG-Jugend jetzt eindeutig in Richtung Humanität und agierte auch in anderen Diskussionen wieder deutlich politischer als in den Jahren zuvor. So wurde erstmals ein eigener inhaltlich orientierter Antrag im Deutschen Bundesjugendring platziert und durchgesetzt: eine Initiative gegen die Verbreitung spezieller Geräte (Moskitos), die einen aggressiven, nur für junge Menschen hörbaren, Ton wiedergeben, um diese so von bestimmten Plätzen fernzuhalten, konnte durchgesetzt werden.

Ein weiteres, über die Jahre immer wieder die Diskussionen bestimmendes Thema war die Auseinandersetzung mit Fremdenfeindlichkeit und Rechtsextremismus. In den Bundesjugendräten wurden vermehrt durch Workshopphasen Zeiträume für inhaltliche Arbeit geschaffen und die Räte durch externe Referent(inn)en und Gäste – wie zum Beispiel den Jugenddelegierten zur Generalversammlung der Vereinten Nationen – bereichert. Im Bereich der internationalen Arbeit konnte mit großem Erfolg am Rande der Weltmeisterschaften im Rettungsschwimmen eine internationale Fachkräftekonferenz zum Thema »Jugendarbeit in Wasserrettungsorganisationen« durchgeführt werden.

Der Blick geht auch über den Jugendverband hinaus

Noch immer sind junge Menschen in der DLRG mit einem Anteil von 63 Prozent an der gesamten Mitgliederzahl besonders gut vertreten. Trotz aller Prophezeihungen angesichts der demografischen Entwicklung in der Bundesrepublik – und auch der Mitgliedereinbrüche in anderen Jugendverbänden – zeigt sich die DLRG-Jugend auch in ihrem fünften Lebensjahrzehnt stabil.

Zum ersten Mal mit einer Frau an der Spitze: der neue Vorstand 2010

Der Bundesjugendtag 2010 wählte mit Kathrin »Joe« Ripcke die erste Frau an die Verbandsspitze, erneut konnte die Position einer/eines stellvertretenden Bundesvorsitzenden nicht primär, sondern erst auf einem folgenden Bundesjugendrat besetzt werden.

Eine ausführliche Diskussion um die Bundesjugendordnung trug der Entwicklung der vergangenen Jahre Rechnung: Erneut wurden die Altersgrenzen verändert, das passive Wahlalter auf 16 Jahre festgesetzt und die Festlegung des aktiven Wahlalters in die Hände der Landesjugendtage gelegt, allein als dessen Höchstgrenze sollten nun zehn Lebensjahre gelten.

Die erfolgreiche Kooperation in der Arbeitsgemeinschaft der Jugendverbände der Hilfsorganisationen, ergänzt um eine äußerst erfolgreiche Kooperation mit der BUNDjugend im Projekt WASsERLEBNIS – dem GeoCaching-Projekt rund um Wasser, Abenteuer und Nachhaltigkeit – wurde ebenso wie die internationalen Bemühungen der DLRG-Jugend fortgesetzt und stellten fortan auch eine klare Orientierung des Verbandes nach außen hin dar.

Zur Analyse der Strukturen und Verbesserung der Kommunikation untereinander gab der Bundesjugendtag 2010 einen Startschuss für einen, sich lange abzeichnenden erneuten Organisationsentwicklungsprozess. Noch immer getreu dem Motto »Lasst doch der Jugend ihren Lauf!« oder aktueller formuliert: Wer sich zu wenig bewegt, wird unbeweglich.

Ute Vogt

»… und eines Tages werden wir stolz auf unsere Frauen sein!«[1]

---

[1] Frauenwartin Anneliese Ruhe, Lehrgang f. Frauen beim LV Württemberg, Juli 1955.

»Wir wollen eine planvolle Ausbildung aller, auch der Frauen. Von 1900 bis 1910 haben sich 850 Frauen in Europa und 1400 in Amerika als Retterinnen ausgezeichnet; sie haben sich ein Recht erworben, auch an diesem Werke edelster Menschlichkeit teilzunehmen.«[2]

So formulieren die Gründungsväter der DLRG bereits im Jahre 1913. Das ist beachtlich, war es doch zu dieser Zeit alles andere als selbstverständlich, die Frauen gleichberechtigt einzubeziehen. Und so ganz ist dies ja auch nicht auf Anhieb gelungen, blieben doch beim Unterzeichnen des Aufrufs die Männer noch unter sich.

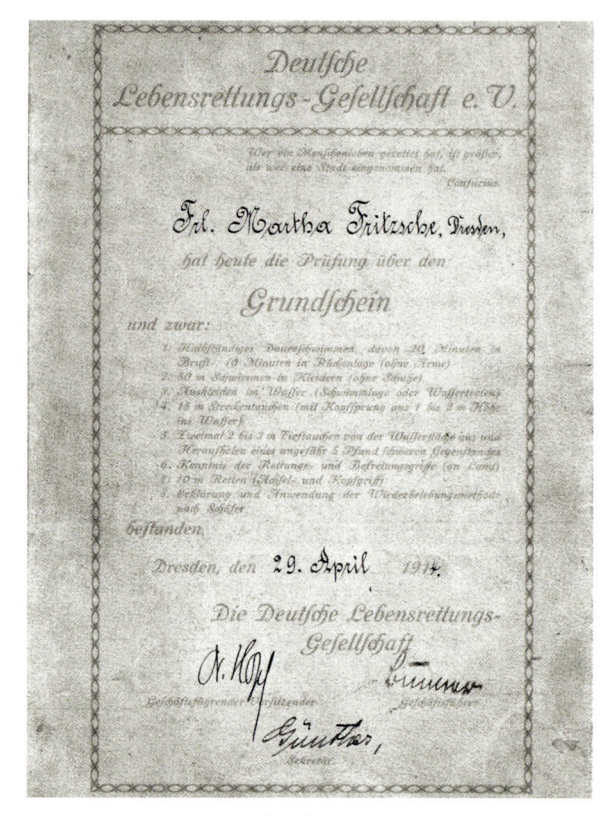

Lehrschein von Martha Fritsche 1914

Trotzdem ist es in der Gesellschaft von 1913 ungewöhnlich, dass in dieser Form an die Frauen gedacht wird.

Schließlich hatten sie 1913 noch nicht einmal das Wahlrecht und auch ihr Recht Vereinsmitglied zu werden war, bis 1908 eingeschränkt.

Ganz offensichtlich hatte diese direkte Ansprache von Frauen Wirkung. Auf dem Foto der ersten Wasserrettungsgruppe von Binz/Rügen aus dem Jahr 1914 sind die Frauen sogar leicht in der Überzahl.

Wasserrettungsgruppe von Binz auf Rügen

---

[2] Werbebrief der DLRG, Ende 1913, Anfang 1914 unterzeichnet von 48 Persönlichkeiten.

Im Jubiläumsjahr 2013 sind 46 Prozent unsere Mitglieder weiblich. Wenn also gefordert wird, dass den Frauen und Mädchen die Hälfte der Welt gehört, dann spiegeln sich diese Verhältnisse in der Mitgliedschaft der DLRG durchaus wider.

Die Geschichte der Frauen in der DLRG vollzieht sich natürlich nicht unabhängig von den Entwicklungen der Gesellschaft in Deutschland.

Als die Stettiner Lehrerin Ella Stubbe-Neise 1931 auf der Hauptversammlung in Königsberg ihren Vortrag »Die Frau und die D. L. R. G.« gehalten hat, wurde dieser sogar als achtseitiges Büchlein in der Taschenbücherei der DLRG verlegt.

Ein Zeichen, dass die Auseinandersetzung mit dem Thema den DLRG-Oberen jedenfalls wichtig erschien.

Im Laufe der nächsten Jahre hat sich im Nazi-Deutschland die Rolle der Frau verändert. Die Frau wurde nicht mehr eigenständig, sondern vor allem in Bezug auf ihre Rolle als Ehefrau und Mutter gesehen. So schrieb Goebbels bereits 1932: »Der Führer entwickelt ganz neue Gedanken über unsere Stellung zur Frau (…) Die Frau ist Geschlechts- und Arbeitsgenossin des Mannes (…) Der Mann ist Organisator des Lebens, die Frau seine Hilfe und sein Ausführungsorgan.«[3]

Spätestens in den Kriegsjahren sah das praktische Leben aufgrund der fehlenden Männer zwar anders aus. Auch in der DLRG wurden immer mehr Frauen zum Rettungsdienst herangezogen. Das änderte allerdings nichts an der ideologischen Sichtweise, die das Ideal für Frauen trotz allem nicht in eigenständiger oder gar gleichberechtigter Arbeit, sondern lediglich in Bezug auf Mann, Kinder und Heim gesehen hat. Diese Sichtweise prägte die deutsche Gesellschaft bis weit in die Nachkriegsjahre. In der DLRG wurde zwar die Bedeutung der Frauen in der und für die DLRG durchaus erkannt: »Fräulein« Maria Kolbe wurde Dezember 1951 als »Sachbearbeiterin für Frauenfragen« gewählt.

Maria Kolbe (zeitgenössische Zeichnung)

---

[3] zit. bei Rosemarie Nave-Herz, Die Geschichte der Frauenbewegung in Deutschland, S. 42.

Und gleich 1952 trafen sich die Frauen in der DLRG zu ihrer ersten Arbeitstagung. Aber »Fräulein« Kolbes Wirken wurde wohl auch von ihr selbst nicht immer als erfolgreich empfunden. War sie 1952 noch ganz euphorisch gestartet und nannte dieses Jahr »ein historisches Jahr« für die DLRG, weil »erstmalig nach 25 Jahren segensreicher und aufopfernder Tätigkeit« die Frau in der DLRG stärker in Erscheinung getreten ist.[4] So stellte sie bereits im Januar 1953 ernüchtert fest, dass leider nur aus »einzelnen Teilen des Bundesgebiets« Sachbearbeiterinnen für Frauenfragen benannt worden sind und forderte eine intensivere Beschäftigung der DLRG mit der Ansprache von Frauen. Nicht nur für das Amt der Sachbearbeiterinnen, sondern auch zum Beispiel mehr Lehrschein-Inhaberinnen, um »eine Basis für die weibliche Breitenarbeit zu schaffen«.[5] Immerhin schaffte es ihr Aufruf »Was zeitreif ist, muß durchgeführt werden« damals auf die Titelseite des Lebensretters.

Es sollte ganze fünf Jahre dauern, bis am 8./9. März 1958 schließlich die zweite Arbeitstagung der Frauen stattfinden konnte.

In der Zwischenzeit hat Anneliese Ruhe im Mai 1953 das Amt der DLRG-Frauenwartin angetreten und war gleichzeitig auch die einzige Frau im Präsidium.

Im Laufe dieser Jahre wurden vielfältige Wege erörtert, wie mehr Frauen für die Mitarbeit in der DLRG gewonnen werden könnten. »Wie kann man die unzufriedenen Ehefrauen unserer DLRG Aktiven gewinnen?«[6] war zum Beispiel ein Ansatz, der gleichzeitig auch den aktiven Männern wiederum mehr Freiraum schaffen sollte, wenn sie sich allzu häufig ehrenamtlich außer Haus betätigten.

Anneliese Ruhe

Überhaupt waren die Frauen in dieser Zeit doch recht bescheiden. Von ihrer Arbeitstagung in Kassel 1958 lesen wir den Hinweis, »daß den Frauen in der DLRG die Aufgaben zufallen, die ihrem Wesen, ihrer fraulichen Eigenart besonders entsprechen und nach ihren Fähigkeiten ausführbar sind«. Und weiter: »Die Frauenwartinnen betonen besonders, daß ohne zwingende Gründe von Frauen keine Funktionen in der DLRG übernommen werden sollen, die zunächst den Männern übertragen wären.«[7]

---

[4] Maria Kolbe, Frauenarbeit in der DLRG, Lebensretter April 1952, S. 33.
[5] Maria Kolbe, Was zeitreif ist, muß durchgeführt werden!, Lebensretter Januar 1953, S. 1.
[6] Bericht über Frauentagung des LV Nordrhein, Lebensretter November 1956, S. 321.
[7] Bericht über Arbeitstagung der LV Frauenwartinnen, Lebensretter, April 1958, S. 98.

Und auch der Präsident wirft sich mächtig ins Zeug und fordert in seinem Vorwort im Januar 1958: »Mögen noch mehr Frauen und Mädchen zu uns kommen, denn was gibt es Schöneres für eine Frau und Mutter, als selbst ein Kind vor dem Tode des Ertrinkens retten zu können.«[8]

In dieser Zeit hat die DLRG nach Stand der Zahlen der Bundestagung von 1959 in Wiesbaden 112.000 Mitglieder, davon 8.000 Frauen. In den Nichtschwimmer- und Anfängerlehrgängen sind etwa gleich viel Jungen wie Mädchen.[9] Anneliese Ruhe bleibt auch nach diesen Wahlen die einzige Frau im Präsidium.

Ilse Stoffregen

Doch langsam tut sich was. »Die Bereitschaft der Frau, sich nicht nur den Bedürfnissen der Familie hinzugeben, sondern in der Kontaktaufnahme mit einem gleichgesinnten ›Team‹ eine Tätigkeit zu übernehmen, sollte heute nicht mehr als vereinzelt gelten«[10], schreibt die streitbare Ilse Stoffregen der DLRG ins Stammbuch.

Ab Januar 1964 erscheint dann »Der Lebensretter« in neuem Gewand und in ihm von nun an die Seite »Welt der Frau«, die immerhin bis 1970 einigermaßen regelmäßig und auch danach noch sporadisch zu lesen ist. Gleich zum Start dieser Rubrik bereitet wiederum Ilse Stoffregen ihre DLRG auf einen neuen Typus vor, nämlich die erwerbstätige Frau.

Und allmählich ändert sich auch in der DLRG die Sicht auf die Arbeit der Frauen. War bislang doch häufig die »Frau und Mutter« mit ihrer natürlichen Berufung im Mittelpunkt der Beschreibungen, so wird nun von der praktischen Arbeit berichtet. So zum Beispiel eine ganze Seite über die »DLRG-Frauenwachstation 8a« in Wittenbergen an der Elbe, an der 14 Frauen und Mädchen zusammen 1.000 Wachstunden im Sommer 1964 geleistet haben.

Auch wenn die Rubrik »Welt der Frau« nicht in jedem Heft gefüllt wird, fällt doch auf, dass inzwischen in nahezu jedem Heft auch praxisnahe Artikel von Frauenwartinnen zur DLRG-Arbeit zu finden sind.

Trotzdem kommt es auch immer wieder zu bemerkenswerten Theorien in Bezug auf Frauen und Mädchen. Zum Beispiel: »Das Tauchen ist aber für die Frau auf Grund ihrer körperlichen Konstitution bedeutend schwieriger (Auftrieb)«, erklärte der technische Leiter des

---

[8] Vorwort zum neuen Jahr, Lebensretter Januar 1958, S. 3.
[9] Dr. Liselotte Preis, Die Frau und die DLRG, Lebensretter Dezember 1959, S. 425.
[10] Ilse Stoffregen, Lebensretter Oktober 1961, S. 326.

LV Westfalen, Bergerhoff, im April 1964 den Frauenwartinnen bei ihrer Bezirkstagung.[11] Oder Anton Meier liefert in Replik auf einen offenen Brief von Ilse Stoffregen gleich eine ganze Reihe von Gründen, die Mädchen und Frauen von der DLRG fernhalten würden, als da wären die »kritischen Tage«, an denen Wasser tabu sei, die Tatsache, dass das Wasser die Frisur kaputt machen könne, die Frage, ob auch der Freund ein Rettungsschwimmer sei oder gar die Scheu, sich als schwangere Frau mit »Veränderungen der Körperformen« noch im Bad zu zeigen.[12]

Insgesamt offenbar eine streitbare Zeit für viele Frauen in der DLRG. Die langjährige Frauenwartin Anneliese Ruhe indes wird auf der Bundestagung im Juli 1965 nicht wiedergewählt, weil sie ohne Gegenkandidat(in) nicht die erforderliche Mehrheit erringen konnte. Gewählt wird daraufhin Marianne Schreiner aus Rheinland-Pfalz.

Aber nicht nur in der DLRG, auch in der Gesellschaft tut man(n) sich nicht leicht mit einer neuen Rolle der Frau.

So bietet das Ostseebad Großenbrode im Jahr 1972 »einem staatlich geprüften Schwimmmeister und seiner mitarbeitenden Ehefrau« eine Dauerstellung.

Im 60. Jubiläumsjahr sticht das Thema Frauen in der DLRG nicht besonders hervor. Die Frauenwartinnen leisten ihre Arbeit, diskutiert wird aber inzwischen über ihre Rolle und besonders über den Titel »Frauenwartin«.

Die Arbeitstagung der Präsidialfrauen 1974 in Bad Kreuznach beschließt: »Die Mitarbeit der Frau in der DLRG ist notwendig. Es muß das Ziel angestrebt werden, die Frau für jede Tätigkeit in der DLRG zu schulen, um der Frau leitende Funktionen zu übertragen.«

Das lässt darauf schließen, dass trotz der gestiegenen Zahl an weiblichen Mitgliedern die führenden Funktionen doch nach wie vor allem Männerdomäne sind. Dies spiegelt sich ein weiteres Mal auch bei den Wahlen auf der Bundestagung 1974: Marianne Schreiner bleibt die einzige Frau mit Vollmitgliedschaft im Präsidium. Ihre Stellvertreterin wird Dora Rau, Wadern, und als stellvertretende Justiziarin ist Senta Fricke, Krefeld, dabei.

Swimminchen

---

[11] Die Frau in der aktiven DLRG Arbeit, Lebensretter Juni 1964, S.17
[12] Anton Meier, Frauenarbeit in der DLRG, Eine kritische Untersuchung, Lebensretter 1966, S. 22.

Drei Jahre später ziehen mit Frauenwartin Margit Schmitz und Justiziarin Senta Fricke zwei Frauen ins Präsidium ein. Amt und Begriff der »Frauenwartin« bleiben umstritten. Auch viele Frauen argumentieren ganz im Zeitgeist gegen eine Sonderrolle und fordern stattdessen die Integration der Frauen in allen Bereichen und nicht die vermeintliche Reduzierung auf die Frauenwartin und Frauenfragen. Auf Bundesebene fällt die Funktion der Frauenwartin bei den Neuwahlen auf der Bundestagung in Oldenburg 1980 weg. Das Präsidium wird verkleinert und übrig bleibt als einzige Frau die Justiziarin Senta Fricke.

Ab 1980 ist übrigens auch bei der Materialstelle die Gleichberechtigung ein Thema. »Swimminchen«, die Partnerin von »Swimmy« ist lieferbar.[13]

Während im Tagesgeschäft der Ortsgruppen die Zusammenarbeit von Frauen und Männern immer selbstverständlicher wird und in der Regel unkompliziert einfach stattfindet, sind in den Führungsebenen der Landes- und des Bundespräsidiums nach wie vor nur sehr wenige Frauen vertreten. Allerdings ist dies, ähnlich wie insgesamt in der Gesellschaft der 80er-Jahre, in der DLRG ein wenig beachtetes Thema. Gesellschaftlich ändert sich das Ende der 80er-, Anfang der 90er-Jahre. Als Folge einer breiten öffentlichen Debatte schaffen immer mehr Kommunen eine Stelle der Frauenbeauftragten und zwei politischen Parteien beschließen die Einführung von verbindlichen Geschlechterquoten.

Die Folge sind danach Jahr für Jahr mehr Frauen in Landtagen und im Deutschen Bundestag, sodass sich die Zusammensetzung der Gremien im politischen Raum von da an bis heute spürbar verändert. In Sport und Wirtschaft hingegen bleiben die herausgehobenen Funktionen weiterhin Männerdomäne. In einer Auswertung des DOSB zu Studien über Frauen in ehrenamtlichen Führungspositionen im Sport ist dabei sehr treffend von einer »stabilen Unterrepräsentanz« von Frauen in den Spitzenverbänden des Sports die Rede.

In der DLRG wurde das Thema inzwischen vor allem vonseiten der DLRG-Jugend vorangetrieben. Der Startpunkt für eine erneute, systematischere Arbeit am Thema »Frauen in der DLRG« wurde im Jahr 1998 gesetzt. DLRG-Bundesjugend und DLRG-Präsidium setzten gemeinsam eine Arbeitsgruppe ein, die fortan jährlich eine Frauentagung durchführen sollte. Der Zeitgeist von »Baywatch« im Vorabendprogramm forderte seinen Tribut und so wurde 1998 zur ersten Frauentagung mit dem Titel »Frauen zwischen Pamela Anderson und Kinderschwimmen« eingeladen. Es folgten drei weitere gemeinsam organisierte Tagungen und dann endlich im Jahr 2002 der offizielle Beschluss der Bundestagung zur Einrichtung eines festen Arbeitskreises »Frauen in der DLRG«.

Das bedeutete nicht alleine das Bekenntnis, dass das Engagement von Frauen gezielt gestärkt werden sollte, es bedeutete auch, dass diese Arbeit künftig vonseiten des Bun-

---

[13] Lebensretter, Februar 1980, S. 9.

desverbands finanziell getragen werden musste. Und damit war ein regelmäßig wiederkehrender Stein des Anstoßes geschaffen. Kaum ein Präsidialrat, bei dem nicht eine kritische Debatte über die Arbeit, beziehungsweise die Notwendigkeit dieses Arbeitskreises geführt wurde. Keine Vorlage eines Haushaltes ohne die entsprechenden Nachfragen und regelmäßig wiederkehrenden Versuche, den Arbeitskreis abzuschaffen.

Dieser arbeitete allerdings unbeirrt weiter. Die jährliche Frauentagung war ein Muss geworden und die letzten 15 Jahre zeigen eine große Bandbreite von Themen. Häufig an-

Rettungsschwimmerin heute

geboten wurde einfach Rüstzeug zur Durchsetzung in der Praxis, wie bei Tagungen zu Führung, Kommunikation und Auftreten. Natürlich DLRG-Spezifisches wie im Jahr 2003 »Das Projekt Rettungsschwimmen in der Schule« oder gesellschaftliche Themen wie die Tagung zum »Prinzip des Gender Mainstreaming« im Jahr 2005. Im Jubiläumsjahr findet die 16. Frauentagung statt – ganz im Zeichen des Jubiläums zu »100 Jahre Frauen in der DLRG«.

Inzwischen haben die Frauen ein umfangreiches Netzwerk geknüpft: Über 1.400 DLRG-Frauen werden regelmäßig mit aktuellen Informationen versorgt. Im DOSB ist die DLRG-Frauenpower eine feste und aktive Größe. Mit der Teilnahme der DLRG am DOSB-Projekt »Frauen an die Spitze« wurde 2012 ein Prozess angestoßen, der breite Diskussionen nach sich zieht und auch die Bundestagung im Jubiläumsjahr beschäftigen wird. Ein Arbeitskreis »Personalentwicklung und Chancengleichheit« soll nach dem Wunsch des Präsidiums dauerhaft arbeiten und sich vor allem um die DLRG-Führungskräfte der Zukunft kümmern. Damit auch an der Spitze die Frauen genauso gleichberechtigt vertreten sind, wie bereits heute bei der Arbeit in den Ortsgruppen.

Bleibt schließlich darauf hinzuweisen, dass im Jubiläumsjahr von 18 Landesverbänden ganze vier (Baden, Bayern, Berlin und Westfalen) von einer Präsidentin geführt werden. Es wird uns in der DLRG in Sachen Gleichberechtigung also die Arbeit so schnell noch nicht ausgehen.

Dr. Klaus Wilkens

Fundraising –
unverzichtbar für die DLRG

I. Aspekte und Instrumente des Fundraisings

Fundraising ist »der Oberbegriff für alle Maßnahmen, die gemeinnützige Organisationen ergreifen, um den Zufluss von fremden Ressourcen für ihre Arbeit sicherzustellen« (Brocks, 1994, S. 17). Dieses Zauberwort der 90er-Jahre umfasst

- finanzielle,
- sonstige materielle,
- immaterielle und
- personelle

Formen der Mitteleinwerbung. Die Palette reicht vom verbindlichen Mitgliedsbeitrag über freiwillige Spenden bis hin zur Gewinnung von Mitgliedern und sonstigen Mitarbeitern.

Obwohl die DLRG im erheblichen Maße öffentliche Aufgaben (z. B. Wasserrettungsdienst, Katastrophenschutz) wahrnimmt, ist ihre Förderung mit öffentlichen Mitteln sehr bescheiden, allerdings von Landesverband zu Landesverband, von örtlicher Gliederung zu örtlicher Gliederung unterschiedlich. Auf der Bundesebene stammen nur ein bis zwei Prozent der Mittel aus öffentlichen Kassen. Trotzdem ist die DLRG immer intensiv bemüht gewesen, ihre humanitären Aufgaben in Selbstverpflichtung wahrzunehmen und entsprechende »private« Fundraisingarten für sich zu erschließen.

Ende der 80er-Jahre des 20. Jahrhunderts wurde auf und für die Bundesebene eine Finanzstrategie entwickelt, die die eigenen Kräfte und (privaten) Möglichkeiten in den Mittelpunkt stellte:

- Beiträge als Basis und zur Finanzierung insbesondere der Kernaufgaben (Ausbildung, Einsatz, Kommunikation),
- Spenden,
- Stiftungsmittel,
- Sponsoring,
- aufgabennahe, wirtschaftliche Aktivitäten.

Vor dem Hintergrund knapper werdender öffentlicher Mittel, geringerer Mitgliederzuwächse sowie eines scharfen Wettbewerbs der Non-Profit-Organisationen (NPO) um die knappen Ressourcen, musste auch die Deutsche Lebens-Rettungs-Gesellschaft e. V. (DLRG) professioneller und innovativer in dem »Markt« des Fundraising tätig werden, ohne allerdings ein internes Gegeneinander der verschiedenen Gliederungsebenen auszulösen. Dies ist besonders wichtig, da die DLRG föderal aufgebaut ist und die Untergliederungen in hohem Maße eigenständig sind. Insofern kommt der Bundesebene eine besondere Führungs- und Koordinationsaufgabe zu.

Nr.	Fundraising-Instrument	OG/Bezirk	Land	Bund
1	Beiträge	X	X	X
2	Spenden			
	- Geld	X	(X)	(X)
	- Sach	X	(X)	(X)
	- Mailings	(X)		X
3	Legate	X	(X)	X
4	Stiftungen	(X)	X	X
5	Bußgelder	X	(X)	(X)
6	Patenschaften	X		
7	Know-how-Transfer	X	X	X
8	Freundes-/Förderkreise	X	X	X
9	Investmentfonds (Nutzen)			X
10	Medienmarketing			X
11	Multimedia/Internet	(X)	(X)	X
12	Lotterie/Sammlung	(X)	X	
13	Vermögensverwaltung			
	- Vermietung/Pacht	(X)	(X)	(X)
	- Zinsen	X	X	X
	- Lizenzen			X
14	Leistungsentgelte	X	(X)	X
15	Wertstoffsammlungen	X	(X)	
16	Sponsoring			
	- groß		X	X
	- klein	X		
17	Wirtschaftspartnerschaften	(X)		X
18	wirtschaftlicher Geschäftsbetrieb			
	- Sonderrabattierung	X	X	X
	- Katalogmarketing			X
	- Internet-Shop			X
	- Verbands-Magazin			X
	- »Club« im Verein			X
	- Wirtschafts-GmbH			X
19	Öffentliche Mittel	X	X	X
20	Mitglieder, Freiwillige	X	X	X

Es würde zu weit führen, alle einzelnen Instrumente zu erläutern, auf einige wird im Folgenden noch intensiver eingegangen, zu anderen erfolgen einige generelle Anmerkungen:

- Spenden-Mailings (vgl. III): Die DLRG hat erst 1997 damit begonnen, und zwar auf der Basis von Startkapital, an dem sich alle Gliederungen und Gliederungsebenen beteiligen konnten. Die Aufteilung des Spendenaufkommens erfolgt im Verhältnis des Anteils am Startkapital. Aber auch die nicht unmittelbar Beteiligten profitieren indirekt über die Obergliederungen. Als Folge dieser Gemeinschaftsaktion wächst aufgrund der Kommunikation und Spenderbindung auch die Zahl der Legate.
- Stiftungen (vgl. IV): Der Bundesverband hat eine rechtlich selbstständige (Dach-)Stiftung errichtet, unter deren Dach die Untergliederungen Tochterstiftungen errichten können. Diese Konstruktion erspart den Untergliederungen das ansonsten aufwendige Genehmigungsverfahren und eine eigene Verwaltung.
- Know-how-Transfer: Dieser erfolgt durch die Beratung von Partnerunternehmen und Privatpersonen.
- Freundes-/Förderkreise: Sie begleiten und unterstützen die Aktivitäten der jeweiligen Gliederung, z. T. erwachsen die Mitglieder aus den Spendenmailings.
- Leistungsentgelte: Hierbei handelt es sich um die Gebühren für Prüfungen, Urkunden und Abzeichen, Entgelte für den Wasserrettungsdienst sowie sonstige Dienstleistungen.
- Sponsoring (vgl. V): Die DLRG praktiziert auf der Bundesebene grundsätzlich nur langfristige, exklusive Sponsorbeziehungen. Beispielhaft ist die über 50-jährige Partnerschaft mit Beiersdorf/NIVEA.

Die Vielzahl der einsetzbaren und eingesetzten Instrumente stellt bei so vielen eigenständigen Beteiligten hohe Ansprüche an eine gute Koordination sowie Akzeptanz und Verständnis für die Arbeitsteilung und Schwerpunktsetzung. Der Bundesverband hat dabei eine nicht unerhebliche, fortdauernde Überzeugungsarbeit zu leisten.

II. Beiträge als Grundlage der Finanzierung

Über Jahrzehnte waren Beiträge die fast ausschließliche Finanzquelle des Bundesverbandes. Allerdings ergaben sich immer wieder Interessengegensätze: Die örtlichen Gliederungen wollten den Beitrag möglichst weitgehend für sich behalten, die Obergliederungen (Landesverbände, Bundesverband) hatten immer wieder Mühe, ausreichende Anteile durchzusetzen. Zur Bundestagung 1992 wurde ein Konzept entwickelt, das in objektiver und nachvollziehbarer Weise den Bedarf des Bundesverbandes für die Kernaufgaben

(Kommunikation, Ausbildung, Einsatz) aufzeigte und somit zu einer Versachlichung der Diskussion beitrug. Dieses Konzept war mustergebend für alle weiteren Gliederungen. Der Mitgliedsbeitrag ergibt sich somit als Summe aller notwendigen Beitragsanteile von Orts-, Bezirks-, Landes- und Bundesebene mit der Konsequenz, dass es weder einen einheitlichen Beitrag noch einen (einheitlichen) Mindestbeitrag gibt. Dieses Konzept hat sich in der (jüngeren) Vergangenheit bewährt.

Allerdings ist in diesem Zusammenhang auch bedeutsam, dass es im Zuge einer erfolgreichen, breit aufgestellten Finanzierungsstrategie gelang, den Anforderungsdruck auf den Beitrag durch den Bundesverband generell zu senken.

Das Beitragsaufkommen ist von der Zahl der Mitglieder abhängig. Steigende Mitgliederzahlen förderten bis 2002 das Finanzaufkommen. Allerdings ergeben sich Probleme durch die demografische Entwicklung in jüngster Zeit und auch für die Zukunft. Insofern muss mit einem verringerten Beitragsaufkommen gerechnet werden.

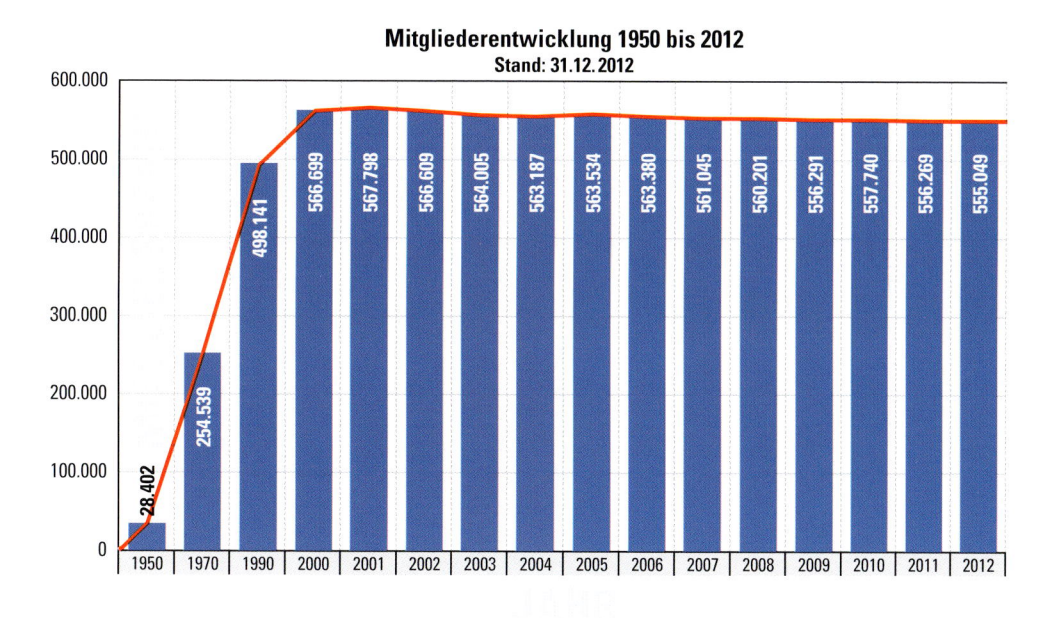

Mitgliederentwicklung 1950 bis 2012
Stand: 31.12.2012

Jahr	Mitglieder
1950	28.402
1970	254.539
1990	498.141
2000	566.699
2001	567.798
2002	566.609
2003	564.005
2004	563.187
2005	563.534
2006	563.380
2007	561.045
2008	560.201
2009	556.291
2010	557.740
2011	556.269
2012	555.049

Ein entsprechender Ausgleich müsste

- durch Erhöhung der Beitragsanteile und/oder
- durch die Nutzung anderer Finanzquellen

geschehen. Der Bundesverband ist bemüht, vorrangig den zweiten Weg zu nutzen.

III. Spenden haben wachsende Bedeutung

Die DLRG tat sich als föderaler Verband schwer, eine wirksame Spendenakquise zu realisieren. Aktivitäten des Bundesverbandes stießen auf prinzipielle Ablehnung der örtlichen Gliederungen, die die Auffassung vertraten, ihnen gingen Spender und Spenden verloren.

Allerdings hatten nur wenige Gliederungen tatsächlich eine systematische Spendenwerbung – insbesondere bei Privatpersonen – betrieben.

Erst 1997 war ein Konzept mehrheitsfähig, das

- allen Gliederungen eine Beteiligung am Startkapital erlaubte, die die Basis für die Aufteilung des Spendenaufkommens war,
- den Gliederungen die Möglichkeit bot, die Adressen ihrer Mitglieder und bisherigen direkt gewonnener Spender für das zentrale Mailing zu sperren.

Die Umsetzung des zentralen Spendenmailings wurde mithilfe einer Agentur verwirklicht, was eine professionelle, kostengünstige und flexible Umsetzung ermöglichte, ohne die eigenen Fixkosten auszuweiten. Innerhalb kurzer Zeit wurde diese Gemeinschaftsaktion ein großer Erfolg, an der sich immer mehr Gliederungen beteiligen konnten.

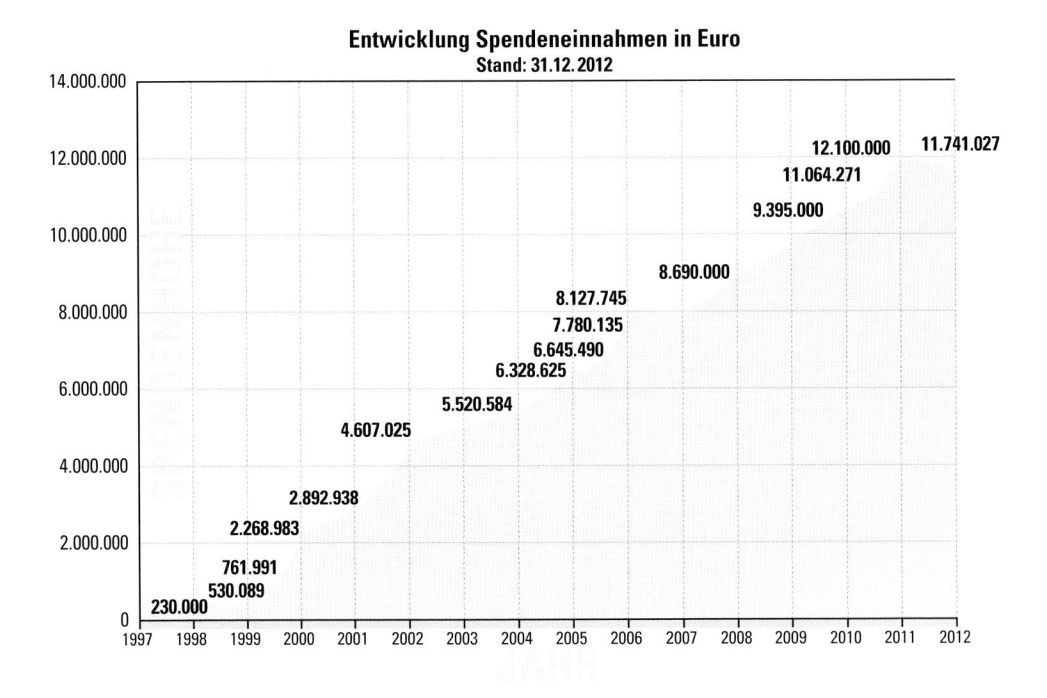

Entwicklung Spendeneinnahmen in Euro
Stand: 31.12.2012

Jahr	Spenden in Euro
1997	230.000
1998	530.089
1999	761.991
2000	2.268.983
2001	2.892.938
2002	4.607.025
2003	5.520.584
2004	6.328.625
2005	6.645.490
2006	7.780.135
2007	8.127.745
2008	8.690.000
2009	9.395.000
2010	11.064.271
2011	12.100.000
2012	11.741.027

Entwicklung Spenderzahl
Stand: 31.12.2012

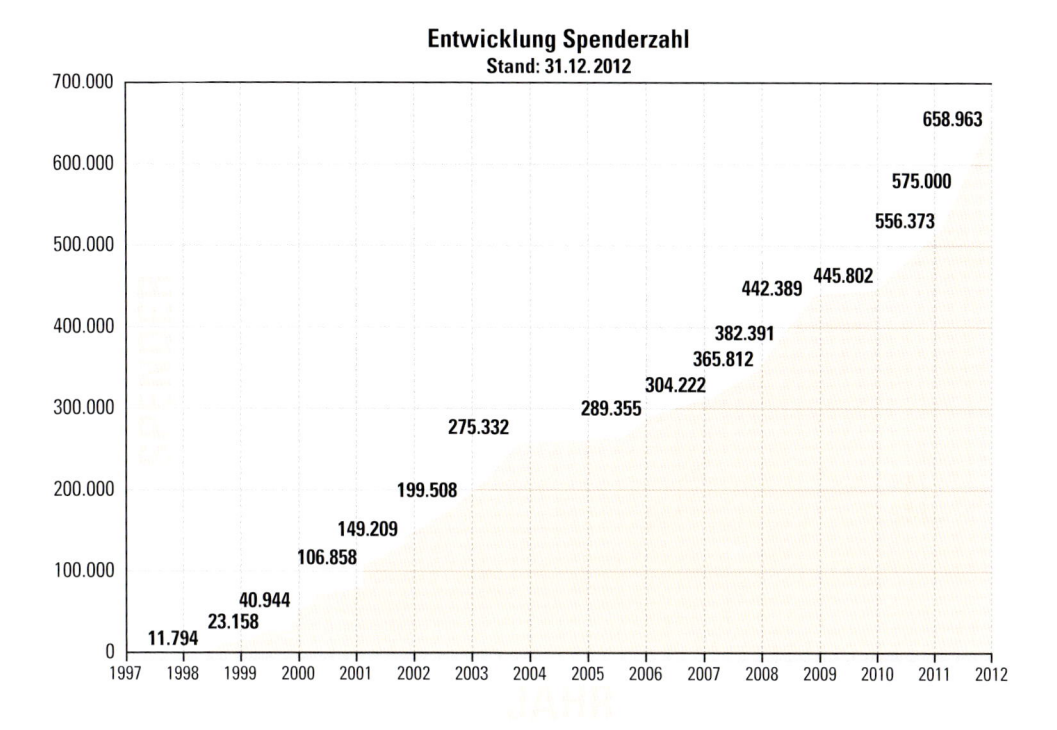

Jahr	Spenderzahl
1997	11.794
1998	23.158
1999	40.944
2000	106.858
2001	149.209
2002	199.508
2003	275.332
2004	289.355
2005	304.222
2006	365.812
2007	382.391
2008	442.389
2009	445.802
2010	556.373
2011	575.000
2012	658.963

Nach nur 13 Jahren (2010) wurde die Zahl von 500.000 Spendern überschritten und ein Spendenaufkommen von rund zehn Millionen Euro p. a. realisiert. Spenden wurden so – nach den Beiträgen – eine ganz wichtige Stütze für die Realisierung der gemeinnützigen Aufgaben.

IV. Legate und Stiftungen als Quellen besonderer Förderung

Als Folge der Spendenmailings wachsen der DLRG in steigendem Maße Legate zu, womit die Spender über den Tod hinaus der DLRG verbunden bleiben. Die Mittel dieser Legate werden nicht kurzfristig verbraucht, sondern einer (Dach-)Stiftung oder – auf Wunsch des Stifters – einer auf einen spezifischen Zweck ausgerichteten Treuhand-Stiftung zugeführt. Nur die Erträge dieser Stiftungen fließen der aktuellen Aufgabenwahrnehmung zu, das Stiftungskapital bleibt langfristig erhalten und sichert die Tätigkeit der DLRG auch für die Zukunft mit ab.

Die erste, die DLRG begünstigende Stiftung wurde von Frau Margot Probandt-Franke eingerichtet. In den 70er-Jahren legte sie einen kleinen Grundstock an, der nach ihrem Tod 1998 erheblich erweitert wurde (rund 15 Millionen Euro). Aus dieser Stiftung wurden seither erhebliche Mittel für Bildungsmaßnahmen, die Beschaffung von Rettungsgeräten und die Verbesserung der Infrastruktur – insbesondere in Ostdeutschland – bereitgestellt.

Die DLRG ist dieser Stifterin zu besonderem Dank verpflichtet, sie hat viel zur Rettung von Menschenleben beigetragen.

V. Unterstützung aus der Wirtschaft – Partner und Sponsoren

Dieses Feld weist viele Facetten an Möglichkeiten, aber auch an Problemen auf. Hier sind Kreativität und Kompetenz gefordert, um attraktive, maßgeschneiderte Konzepte in professioneller Weise zu realisieren, die Imagekompatibilität und den Nutzentransfer für alle beteiligten Partner sicherstellen.

Für die DLRG von besonderer Bedeutung ist die Beziehung zur Beiersdorf AG/NIVEA. Schon Ende der 1950er-Jahre des vorherigen Jahrhunderts gab es DLRG-Wachstationen an Nord- und Ostsee in der Form eines NIVEA-Balls, die sich hervorragend bewährten, aber aus rechtlichen Gründen leider weitestgehend abgebaut werden mussten.

Eindruckvolle Darstellung der Partnerschft der DLRG mit NIVEA Ende der 1950er-Jahre

Ab 1987 wurde die Zusammenarbeit wieder intensiviert, und zwar durch:

- Förderung des Rettungssports,
- Strandfesttourneen (ab 1988),
- Förderung des Wiederaufbaus des Wasserrettungsdienstes an der Küste Mecklenburg-Vorpommerns (ab 1990),
- Bezuschussung von Einsatzkleidung (ab 1989),
- Förderung von über 100 NIVEA-Motorrettungsbooten (ab 1989),
- Aufklärung (und Unterricht) im Kindergarten (ab 2000).

Diese Partnerschaft repräsentiert bis heute Sponsoring im besten Sinne, diese Aussage gilt auch für viele Jahrzehnte der Kooperation mit dem Wirtschaftsdienst Verlag, Frankfurt/Bad Homburg (ab 1963).

In einigen anderen Fällen von Sponsoring war die Ausrichtung auf Leistung und Gegenleistung sowie die Dominanz der Unternehmensinteressen (zu) sehr ausgeprägt mit der Folge, dass solche Kooperationen nicht fortgesetzt wurden.

Längerfristige Kooperationen bestanden bzw. bestehen mit Arena, der Barmer, dem Bauer Verlag.

Hilfreich für die Beziehung zu einem Unternehmen ist es, wenn dieses Unternehmen seine gesellschaftliche Verantwortung (Corporate Social Responsibility) mithilfe der DLRG verwirklicht. Dies gilt u. a. auch für die Beiersdorf AG.

In Einzelfällen kommt es auch zur personellen Hilfe (Corporate Citizenship) durch:

- großzügige Unterstützung des ehrenamtlichen Engagements von Funktionsträgern durch ihren Arbeitgeber und/oder
- zeitweise Überlassung von Fachkräften zur Verbesserung der Professionalität des Verbandes und/oder
- gemeinsame Seminare zur Weiterentwicklung etwa der DLRG-Marketingstrategie.

Auch diese Aspekte gehören zum Fundraising.

VI. Freiwilligendienste und steuerliche Regelungen als Aspekte des Fundraisings

Die personelle Komponente ist in und für die DLRG von besonderer Bedeutung. Insofern war es erfreulich, dass der Bundesfinanzminister auch die (geringen) Aufwandsentschädigungen für Rettungsschwimmer in die Fälle des § 3 Nr. 26 EStG einbezogen hat.

Die Möglichkeit der Freistellung vom Wehrdienst durch die Verpflichtung im Zivil-/Katastrophenschutz wurde in der Zeit nach 1975 in zahlreichen Gliederungen angeboten. Noch bedeutsamer war und ist die Zuerkennung der eigenständigen Trägerschaft für den Bundesfreiwilligendienst (BFD) seit dem 1. Juli 2011. Die vielfältigen Möglichkeiten zur sinnvollen Betätigung in der DLRG (u. a. lokaler/zentraler Wasserrettungsdienst, Ausbildung, Jugendarbeit) sind für die Bewerber attraktiv und lassen viele der genannten Aufgaben noch besser wahrnehmen.

VII. Eigene wirtschaftliche Aktivitäten als Ergänzung im Fundraising

Die DLRG übt wirtschaftliche Aktivitäten mit Augenmaß und i. d. R. nur im Umfeld der DLRG-spezifischen Aufgaben aus. Der Verkauf von Urkunden und Abzeichen, von

Materialien für Ausbildung und Rettungseinsatz sowie die Erhebung von Entgelten für den Ausgleich z. B. von Bädermieten und Lehrgangskosten stehen im Vordergrund. Durch den zentralen Einkauf von Textilien, Rettungsgeräten u. a. gelingt eine (teilweise) Standardisierung, ein vereinheitlichter Auftritt (gemäß CD-Richtlinien) sowie kostengünstigere Beschaffungs- und Angebotspreise. Die dabei erzielten, wenn auch geringen Überschüsse stellen eine weitere Säule im Finanzkonzept dar.

VIII. Prinzipien der Fundraising-/Finanzpolitik der DLRG

Auch eine ehrenamtlich geführte, gemeinnützige Non-Profit-Organisation (NPO) hat ihre Aufgaben professionell wahrzunehmen. Dies gilt auch für die DLRG und ihr Fundraising.

Eine sorgfältige, fundierte Planung, strukturierte Entscheidungen zur seriösen wirtschaftlichen und zweckspezifischen Verwendung der ihr anvertrauten Ressourcen sowie eine transparente, nachvollziehbare Dokumentation auf Basis der HGB-Vorschriften für großformatige Kapitalgesellschaften sind unverzichtbar. Ergänzend hat sich die DLRG den Grundsätzen des Deutschen Spendenrats unterworfen und wird Jahr für Jahr von externen Wirtschaftsprüfern sowie internen Revisoren kontrolliert. Mitglieder und Förderer können sicher sein, dass die Mittel in der DLRG sorgfältig und sparsam für die gemeinnützigen Aufgaben verwendet werden.

Prof. Manuela Rousseau-Schriever

Die DLRG-NIVEA-Kooperation – Erfolgskriterien für das gemischte Doppel

Gemeinsames Engagement erfordert klare Regeln und gegenseitiges Vertrauen. Kontinuität ist ein hoher Wert. Wenn eine Partnerschaft zwischen einer Non-Profit-Organisation und einem Unternehmen jahrzehntelang nicht nur funktioniert, sondern mit Begeisterung und Leidenschaft gelebt wird, dann darf man das wohl außergewöhnlich nennen. Das gemeinsame Engagement von Beiersdorf und der DLRG ist außergewöhnlich. Es besteht inzwischen mehr als 50 Jahre.

Die Zusammenarbeit startete Ende der 1950er-Jahre. Unser Ziel war – und ist seither –, Kindern Lust auf Schwimmen zu machen; ihnen Sicherheit am und im Wasser zu vermitteln. Ihnen zu zeigen, wie viel Spaß es macht, einander zu helfen und Verantwortung zu übernehmen.

Dass sich das Konzept bewährt hat, zeigen die Zahlen: Die Strandfeste gibt es nach wie vor in jedem Sommer. Allein in diesem Sommer haben zwischen Juni und August über 34.000 Kinder teilgenommen. 60 ausnahmslos ehrenamtliche Helfer der DLRG waren vor Ort, um den Kindern die Baderegeln spielerisch zu vermitteln.

Im Laufe der vergangenen Jahrzehnte haben wir eine Vielzahl verschiedener Projekte gemeinsam an den Start gebracht: Die sogenannten Kindergartentage, die DLRG/NIVEA Strandfesttour, die Aktion Schwimmen lernen mit NIVEA und den NIVEA-Preis für Lebens-

retter, mit dem wir DLRG-Mitglieder für ihren ehrenamtlichen Einsatz auszeichnen und Menschen ehren, die andere aus lebensgefährlichen Situationen am und im Wasser gerettet haben. Dieser Preis wird in diesem Jahr zum 25. Mal verliehen.

Es ist also eine lange gewachsene Partnerschaft, in deren Verlauf wir bestehende Projekte verändert und dem Wandel der Zeit angepasst haben und neue Projekte hinzukamen.

Was immer wieder intensive und spannende Diskussionen und Abstimmungsprozesse bedeutete. Für beide Partner.

Was war und ist bis heute das verbindende Element dieser Zusammenarbeit? Dazu ein Blick auf die beiden Kooperationspartner:

Beiersdorf ist einer der größten Kosmetikhersteller der Welt. Mit einer Marke, die jeder kennt: NIVEA. Allein die NIVEA-Creme wird jährlich in 200 Ländern fast 150 Millionen Mal verkauft. Damit ist NIVEA die größte Hautpflegemarke der Welt.

Auch die DLRG kennt jeder. Mit über 1.200.000 Mitgliedern und Förderern ist sie die größte freiwillige Wasserrettungsorganisation der Welt. Seit ihrer Gründung im Jahr 1913 hat sie es sich zur Aufgabe gemacht, für die Sicherheit von Menschen am und im Wasser zu sorgen.

Gute Gründe für die Kooperation

Man darf also sagen, dass jeder Partner für sich bekannt ist. Und dass jeder ein gutes Ansehen in der Gesellschaft genießt. Dennoch lohnt sich für beide die Zusammenarbeit im sozialen Bereich. Warum?

Ein ganz profaner Grund: Ohne die finanziellen Mittel von Beiersdorf wären viele der Projekte nicht möglich. Als gemeinnütziger Verein darf die DLRG nur einen begrenzten Betrag ihrer Spendengelder für Marketingausgaben verwenden. Diese Ausgaben sind jedoch wichtig, um über die Projekte das Vertrauen zu stärken, die Kompetenz sichtbar zu machen und Aufklärung zu betreiben. Das ist der Nutzen für die DLRG.

DLRG-NIVEA-Strandfest

Und Beiersdorf stärkt sein Image als Unternehmen, das sich seiner gesellschaftlichen Verantwortung bewusst ist und diese Verantwortung auch wahrnimmt. Und dies nicht erst, seit der Begriff Corporate Social Responsibility unser Vokabular bereichert hat. Bereits seit seiner Gründung im Jahr 1882 hat sich das Unternehmen für die sozialen Belange anderer eingesetzt. Kostenlose Mittagessen für alle Mitarbeiter oder Stillstuben für arbeitende Mütter waren schon damals, Ende des 19. Jahrhunderts, Zeichen des Willens, Verantwortung für das Wohl anderer zu übernehmen.

Dieses Grundverständnis, für unser Gemeinwesen einzustehen, verbindet uns. Dies allein würde aber kaum ausreichen, um die Vielzahl von Projekten, die wir in den vergangenen 50 Jahren gemeinsam gestartet haben, so erfolgreich umzusetzen.

Ebenso wichtig ist, dass sich beide bewusst machen: Jeder Projektpartner profitiert von der Zusammenarbeit. Das zu betonen erscheint uns wichtig, denn es besteht durchaus die Möglichkeit, dass sich gelegentlich der eine oder andere übervorteilt fühlt. Zumal eine Non-Profit-Organisation andere interne Strukturen hat als ein Wirtschaftsunternehmen. Sie verfolgt andere Ziele und pflegt andere Arbeitsweisen. Deshalb ist die enge und regelmäßige Abstimmung unbedingt notwendig, um Kontinuität sicherzustellen und ein wechselseitiges Verständnis aufzubauen und zu erhalten.

Wir haben deshalb auch eine Koordinationsstelle eingerichtet. Das ist eine feste Planstelle, die von Beiersdorf finanziert wird und in der die Fäden aller Projekte zusammenlaufen. Außerdem haben wir schriftlich festgelegt, wer zu welchen Projekten gegenüber der Öffentlichkeit sprechen darf. In regelmäßigen Jours fixes diskutieren wir über den Stand und Erfolg bestehender Projekte, über neue Ideen und Konzepte und über das Budget.

In diesem Zusammenhang sei der Hinweis gestattet, dass Neutralität beider Projektpartner hilfreich ist für die gedeihliche Zusammenarbeit. Es muss eine gleichberechtigte Partnerschaft gelebt werden, die sich auf beiden Seiten durch Kontinuität und Respekt auszeichnet. Gerade die Individualität der Partner ist ein wichtiges Erfolgskriterium und sollte von beiden Partnern nutzbar gemacht werden. Für uns bedeutet das: NIVEA akzeptiert die inhaltliche Ausrichtung der DLRG und mischt sich nicht in die innere Politik ein. Und die DLRG akzeptiert, dass die Projekte eingebunden sind in die CSR-Konzeption von Beiersdorf und den »Alltag« des Unternehmens.

Die permanente Kommunikation beider Partner ist auch hier hilfreich, um eine Überforderung und Fehlsteuerungen zu vermeiden. Neben den bereits genannten Jours fixes finden deshalb bei uns Jahresgespräche mit dem Geschäftsführer Marketing und dem Geschäftsführer der DLRG sowie dem Vorstandsvorsitzenden von Beiersdorf und dem Präsidenten der DLRG statt.

Diese dienen auch zur regelmäßigen Erfolgskontrolle der Projekte. Nur wer sein Ziel kennt, kann es messen: Diese »Weisheit« gilt gerade auch bei einer lang andauernden Zusammenarbeit. Einmal im Jahr werden die Stärken und Schwächen der laufenden Projekte von beiden Partnern diskutiert. Und zwar nicht nur im Hinblick auf die Resonanz bei den Zielgruppen, sondern auch unter dem Aspekt, was mit wirklicher Freude umgesetzt wird. Oder was womöglich einen der beiden Partner stark strapaziert. Nur wer sich in der Zusammenarbeit gut aufgehoben fühlt, wird sich optimal einbringen können. Und das ist wichtig. Immerhin geht es um Menschen, denen wir mit unserem Engagement zeigen möchten, wie wichtig Zivilcourage, ehrenamtliches Engagement und Verantwortung sind.

Verleihung NIVEA-Preis für Lebensretter 2011